Doos 06/02

Telekooperation und virtuelle Teamarbeit

von
Prof. Dr. Guido Hertel
Prof. Dr. Udo Konradt

Lehrbuchreihe Interaktive Medien
Herausgegeben von Prof. Dr. Michael Herczeg

Oldenbourg Verlag München Wien

Prof. Dr. Guido Hertel, Promotion und Habilitation im Fach Psychologie.
Lehr- und Forschungstätigkeiten an den Universitäten Gießen, Heidelberg, Mannheim, Kiel sowie der Michigan State University (USA). Seit 2004 Professor für Arbeits-, Betriebs- und Organisationspsychologie der Universität Würzburg. Aktuelle Forschungsschwerpunkte sind Management und Training virtueller Teams, Electronic Human Resource Management, Change Management sowie Auswirkungen des demografischen Wandels in der Arbeitswelt. Prof. Dr. Guido Hertel arbeitet außerdem als Berater und Trainer für verschiedene Wirtschaftunternehmen.

Prof. Dr. Udo Konradt, Promotion und Habilitation im Fach Psychologie.
Inhaber des Lehrstuhls für Arbeits-, Organisations- und Marktpsychologie am Institut für Psychologie der Universität Kiel. Schwerpunkte der Arbeit liegen in Internet-gestützter Personalarbeit und betrieblicher Telekooperation, u.a. E-Recruitment und Personalauswahl mit Online-Tools, Management und Führung von virtuellen Teams und betriebliche Weiterbildung mit computerunterstützten Lernsystemen.

Bibliografische Information der Deutschen Nationalbibliothek

Die Deutsche Nationalbibliothek verzeichnet diese Publikation in der Deutschen Nationalbibliografie; detaillierte bibliografische Daten sind im Internet über <http://dnb.d-nb.de> abrufbar.

© 2007 Oldenbourg Wissenschaftsverlag GmbH
Rosenheimer Straße 145, D-81671 München
Telefon: (089) 45051-0
oldenbourg.de

Das Werk einschließlich aller Abbildungen ist urheberrechtlich geschützt. Jede Verwertung außerhalb der Grenzen des Urheberrechtsgesetzes ist ohne Zustimmung des Verlages unzulässig und strafbar. Das gilt insbesondere für Vervielfältigungen, Übersetzungen, Mikroverfilmungen und die Einspeicherung und Bearbeitung in elektronischen Systemen.

Lektorat: Dr. Margit Roth
Herstellung: Tina Bonertz
Coverentwurf: Kochan & Partner, München
Gedruckt auf säure- und chlorfreiem Papier
Druck: grafik + druck GmbH, München

ISBN 978-3-486-27518-6

Inhalt

	Vorwort	IX
1	**Einleitung**	**1**
2	**Grundlagen der Telekooperation**	**5**
	2.1 Zum Begriff der Telekooperation	5
	2.2 Formen der Telekooperation	7
	2.2.1 Telearbeit	7
	2.2.2 Virtuelle Teams	9
	2.2.3 Virtuelle Abteilungen und Virtuelle Unternehmen	10
	2.2.4 Virtuelle Gemeinschaften und Virtuelle Netzwerke	13
	2.3 Potenziale der Telekooperation	14
	2.3.1 Unternehmensbezogene Potenziale	14
	2.3.2 Potenziale der Aufbau- und Ablauforganisation	15
	2.3.3 Potenziale auf der Ebene der Arbeitsausführung	16
	2.3.4 Potenziale auf gesellschaftlicher Ebene	17
	2.4 Anforderungen der Telekooperation	17
	2.4.1 Organisationale Anforderungen	17
	2.4.2 Anforderungen an Teamprozesse	17
	2.4.3 Anforderungen an die Mitarbeiter	18
	2.4.4 Anforderungen an die Führungskräfte	19
	2.4.5 Gesellschaftliche Herausforderungen	20
	2.5 Effektivität und Effizienz telekooperativer Arbeit	21
	2.5.1 Befunde in feldexperimentellen und laborexperimentellen Studien	21
	2.5.2 Befunde mit organisationalen computergestützten Arbeitsgruppen	23
	2.5.3 Wirtschaftlichkeit	25
	2.5.4 Zusammenfassende Bewertung	26
	2.5.5 Ein Rahmenmodell der Telekooperation	31

3 Strukturelle Merkmale der Telekooperation 33

3.1 Aufgabenbezogene Merkmale 33
    3.1.1 Komplexität 36
    3.1.2 Aufgabeninterdependenz 37
    3.1.3 Strukturiertheit 39

3.2 Medien und Kommunikationsinfrastruktur 40
    3.2.1 Merkmale von Medien 40
    3.2.2 Art der Unterstützung 42
    3.2.3 Telekommunikationsanwendungen (GCSS) 43
    3.2.4 Projektplanungs- und Steuerungssoftware 44
    3.2.5 Interaktivität 45
    3.2.6 Synchronität 46

3.3 Gruppenstruktur 46
    3.3.1 Virtualität 47
    3.3.2 Prozessstadium 48
    3.3.3 Heterogenität 49

3.4 Personenbezogene Merkmale 51
    3.4.1 Fähigkeiten und Fertigkeiten von Mitarbeitern 53
    3.4.2 Motive von Mitarbeitern 55

3.5 Ressourcen 56
    3.5.1 Vorbereitende Maßnahmen 56
    3.5.2 Unterstützung 56
    3.5.3 Entlohnungssysteme und Incentives 57
    3.5.4 Teamtraining 59

3.6 Weitere strukturelle Einflussfaktoren 60

3.7 Zusammenfassung 61

4 Prozessorientierte Merkmale der Telekooperation 63

4.1 Führung virtueller Teams 63
    4.1.1 Electronic Performance Monitoring 64
    4.1.2 Management by Objectives 65
    4.1.3 Selbststeuernde virtuelle Teams 68
    4.1.4 Coaching 70
    4.1.5 Personalentwicklung 71

4.2 Kommunikation in virtuellen Teams 75
    4.2.1 Regeln für die Kommunikation mit elektronischen Medien ... 76
    4.2.2 Medienwahl 80
    4.2.3 „Flaming" und Eskalation von Konflikten 83
    4.2.4 Nicht-aufgabenbezogene Kommunikation 84

4.3	Motivation und Emotionen	86
	4.3.1 Motivation und Vertrauen	86
	4.3.2 Teamidentifikation	90
	4.3.3 Arbeitszufriedenheit	91
4.4	Informationsverarbeitung	92
	4.4.1 Produktion von neuen Informationen: Ideen generieren	93
	4.4.2 Beschaffung vorhandener Informationen	93
	4.4.3 Speicherung von Informationen: Wissensmanagement	94
	4.4.4 Evaluation und Kombination von Informationen	96
	4.4.5 Anwendung und Umsetzung von Entscheidungen	96
4.5	Konfliktmanagement	98
	4.5.1 Aufgaben-, prozess- und beziehungsbezogene Konflikte	99
	4.5.2 Strategien des Konfliktmanagements	102
4.6	Zusammenfassung	105

5 Phasen des Managements netzbasierter Kooperation — 107

5.1	Aufbau und Konfiguration	108
5.2	Initiierung	109
5.3	Aufrechterhaltung und Regulation	110
5.4	Optimierung und Korrektur	111
5.5	Beendigung und Auflösung	113
5.6	Zusammenfassung	114

Glossar — 117

Literatur — 121

Abbildungs- und Tabellenverzeichnis — 139

Stichwortverzeichnis — 141

Vorwort

Telekooperation und virtuelle Teamarbeit haben in vielen Bereichen unseres Lebens Einzug gehalten. In den meisten Organisationen ist die Kommunikation und Zusammenarbeit mittels elektronischer Medien und Tools (E-mail, gemeinsame Datenbanken im Intranet, Audio- oder Videokonferenzen, Groupware Applikationen, etc.) heute ein unverzichtbarer Teil der Arbeit geworden. Bei der wissenschaftlichen Auseinandersetzung mit diesen neuen Arbeitsformen stehen vor allem technologische Betrachtungsweisen im Vordergrund, die auf die Art der einzusetzenden Technik und die technische Implementierung fokussieren. Verhaltenswissenschaftliche Aspekte einer effektiven und effizienten Integration der technischen Werkzeuge in die „lebendige Arbeit" werden hingegen allzu oft vernachlässigt. Befunde aus wissenschaftlichen Untersuchungen und Fallstudien belegen jedoch, dass organisatorische und personelle Voraussetzungen den Erfolg von telekooperativen Arbeitsformen und virtuellen Teams nachhaltig bestimmen. Es ist dem Herausgeber dieser Buchreihe und dem Verlag zu danken, dass sie es uns ermöglicht haben, den Blick auf diese Aspekte zu richten und die Konzepte, Modelle und Befunde, die dazu vorliegen, in diesem Lehrbuch zusammenzutragen.

Das Lehrbuch richtet sich primär an Studierende und Wissenschaftler unterschiedlicher Fachdisziplinen, die sich einen Überblick über Telekooperation und virtuelle Teamarbeit verschaffen wollen. Aber auch betriebliche Praktiker sollen von dem Buch profitieren, da neben einer Vielzahl empirischer Ergebnisse auch konkrete Beispiele angeführt werden, die Umsetzungswege skizzieren. Für alle Zielgruppen gilt jedoch, dass die Behandlung des Themas keineswegs erschöpfend ist. Wer sich für vertiefende Aspekte interessiert, findet im ausführlichen Literaturverzeichnis weiterführende Quellen. Im Sinne einer besseren Lesbarkeit wurde auf eine gesonderte Nennung beider Geschlechter verzichtet und statt dessen die männliche Variante gewählt. Es sei jedoch darauf hingewiesen, dass stets beide Geschlechter gemeint sind.

Dass virtuelle Kooperation gut funktionieren kann, zeigt nicht zuletzt dieses Buch, bei dem die beiden Autoren fast ausschließlich telekooperativ zusammen gearbeitet haben. Dennoch (oder gerade deswegen) ist die Erstellung eines Buches ein komplexe Angelegenheit und kommt nicht ohne die Unterstützung von Helfern aus. Bedanken möchten wir uns vor allem bei Sandra Florean und Dana Jäger für die zuverlässig und mit Sorgfalt durchgeführten Korrekturen und Formatierungen unserer Manuskripte sowie für die Mitarbeit bei der Gestaltung der Abbildungen. Für die Realisierung dieses Buches sind wir außerdem Prof. Dr. Michael Herczeg für seine Unterstützung als Herausgeber der Lehrbuchreihe „Interaktive Medien" sowie den Mitarbeitern des Oldenbourg-Verlag, insbesondere Frau Dr. Margit Roth, zu Dank verpflichtet.

Kiel und Würzburg, 2007

Udo Konradt und Guido Hertel

1 Einleitung

Die tiefgreifenden Veränderungen in den Rahmenbedingungen von Arbeit und Organisationen sind durch Globalisierung, Flexibilisierung, Dezentralisierung und Vernetzung gekennzeichnet. Mit der *Globalisierung* der Produktion von Gütern und Dienstleistungen geht eine Nutzung weltweiter Standorte ebenso einher wie die Verortung in globalen Produktionsnetzwerken und Entwicklungsverbünden. Die *Flexibilisierung*, als variable Anpassung arbeitsorganisatorischer Regelungen an die Bedarfe und Interessen von Arbeitgebern und Arbeitnehmern, nimmt rasant zu, nicht zuletzt aufgrund einer zunehmenden Globalisierung. Verknüpft sind diese Strategien mit einer *Dezentralisierung*, d.h. der organisatorischen und räumlichen Verlagerung von Verrichtungen, Objekten, Entscheidungen, Kompetenzen von der Zentrale auf nachgeordnete Bereiche, Abteilungen und Stellen. Eng verbunden mit der gestiegenen Verantwortung vor Ort sind neue Organisationsinstrumente wie Profit-Center, Gruppenfertigung und flache Hierarchien. Die *Vernetzung* und Kooperation zwischen Aufgabenträgern, Abteilungen, Unternehmensbereichen und ganzen Unternehmen stellt eine wesentliche Antwort auf die mit den genannten Veränderungen einhergehenden Risiken von Instabilität und Unsicherheit dar. Durch die genannten vier Leitstrategien werden Organisationen in ihren Formen und Strukturen verändert, angefangen bei einzelnen Arbeitsprozessen bis hin zu neuen Unternehmensformen, wie vernetzte und virtuelle Organisationen (Picot, Reichwald & Wigand, 2003).

Telekooperation und virtuelle Teamarbeit können als Ausgangspunkt und als Folge von Gestaltungsstrategien aufgefasst werden, in deren Mittelpunkt die Unabhängigkeit von Arbeitsprozessen von Raum und Zeit („Anytime/Anyplace"; O'Hara-Devereaux & Johansen, 1994) stehen. Mit geeigneten digitalen und interaktiven Medien lassen sich entsprechend den Anforderungen unterschiedliche Kooperationsstrukturen unterstützen. Mit Telekooperation und virtueller Teamarbeit werden zudem neue Innovations- und Gestaltungspotentiale eröffnet, die den klassischen Arbeits- und Organisationsmodellen verschlossen waren. Sie werden deshalb auch als Arbeitsform der Zukunft bezeichnet (vgl. DeSanctis, Dickson & Price, 2001; Picot et al., 2003; Reichwald & Schlichter, 2000).

Mit Telekooperation können drei Strategien der Gestaltung verfolgt werden (ausführlich Reichwald et al., 2000; vgl. Picot et al., 2003). Telekooperation als *Arbeitsplatz-Strategie* richtet sich auf die raum-zeitliche Verteilung von Arbeitsplätzen, bei der die Formen der Telearbeit und Virtueller Teamarbeit heraus gehoben werden können. Telekooperation als *Wertschöpfungs-Strategie* fokussiert auf die Wertschöpfungsprozesse in und zwischen Organisationen, also die Flexibilisierung von Leistungsprozessen wie sie u. a. an den Beispielen der vielfältigen Teledienstleistungen oder der vernetzten Geschäftsprozesse verschiedener Unternehmen im Materialeinkauf deutlich werden. Telekooperation als *Organisations-Strategie* unterstreicht die Funktion für organisatorische Veränderungsprozesse in Richtung auf eine Modularisierung, Netzwerkbildung und Virtualisierung; diese Entwicklungen wären nur schwer oder – im Falle der Virtualisierung – ohne Telekooperation gar nicht möglich.

Auf Grund der Fülle der Sichtweisen und disziplinären Perspektiven, unter denen Telekooperation betrachtet werden kann, müssen eine Schwerpunktsetzung und eine Auswahl der Themen erfolgen. In diesem Buch liegt der Schwerpunkt auf der Telekooperation als Arbeitsplatzstrategie. Unternehmensübergreifende Telekooperationsformen, wie virtuelle Abteilungen und virtuelle Unternehmen, stehen hingegen nicht im Fokus. Betriebswirtschaftliche Folgen, die sich aus einem standortunabhängigen Leistungsangebot, etwa für den Wettbewerb und die internationale Konkurrenzfähigkeit ergeben (Reichwald & Koller, 1996), Software zur Unterstützung der Telekooperation (Bartsch-Beuerlein & Klee, 2001; Borghoff & Schlichter, 2000) sowie Aspekte der Gestaltung der Benutzungsschnittstellen (vgl. Herczeg, 2005) werden nur kurz behandelt. Stattdessen wird ein Überblick über Theorien, Konzepte und Ergebnisse der Telekooperationsforschung aus Sicht der Arbeitsvollzüge gegeben.

In *Kapitel 2* werden die Grundlagen der Telekooperation erörtert. Hierzu werden die zentralen Begriffe eingeführt und Formen der Telekooperation dargestellt. Potenziale der Telekommunikation und Anforderungen werden auf unterschiedlichen Ebenen der Organisation und der Akteure betrachtet. Zur Bewertung der Effektivität und Effizienz telekommunikativer Arbeit werden anschließend die Befunde aus unterschiedlichen Forschungsfeldern integriert. Hierzu zählen die Forschung zur computergestützten Zusammenarbeit (zusammenfassend Büssing & Konradt, 2006; Hollingshead & Contractor, 2002; Kies, Williges & Rosson, 1998; Schwabe, Streitz & Unland, 2001), in der die Frage der Wirkungen technischer Systeme und Medien zur Unterstützung von Teamprozessen und deren Ergebnisse im Vordergrund steht. Andererseits werden Befunde der organisationalen Gruppenforschung im Bereich virtueller Teams herangezogen, die unter computer-mediierter Zusammenarbeit entstehen (zusammenfassend Axtell, Fleck & Turner, 2004; Gibson & Cohen, 2003; Hertel, Geister & Konradt, 2005; Hinds & Kiesler, 2002). Das Kapitel schließt mit einem Rahmenmodell ab, welches zentrale Input-, Verarbeitungs- und Outputgrößen für erfolgreiche Telekooperation und Zusammenarbeit in virtuellen Teams integriert.

Ausgehend von diesem Rahmenmodell werden in *Kapitel 3* zunächst einzelne strukturelle Merkmale der Telekooperation erörtert. Hierzu zählen Merkmale der Arbeitsaufgabe, des Medieneinsatzes, der Gruppenstruktur, der Teammitglieder sowie der sonstigen Ressourcen, die der Gruppe zur Verfügung stehen. Hierbei wird insbesondere die Funktion und Bedeutung deutlich, die interaktive Medien für die Realisierung von Telekooperation und virtueller Teamarbeit besitzt.

In *Kapitel 4* werden prozessorientierte Merkmale der Telekooperation beschrieben. Diese beziehen sich auf Fragen der Führung und des Coachings, der Personalentwicklung, der Kommunikation (u. a. Aspekte der Medienwahl), der Entwicklung von Regeln, Normen und entsprechenden Sanktionen für die Teamarbeit, der Entwicklung einer Gruppenidentität, Motivation und Vertrauen, der Informationsverarbeitung innerhalb des Teams sowie der Konfliktprävention und Konfliktdeeskalation.

Im abschließenden *Kapitel 5* werden zentrale organisationspsychologische Aspekte telekooperativer Arbeit behandelt, wozu die Umsetzung bzw. Implementierung und das Management telekooperativer Arbeit zählen. Anhand eines Lebenszyklusmodells werden die Phasen der Planung, der Initiierung, der Regulation, der Optimierung und Personalentwicklung sowie der Beendigung der netzbasierten Zusammenarbeit behandelt.

Dieser Band soll dazu beitragen, in übersichtlicher und kompakter Form die theoretischen und empirischen Arbeiten zur Beschreibung, Erklärung und Gestaltung telekooperativer Arbeit zusammen zu tragen und empirisch fundierte Formen und Wege effektiver und effizienter Telekooperation und virtueller Teamarbeit darzustellen. Das umfangreiche Literaturverzeichnis soll dazu einladen, die zugrundeliegenden Untersuchungen nachzulesen und weiterführende Fragestellungen der hier dargestellten Thematik zu finden.

2 Grundlagen der Telekooperation

In diesem Kapitel werden die Grundlagen der Telekooperation erörtert. Hierzu werden die zentralen Begriffe eingeführt und Formen der Telekooperation dargestellt. Potenziale der Telekommunikation und Anforderungen werden auf unterschiedlichen Ebenen der Organisation und der Akteure betrachtet. Anschließend werden Befunde zur Bewertung der Effektivität und Effizienz telekommunikativer Arbeit dargestellt. Zum Ende des Kapitels wird ein Rahmenmodell entwickelt, welches zentrale Input-, Verarbeitungs- und Outputgrößen für erfolgreiche Telekooperation und Zusammenarbeit in virtuellen Teams integriert.

2.1 Zum Begriff der Telekooperation

Unter *kooperativer Arbeit* wird die Zusammenarbeit mehrerer Personen, Organisationseinheiten oder Organisationen verstanden, die zum Erreichen eines oder mehrerer in der Regel von außen vorgegebenen Zielen bestimmte Einzelleistungen erbringen. Kooperative Arbeit setzt voraus, dass eine mindestens partielle Übereinstimmung unter den beteiligten Partnern hinsichtlich des Ziels der Zusammenarbeit besteht, sowie Konventionen bzw. Regeln existieren, die die Koordination der Einzelhandlungen in Bezug auf das Ziel beschreiben. Darüber hinaus setzt Kooperation *Kommunikation* zwischen den Beteiligten voraus, die dem Austausch sowie der Bewertung von Arbeitsergebnissen zur Aufrechterhaltung eines gegenseitigen Verständnisses und der Anpassung von Zielen und Konventionen der Zusammenarbeit dient.

Unter *telekooperativer Arbeit* versteht man eine kooperative Arbeit, die Telekommunikation als Medium nutzt. Telekooperation wird als „mediengestützte arbeitsteilige Leistungserstellung zwischen verteilten Aufgabenträgern, Organisationseinheiten und / oder Organisationen" (Reichwald, Möslein, Sachenbacher & Englberger, 2000, S. 65) definiert. Diese Definition ist sehr weit gefasst und lässt es zu, darunter sowohl individuelle Ausprägungsformen wie z. B. Telearbeit an einzelnen Arbeitsplätzen, als auch organisationale virtuelle Teams oder virtuelle Kooperationsformen virtueller Unternehmen zu fassen. Ferner müssen die Aufgabenträger nicht nur ein wirtschaftliches Interesse verfolgen, sondern können auch Erwerbsarbeit, Eigenarbeit oder Freiwilligenarbeit in „Non-Profit-Organizations", Gemeinschaftsforschungsprojekte und soziale Gemeinschaften (Internet-Communities) erbringen.

Telekooperation wird von verschiedenen Disziplinen mit jeweils unterschiedlichem Fokus betrachtet. In der Betriebswirtschaftslehre wird Telekooperation vorrangig unter strategischer und operativer Sicht in Hinblick auf die Flexibilisierung und Rationalisierung betrieblicher Wertschöpfungsketten, der Auflösung organisatorischer Standortbindung sowie der Dezentralisierung und Autonomisierung von Arbeitsstätten betrachtet (Reichwald et al., 2000). Dabei wird untersucht, welche telekooperativen Leistungsprozesse in Zusammenhang mit Effizienz stehen. Der Fokus der betriebswirtschaftlichen Organisationslehre liegt in der Regel auf größeren Organisationseinheiten oder Organisationen.

Aus Sicht der psychologischen und betriebswirtschaftlichen Gruppenforschung sind hingegen Fragen der Gestaltung der Arbeitsbedingungen von zentraler Bedeutung, wozu u. a. zählt, welche Aufgaben geeignet sind, wie sie auf die Aufgabenträger zu verteilen sind und wie die arbeitsteiligen Prozesse zu koordinieren sind. Die Sichtweise ist auf die Zusammenarbeit mehrerer Personen in computergestützten bzw. virtuellen Teams gerichtet, sowie zum Teil auf die Zusammenarbeit zwischen mehreren Teams. Ein spezieller Aspekt befasst sich mit der arbeitspsychologischen Bewertung menschlicher Arbeit unter den Bedingungen räumlicher Verteilung und Mobilität, also der Telearbeit. Eine weitere Forschungsrichtung, die in einer arbeitspsychologischen Tradition steht, untersucht die Auswirkungen und Folgen vernetzter Arbeit unter Aspekten des Arbeits- und Gesundheitsschutzes.

Eine weitere Disziplin, die für telekooperative Arbeit Relevanz hat, ist die Informatik. In der Informatik werden in erster Linie die informationstechnischen Grundlagen beschrieben und die Anwendung von Telekommunikationstechnologien zur Unterstützung der Zusammenarbeit (Groupware) modelliert und gestaltet. Schwerpunkte liegen auf der Softwareentwicklung und der Softwareergonomie, wobei im Zusammenhang mit der Telekooperation spezielle Aspekte verteilter Systeme im Vordergrund stehen, wie die Verteilung von Informationen, das Datenbankmanagement und Sicherheitsaspekte.

Auf Grund der unterschiedlichen Sichtweisen, unter der Telekooperation betrachtet werden kann, und der damit verbundenen vielfältigen Aspekte und Fragestellungen, die daraus resultieren, haben sich interdisziplinäre Forschungsfelder gebildet. Die theoretischen, empirischen und methodischen Grundlagen für computerunterstützte Zusammenarbeit werden seit Ende der siebziger Jahre unter den Begriffen „Computer Mediated Communication" (CMC) und „Computer Supported Cooperative Work" (CSCW) zusammengefasst (vgl. Borghoff & Schlichter, 1998; Hollingshead & McGrath, 1995; Schwabe, Streitz & Unland, 2001, Gross & Koch, 2007). Die Grundfrage der CSCW-Forschung lautet, wie Menschen unter Einsatz computergestützter Anwendungssysteme zusammenarbeiten, um daraus Formen und Regeln für eine angemessene personelle, soziale und technische Unterstützung der Kommunikations-, Kooperations- und Koordinationsprozesse für eine effektive und effiziente Telekooperation abzuleiten.

2.2 Formen der Telekooperation

2.2.1 Telearbeit

Wenngleich die Definitionen von Telearbeit (synonym: remote work, telecommuting) weit auseinander gehen (Di Martino & Wirth, 1990; Sullivan, 2003), liegen zentrale Merkmale von Telearbeit (u. a. Büssing, 1998) darin, dass

- Informations- und Kommunikationstechnologie zur Verbindung zwischen den telearbeitenden Personen und dem Unternehmen eingesetzt wird
- ein häuslicher oder wechselnder Arbeitsort besteht
- ein „gewisser" Anteil an Arbeit dezentral verrichtet wird
- ein Vertrag vorhanden ist, der die Bedingungen der Arbeitsausführung regelt.

Daniels, Lamond und Standen (2000) fügen weitere Kriterien an, wie (1) das Ausmaß der Kommunikations- und Kooperationserfordernisse unter den Angestellten, (2) das Ausmaß der Kommunikationserfordernisse mit Klienten und externen Partnern sowie (3) die Wissensintensität der verrichteten Arbeit. Wir verstehen unter *Telearbeit* „jede Arbeitstätigkeit, die räumlich entfernt vom Auftraggeber unter Nutzung von Informations- und Kommunikationstechnik verrichtet wird, wobei der Telearbeiter elektronisch mit der zentralen Betriebsstätte verbunden ist" (Büssing & Konradt, 2006).

Meist werden Formen der Telearbeit hinsichtlich des Arbeitsortes und des Anteils dezentral verrichteter Arbeit unterschieden. In Abbildung 2.1 sind wichtige Formen aufgeführt.

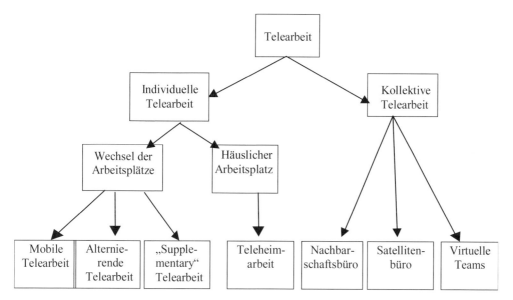

Abbildung 2.1 Formen der Telearbeit

Teleheimarbeit. Diese Form kommt der klassischen Heimarbeit am nächsten: Telearbeit wird ausschließlich zu Hause verrichtet, entweder mit einem regulären Beschäftigungsvertrag, nach dem Heimarbeitsgesetz oder als selbstständige Arbeit.

Alternierende Telearbeit. Telearbeit wird abwechselnd an betrieblichen und außerbetrieblichen Arbeitsstätten verrichtet. Über die Arbeitsinhalte wird festgelegt, wann und wo gearbeitet wird. Oft findet ein schrittweiser Übergang von ortsgebundener zu alternierender Telearbeit statt, so dass die sozialen Bindungen zum Unternehmen bestehen bleiben.

Telearbeit in Zentren. Arbeitsplatz ist ein Büro in Wohnortnähe des Beschäftigten, das allein von der eigenen Firma (Satellitenbüro) oder – wenngleich selten – gleichzeitig von mehreren Firmen (Nachbarschaftsbüro) betrieben wird. Telearbeitszentren wurden unter anderem zur Beschäftigungsförderung in strukturschwachen Regionen eingerichtet.

Mobile Telearbeit. Management und Außendienst, aber auch Handwerk und Bauwirtschaft nutzen durch diese Form der Telearbeit von unterwegs bereits jetzt vielfach die Möglichkeit, sehr viel effizienter und zeitsparender als bisher zu arbeiten. Über Mobilfunk oder mobile Computer können sie vom Kunden, aus Hotels, von einer Baustelle oder aus einem Verkehrsmittel (Bahn, Auto) Firmeninterna oder Hintergrundinformationen aus dem Unternehmensnetz abrufen und so den nächsten Termin professionell vorbereiten bzw. bei einer kurzfristigen Kundenanfrage schnell alle erforderlichen Daten abrufen.

Der Übergang zu weiteren Formen wie *On-Site-Telework* ist fließend. Darunter wird eine Form der Telearbeit verstanden, die am Standort des Kunden oder Lieferanten erbracht wird. Es handelt es sich um eine in vielen Branchen bereits heute selbstverständliche Form, etwa in der Unternehmensberatung oder der Softwareberatung und -entwicklung. Die Telearbeitenden arbeiten vor Ort beim Geschäftspartner und verfügen über die Möglichkeit, mittels elektronischer Medien in Kontakt mit dem Unternehmen zu bleiben.

Ob eine Arbeitsform der Telearbeit zuzuordnen ist oder nicht, ist im Einzelfall nicht immer eindeutig zu entscheiden. Legt man eine relativ breite Definition zugrunde, so zählen selbst häusliche Arbeitsplätze ohne Online-Anschluss zu der Gruppe der Telearbeitsplätze, an denen vorübergehend Überstunden und Mehrarbeit geleistet wird.

Selbstständig Erwerbstätige oder freiberuflich tätige Personen, die eine selbständige Tätigkeit erbringen, werden auch als „Freelancer" bezeichnet. Erfolgt die Zusammenarbeit der selbstständigen Arbeitnehmer überwiegend über elektronische Netze, so werden sie als *E-Lancer* bezeichnet (Malone & Laubacher, 1998). Ähnlich wie bei Telearbeitern ist die Gruppe der „E-Lancer" von herkömmlichen Selbstständigen nicht klar zu unterscheiden, da beide Gruppen in ihren Arbeitsabläufen IT einsetzen und auch „E-Lancer" auf face-to-face Treffen, etwa bei der Kundenansprache und bei Maßnahmen der Kundenbindung, nicht verzichten (Gareis, 2003).

2.2.2 Virtuelle Teams

Es existieren in Theorie und Praxis eine Vielzahl von unterschiedlichen Definitionen zu virtuellen Teams (Duarte & Synder, 2001; Hertel, Geister & Konradt, 2005; Lipnack & Stamps, 1997). Unter *virtuellen Teams* verstehen wir flexible Gruppen, bestehend aus standortverteilten und ortsunabhängigen Mitarbeitern, die in Anlehnung an Arbeitsaufträge zusammengesetzt und informationstechnisch vernetzt sind. Die Zusammenstellung der Teams erfolgt in erster Linie anhand der Kernkompetenzen der Mitarbeiter (Konradt & Hertel, 2002). Ein virtuelles Team stellt demnach eine spezielle Form (betrieblicher) Arbeitsgruppen dar, wobei zentrale Merkmale herkömmlicher Teams auch hier konstituierend sind. Es tritt allerdings hinzu, dass die Mitglieder nicht an einem realen Ort zusammenarbeiten, sondern die Gruppe nur der Struktur nach vorhanden ist. Damit wird eine Zusammenarbeit über räumliche, zeitliche und organisationale Grenzen hinweg ermöglicht. Weiterhin ist der Einsatz von Informations- und Kommunikationstechnologie von grundlegender Bedeutung. Bei der Betrachtung virtueller Teams in der Praxis zeigt sich, dass die genannten Merkmale selten vollständig erfüllt sind. Vielmehr liegt häufig eher eine „relative bzw. partielle Virtualität" vor, die vom spezifischen Aufgaben-, Struktur- und Strategieprofil der Unternehmen bestimmt wird.

Wie auch im Bereich traditioneller Teams, lassen sich Typen virtueller Teams unterscheiden. Als zwei wesentliche Formen sind zu unterscheiden:

Virtuelle Funktionsteams. Diese Teams sind auf langfristige Zusammenarbeit ausgelegt und sind dauerhaft in der Organisation verankert. Da sie zentrale betriebliche Funktionen wahrnehmen, erfolgen Änderung der Gruppenzusammensetzung und der Kompetenzen oder Auflösung nur nach betrieblichen Reorganisationen.

Virtuelle Projektteams. Diese Teams sind auf temporär begrenzte Zusammenarbeit von Mitgliedern ausgelegt. Sie besitzen einen zeitlich klar umrissenen Zeitraum und lösen sich auf, wenn der Arbeitsauftrag erfüllt ist.

Anhand weiterer Merkmale können diese beiden grundlegenden Typen von Gruppen näher unterschieden werden. In Abbildung 2.2 wird dahingehend unterschieden, ob die Teams durch Mitarbeiter einer Organisation oder auch durch Mitarbeiter anderer Organisationen besetzt sind. Typische interne temporäre Arbeitsgruppen sind zum Beispiel Arbeitszirkel. Auf der Basis von Aufgabeninhalten schlagen Cohen und Bailey (1997) die Unterscheidung folgender Typen vor: *Produktionsgruppen*, die auf die Erstellung eines Produktes oder einer Dienstleistung gerichtet und dauerhaft eingerichtet sind. *Managementteams* sind ebenfalls dauerhaft eingerichtet, allerdings auf strategische und koordinative Aufgaben ausgerichtet. Als Sonderform befristeter Projektteams können weiterhin *Parallele Teams* angesehen werden, die parallel zur bestehenden Organisationsstruktur eingerichtet werden, und zu Zwecken der Vorbereitung und Findung bei wichtigen Entscheidungen eingesetzt werden („Task forces").

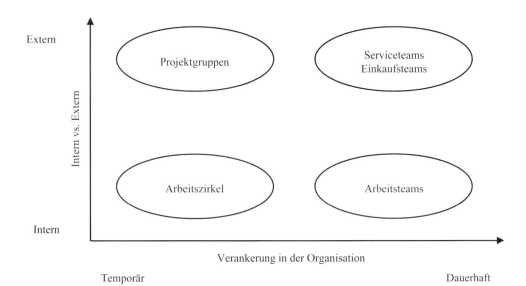

Abbildung 2.2 Formen virtueller Teams

2.2.3 Virtuelle Abteilungen und Virtuelle Unternehmen

Ein *virtuelles Unternehmen* ist ein Netzwerk von kooperierenden Unternehmen oder Organisationseinheiten, die ihre Kernkompetenzen für die Dauer der Erreichung eines bestimmten gemeinsamen Geschäftszwecks unter Einsatz elektronischer Kommunikationsmedien einbringen (Davidow & Malone, 1992; Picot et al., 2003). Konradt und Hertel (2002) definieren es als eine Kooperationsform rechtlich unabhängiger Unternehmen, Institutionen und/oder Einzelpersonen, die eine Leistung auf der Basis eines gemeinsamen Geschäftsverständnisses erbringen. Die kooperierenden Einheiten beteiligen sich an der Zusammenarbeit vorrangig mit ihren Kernkompetenzen und wirken bei der Leistungserstellung gegenüber Dritten wie ein einheitliches Unternehmen. Im Innenverhältnis besteht ein virtuelles Unternehmen aus einer Kombination von Partnern, also rechtlich selbständiger Unternehmen oder Organisationseinheiten, die ihre Kernkompetenzen für die Dauer der Erreichung eines bestimmten gemeinsamen Geschäftszwecks einbringen. Sie sind mit Hilfe elektronischer Kommunikationsmedien lose miteinander gekoppelt und verzichten auf die Institutionalisierung zentraler Managementfunktionen zur Gestaltung, Lenkung und Entwicklung des virtuellen Unternehmens. Dabei spielt das gemeinsame Geschäftsverständnis in Form von mentalen und strukturellen Kopplungen eine wesentliche Rolle innerhalb des kundendeterminierten Netzwerkes.

Virtuelle Unternehmen lassen sich u. a. nach der Art der Vernetzung typisieren (Gerpott & Böhm, 2000; vgl. Teichmann, Wolf & Albers, 2004):

- Das virtuelle Unternehmen tritt als *Generalunternehmer* auf und akquiriert infolge begrenzter eigener Kompetenzen oder Ressourcen andere Partner im virtuellen Unternehmen, meist, um ein bestimmtes Leistungsspektrum abdecken zu können.

2.2 Formen der Telekooperation

- Das virtuelle Unternehmen stellt einen *Vermittler* dar, der ohne eigene primäre Kernkompetenz eine Plattform für eine kurzfristige und auftragsspezifische Vernetzung von Einzelunternehmen betreibt.
- Das virtuelle Unternehmen agiert als *Kompetenzsucher (Opportunist)*, d.h. ein Unternehmer analysiert die Marktchancen und lädt entsprechende Kooperationspartner mit Kernkompetenzen zu einer temporär befristeten Zusammenarbeit ein.

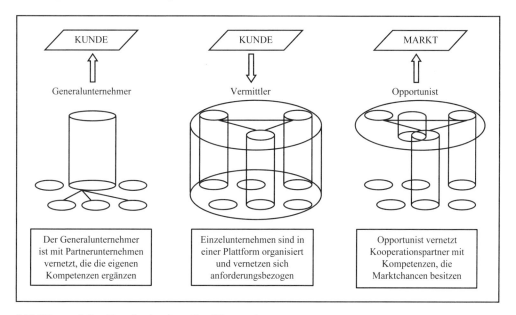

Abbildung 2.3 Typologie virtueller Unternehmen

Virtuelle Unternehmen sind durch eine hohe Dynamik in der Kommunikation, durchgängige Grenzen und rasche Veränderbarkeit gekennzeichnet (zu Fallbeispielen s. Picot, 1997; Reichwald et al., 2000; Konradt & Halbe, 1999). Idealtypischerweise durchläuft ein virtuelles Unternehmen von der Anbahnung eines Geschäftskontaktes bis zur Auflösung vier Lebensphasen oder Entwicklungsstufen:

- *Anbahnung und Partnersuche.* Zunächst wird die Entscheidung getroffen, ein bestimmtes Produkt herzustellen bzw. eine Dienstleistung zu erbringen. Daraufhin kommt es zur Suche nach Partnern, die entweder langjährige Kooperationspartner sein können, mit denen bereits ein Vertrauensverhältnis aufgebaut wurde oder solche Unternehmen, die über entsprechende Kernkompetenzen verfügen.
- *Vereinbarung.* In dieser Phase wird festgelegt, wer welche Aufgaben übernimmt. Mit der Arbeits- und Aufgabenteilung werden unter anderem die Verflechtungsintensität, die Dauer der Verbindung, die Ressourcenzuordnung, die Koordinationsformen, der Formalisierungsgrad, die Verfahrensregeln und das Projektmanagement festgelegt.

- *Durchführung*. In dieser Phase sollte es zur Verschmelzung bzw. Angleichung der Informationssysteme kommen. Unter Umständen werden interne Umstrukturierungen notwendig. Anwendungen zur Unterstützung der internen Kommunikation und Kooperation können hierbei eingesetzt werden.
- *Auflösung*. Nach Abschluss der Aufgabe kommt es zur Auflösung des virtuellen Unternehmens nach vorab festgelegten Verfahrensschritten. Zwischenergebnisse und Resultate der Zusammenarbeit werden in Datenbanken gesichert, um bei einer eventuellen Wiederaufnahme der Zusammenarbeit in neuen Projekten einen schnellen Zugriff auf diese Informationen zu haben.

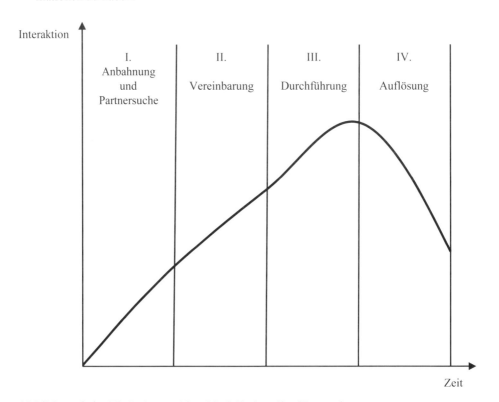

Abbildung 2.4   Ein Lebenszyklus-Modell virtueller Unternehmen

Virtuelle Unternehmen wurden bisher vorwiegend in Hinblick auf organisationstheoretisch und betriebswirtschaftlich relevante Aspekte betrachtet, wozu die Konfiguration von Wertschöpfungsketten, die Gestaltung von Geschäftsprozessen gegenüber Kunden und Lieferanten sowie die formalen und operativen Koordinationsaktivitäten zählen. Dabei wird außer Acht gelassen, dass arbeits- und organisationspsychologische Aspekte des Aufbaus und der Pflege von Netzwerkbeziehungen, des Wissensmanagement und organisationalen Lernens sowie der Bildung von Vertrauen unter den Netzwerkpartnern den Erfolg virtueller Unternehmen wesentlich mitbestimmen (vgl. Konradt & Ellwart, in Druck).

2.2.4 Virtuelle Gemeinschaften und Virtuelle Netzwerke

Als *Virtuelle Gemeinschaften* („Virtual Communities", VC) werden Gruppen von in der Regel über 50 Mitgliedern verstanden, die ein gemeinsames, in der Regel nicht-kommerzielles Interesse teilen. Die Funktionen einer telekooperativen Unterstützung für VC liegen in der Bereitstellung von Kommunikations- und Interaktionsplattformen, die ein (virtuelles) Treffen ermöglichen, dem Aufdecken und dem Visualisieren von Beziehungen zwischen Personen sowie einer Informationsfilterung zur Nutzung von interpersonellen Gemeinsamkeiten dienen (Koch, 2001). In Community-Support Systemen werden überwiegend News- und Chat-Funktionalität genutzt, die mit datenbank- und agentenbasierten Ansätzen kombiniert werden und im Internet, im betrieblichen Intranet oder im Extranet zur Netzwerkbildung und zum Wissensaustausch angeboten werden. Hierzu wurden konzeptionelle Ansätze und Architekturen für Anwendungssysteme entwickelt, die die Besonderheiten dieser Gemeinschaften berücksichtigen (Bieber et al., 2002; Preece, 2000).

Eine Form von virtuellen Netzwerken stellen wissenschaftliche Arbeitsgruppen dar. Dabei verfolgen die virtuellen Gemeinschaften unterschiedliche Ziele, die mit folgenden Phasen der Gruppenbildung einhergehen können:

- Bilden von Netzwerken zum Zweck des Austausches über wichtige Informationen des Gegenstandsbereichs, wie Veröffentlichungen, Konferenzen, Ausschreibungen. Dabei stehen E-Mail-Listen und Newsgroups im Vordergrund.
- Eintritt in Arbeitsbeziehungen um Wissens- und sächliche Ressourcen zu nutzen, wie Konsultationen bei bestimmten Fragen, Austausch bzw. Bereitstellung und Einsatz von Methoden und Instrumenten oder gemeinsame Datenerhebung. Die Zusammenarbeit ist auf konkrete Teilaufgaben begrenzt.
- Intensive Zusammenarbeit zwischen den Teilnehmern in einzelnen Projektphasen (z. B. Ideenfindung) und Mitbestimmung bei Zielen und Entscheidungen, was es erlaubt, die Expertise, Interessen und Vorlieben kennen zu lernen.
- Aktive Zusammenarbeit zwischen den Teilnehmern auf der Grundlage gemeinsamen Vertrauens und Projektbindung. Alle Teilnehmer sind über den gesamten Projektstand unterrichtet und bestimmen die Richtung und die Art der Ausführung mit.
- Ruhende Zusammenarbeit bezieht sich auf eine nicht mehr aktive Zusammenarbeit, was auf fehlendes Interesse der Partner, fehlendes Vertrauen oder fehlende Zeit zurückgeführt werden kann.

Eine spezielle Form der wissenschaftlichen Zusammenarbeit stellen virtuelle Labore („collaboratory"; Finholt, 2002; Finholt & Olsen, 1997, Kraut & Galegher, 1990) dar. Die Verrichtungen umfassen die ganze Breite wissenschaftlicher Arbeit vom Austausch von Informationen bis zur gemeinsamen Steuerung von Versuchseinrichtungen per Fernzugriff (z. B. Mückschel & Nieschulze, 2004). Virtuelle Gemeinschaften erfordern dabei nicht immer klare organisationale Strukturen, sondern können auch weitgehend selbstgesteuert im Internet entstehen. Interessante Beispiele für solche sich selbststeuernde Virtuelle Gemeinschaften finden sich im Bereich der „Open Source" Softwareentwicklung (Linux, Apache, etc.), in denen Software-Entwickler aus der ganzen Welt mit denkbar geringen Steuerungsmechanismen im Internet zusammenarbeiten und komplexe Softwareprodukte erstellen, ohne sich persönlich zu treffen (Hertel, Niedner & Herrmann, 2003). In ähnlicher Weise arbeiten bei der Entwicklung des offenen Online-Lexikons „Wikipedia" Personen auf freiwilliger Basis im Internet zusammen, ohne sich persönlich zu kennen (Jäger, Schroer, Sauer, Pfeiffer & Hertel, 2005).

2.3 Potenziale der Telekooperation

Ausgangspunkt zur Einführung von Telekooperation sind Überlegungen zur Rationalisierung. Neben anderen organisatorischen Instrumenten, wie der Gestaltung der Arbeitszeit und Entlohnungsmodelle, kann sie zur Steigerung der innerbetrieblichen Flexibilität durch effizientere Arbeitsabläufe beitragen. Telekooperation kann auch überbetriebliche Kooperationen, etwa in der Entwicklung neuer Produkte, der Fertigung, dem Marketing und Vertrieb eröffnen. Schließlich stellt Telekooperation auch eine Form der Strukturinnovation dar, durch deren Einführung die Qualität innerbetrieblicher Prozesse gesteigert werden kann. Telekooperation dient damit eher ökonomischen Zielen, wie der Verbesserung der Produktivität, der Kostenreduktion, der Senkung von Fehlzeiten/Fluktuation und der Erhaltung der Wettbewerbsfähigkeit.

Telekooperation kann aber auch primär mit dem Ziel begonnen werden, verbesserte Arbeitsbedingungen zu schaffen, Belastungen abzubauen und die Qualifikation und Motivation der Beschäftigten zu fördern. Sie dient damit eher humanorientierten Zielen, die in einem mittelbaren Zusammenhang zu Produktivität stehen. Im Folgenden sind einige der Potenziale aufgeführt.

2.3.1 Unternehmensbezogene Potenziale

Mit Telekooperation und virtueller Teamarbeit verbinden Unternehmen strategische und operative Ziele. Während mit operativen Zielen unmittelbar Einsparungen und Kostenreduzierung erreicht werden können, wirken sich strategische Ziele nicht unmittelbar in einer erhöhten Wirtschaftlichkeit aus. Im Folgenden sind Potenziale der Telekooperation aus Unternehmenssicht aufgeführt:

- *Flexibilisierung.* Ein Vorteil der Telekooperation liegt in einer erhöhten Konfigurationsflexibilität von Arbeitsstrukturen, da die Interaktionspartner prinzipiell unabhängig von Standortfragen ausgewählt werden können. Damit können auch Arbeitsmengen flexibel eingeplant werden, d.h. über Standorte verteilt werden. Änderungen an der Aufbauorganisation können rasch vollzogen werden.
- *Verbesserung der vorgehaltenen Kompetenzen.* Da die Partner unabhängig vom Standort gewählt werden, kann die Platzierung von Personal, also deren Einsatz, stärker nach fachlichen Kompetenzen ausgerichtet werden. Dabei kommen neben eigenen Mitarbeitern auch Leiharbeiter anderer Unternehmen sowie freie Mitarbeiter („Freelancer") in Betracht.
- *Verbessung der Verfügbarkeit von Informationen.* Durch die Vernetzung kann dezentral verfügbare Information allen Mitarbeitern bzw. Kooperationspartnern zugänglich gemacht werden. Dadurch müssen bereits vorhandene Informationen nicht noch einmal erzeugt

2.3 Potenziale der Telekooperation

werden und die arbeitsteiligen Prozesse können besser aufeinander abgestimmt werden. Weiterhin ist im Rahmen von Wissensmanagement eine bessere Zugänglichkeit und Verfügbarkeit von organisationsweit verfügbaren Kompetenzen möglich, an der nun sämtliche Einheiten des Unternehmens besser mitwirken können.

- *Beschleunigung der Arbeitsprozesse.* Durch eine Beschleunigung des Austauschs von Informationen kann somit ein rascheres Reagieren auf veränderte Umweltbedingungen, wie z. B. auf Kundenanfragen zu antworten, ermöglicht werden. Der Zeitvorteil schlägt sich auch auf den Erfahrungsaustausch zur Koordinierung standortübergreifender Projekte nieder, da auf Dienstreisen zugunsten von Video- oder Telefonkonferenzen weitgehend verzichtet werden kann und Arbeitsvollzüge unabhängig vom Standort sofort erbracht werden können.
- *Steigerung der Reichweiten und Ausweitung der Kooperationsbeziehungen.* Durch die weltweit verfügbaren Internetdienste (WWW, E-mail, usf.) können Ressourcen verschiedener wirtschaftlich unabhängiger Partner ausgetauscht bzw. zusammengelegt werden, z. B. Kundenstämme unterschiedlicher Regionen. So können Unternehmen mit geringem Mehraufwand neue Kunden und Märkte erschließen.
- *Größe zur Akquisition von Aufträgen wird erreicht.* Ein Grund zur Aufnahme von Kooperationsbeziehungen zu Partnern und dem Zusammenschluss in einem virtuellen Unternehmen kann in der zu geringen Größe der Einzelunternehmen liegen, um Aufträge eines bestimmten Volumens zu erhalten.
- *Einsparung von Personalnebenkosten.* Telekooperative Arbeitsformen gehen mit Einsparungen einher, die sich auf Fahrt- und Reisekosten beziehen oder wie im Falle von Telearbeit auch auf den (Teil-)Wegfall freiwilliger Sozialleistungen, Überstunden-Zuschläge, Wiedereingliederungsmaßnahmen, Personalbeschaffungskosten sowie Reduktion von Krankentagen.
- *Imageverbesserung.* Durch flexible Arbeits- und Organisationsformen können Unternehmen sich ein modernes und zeitgemäßes Image geben, was sich positiv auf die Personalrekrutierung auswirken kann.

2.3.2 Potenziale der Aufbau- und Ablauforganisation

Wie bei allen Reorganisationsmaßnahmen sind auch mit der Einführung von Telekommunikation Produktivitätsverbesserungen in Hinblick auf Verkürzung von Durchlaufzeiten, Steigerung der Planungssicherheit und Verbesserung des Qualitätsmanagements zu erwarten. Die mit der Dezentralisierung verbundene Delegation von Entscheidungskompetenzen an die Mitarbeiter kann zu motivationalen und sozialen Verbesserungen der Arbeitsbedingungen führen (vgl. Joyce, McGee & Slocum, 1997). Im Einzelnen:

- *Empowerment.* Die Übertragung von Verantwortung auf Mitarbeiter niedriger Hierarchieebenen führt zu höherer Selbstkontrolle, erweiterten Verantwortlichkeitsbereichen und größerer Einflussnahme durch die Mitarbeiter. Die erhöhte formale Positionsmacht demonstriert darüber hinaus das Vertrauen der Geschäftsleitung in die Entscheidungskompetenz der Mitarbeiter. Durch größere Mitwirkungsmöglichkeiten der Beschäftigten kann eine Steigerung der Arbeitsmotivation (Kirkman, Rosen, Tesluk & Gibson, 2004) als auch eine höhere Beteiligung an technologischen und Produktinnovationen erwartet werden (Spreitzer, Kizilos & Nason, 1997).

- *Kooperation und Entscheidungsverhalten.* Die Kommunikation und Kooperation zwischen Abteilungen wird verbessert, da konsensorientierte Entscheidungsfindung die Abstimmung zwischen Abteilungen erfordert. Weiterhin können Entscheidungen von Verantwortlichen auf niedrigen Hierarchieebenen schneller und unter erweiterter Sachkenntnis und Erfahrung getroffen werden.
- *Kommunikation.* Anstieg der Kommunikation innerhalb der Organisation und Verbesserung des Informationsflusses mit Kunden. Ebenfalls kann die formale Struktur der Kommunikation in Bezug auf Regeln, Verfahren und Vorschriften abgebildet werden, wodurch die Transparenz der Abläufe, insbesondere von Entscheidungsprozessen gesteigert werden kann. Ein weiteres Potenzial liegt darin, dass die Kommunikationsprozesse und -ergebnisse unmittelbar dokumentiert werden können.
- *Grenzüberschreitendes Handeln und flexible Abteilungsgrenzen.* Die Zusammenarbeit über Abteilungsgrenzen hinaus, etwa zwischen Standorten, kann in Hinblick auf einen schnelleren Informations-, Ressourcen- und Ideenaustausch verbessert werden.

2.3.3 Potenziale auf der Ebene der Arbeitsausführung

Die Vorteile auf der Ebene der Arbeitsausführung lassen sich in aufgabenbezogene Interaktionsprozesse und soziale Interaktionsprozesse unterscheiden. Die aufgabenbezogenen Interaktionsprozesse beziehen sich auf eine Verbesserung der Ausführungsprozesse, der Koordinations- und Steuerungsprozesse sowie der Optimierungsprozesse. Im Einzelnen:

- *Vermeidung von Medienbrüchen* durch einheitliche digitale Repräsentationsformate von Dokumenten und Kommunikationsinhalten, so dass eine Nachbearbeitung jederzeit möglich ist.
- Eine gleichmäßigere *Beteiligung der Teammitglieder* durch geringere wahrgenommene soziale Statusunterschiede, wodurch die Arbeitsmenge gesteigert und neuartige oder ungewöhnliche Lösungen angeregt werden können.
- Eine bessere *Informationsversorgung*, so dass Entscheidungen auf einer breiteren Basis getroffen werden können.
- Der Wegfall sozialer Begegnungen und die verringerte *Möglichkeit zu informeller Kommunikation* führt zu einer geringeren Berücksichtigung von persönlichen und sozialen Aspekten, so dass eine stärkere Aufgabenfokussierung entsteht.

Die Potenziale in Bezug auf soziale Interaktionsprozesse beziehen sich u. a. auf:

- Höhere Zufriedenheit durch verbesserte Informationsversorgung
- Stärkere Beteiligung an Entscheidungen und höhere Akzeptanz von getroffenen Entscheidungen
- Möglichkeiten zum Sichtbarmachen des eigenen Leistungsbeitrages und dadurch positive Auswirkungen auf die empfundene Selbstwirksamkeit.

2.3.4 Potenziale auf gesellschaftlicher Ebene

Die mit Telekooperation verbundenen Potenziale auf gesellschaftlicher Ebene liegen darin, dass wirtschaftspolitisch strukturschwache Regionen gefördert werden können, ohne dass ein Umzug der Arbeitnehmer erforderlich ist. Positiv wirkt sich auch die damit verbundene Reduzierung von Pendlerverkehr auf Umweltbelastungen aus. Und schließlich können besondere Arbeitnehmergruppen, wie körperlich behinderte Personen, Personen mit familiären Verpflichtungen etc. besser in den Arbeitsmarkt integriert werden.

2.4 Anforderungen der Telekooperation

Neben den positiven Wirkungen von Telekooperation sind auch die negativen Wirkungen und Folgen zu betrachten. Die negativen Auswirkungen und Folgen vernetzter Arbeit wurden unter den Aspekten der Technik, des Personals, insbesondere der veränderten Rollenauffassung von Führungskräften sowie der organisatorischen Aufbau- und Ablaufstrukturen betrachtet (Howard, 1995; Ilgen & Pulakos, 1999; Joyce, McGee & Slocum, 1997; Konradt, 2004; Picot et al., 2003; v. Rosenstiel, 2001). Dabei ist zu berücksichtigen, dass negative Wirkungen nicht zwangsläufig auftreten müssen, sondern von den strukturellen und prozessualen Bedingungen des Gestaltungsprozesses abhängen, die in den nachfolgenden Kapiteln behandelt werden.

2.4.1 Organisationale Anforderungen

Zu den organisationalen Auswirkungen zählen mangelhafte Koordination von Ressourcen, Richtungsunklarheit und Verantwortungsdiffusion. Im Einzelnen:

- Die Interaktionsbeziehungen basieren oft auf unvollständigen Verträgen, die vielfach auf explizite Regelungen von Leistung und Gegenleistung verzichten und in hohem Maße auf Vertrauen und Commitment der Partner gegründet sind.
- Die Arbeitssysteme sind in aufbau- und ablauforganisatorischer Hinsicht flexibel, u. a. in Hinblick auf die Art der Zusammenarbeit (befristete Zusammenarbeit, ad hoc gebildete Strukturen in Projekten, Zirkeln, Task forces usf.), die ein Risiko darstellt.
- Die Flexibilisierung von Arbeitszeiten unter telekooperativer Arbeit, u. a. in Hinblick auf flexible Arbeitszeitarrangements, Vertrauensarbeitszeit, Wochenendarbeit und auftragsabhängige Gestaltung der Arbeitszeiten, kann in Konflikt mit anderen bestehenden Arbeitszeitmodellen treten.

2.4.2 Anforderungen an Teamprozesse

- Ineffektive Koordinations- und Steuerungsprozesse, beispielsweise über Ziele, Prioritäten und Vorgehensweisen, können zu Schwierigkeiten führen, einen Gruppenkonsens herbeizuführen.

- Mangelnde Transparenz in den Ausführungsprozessen durch mangelhafte Berichterstattung kann zu Formen der Überkompensation durch überbordende Berichterstattungspflichten führen.

- Mangelnde Direktheit zwischen den Prozessbeteiligten kann insbesondere bei asynchronen Medien (vgl. Kapitel 3.2.5) zu Missverständnissen und Kommunikationsfehlern führen.

- Durch eine größer empfundene Anonymität und einer verringerten Möglichkeit zur sozialen Wahrnehmung der Teampartner sind die Motivation, eigene Beiträge für die Gruppenaufgabe zu leisten, und der Wert des gemeinsamen Gruppenzieles reduziert.

- Durch mangelnde Sichtbarkeit der Beiträge einzelner Teammitglieder entstehen unklare Verhältnisse bzgl. des persönlichen Leistungsbeitrags, was Motivationsprobleme und Prozessverluste nach sich ziehen kann.

- Eine umfassendere Beteiligung der Teammitglieder kann zu Prozessverlusten führen und Unterschiede in Werten und Normen verdeutlichen, was soziale Konflikte nach sich ziehen kann.

- Ein geringerer Austausch informeller Inhalte kann zu geringerer Identitfikation mit dem Team und einer geringeren Kohäsion unter den Teammitgliedern führen. Die affektive Bindung zum Team kann reduziert sein.

2.4.3 Anforderungen an die Mitarbeiter

Telearbeit wurde bereits früh arbeitspsychologischen Bewertungen unterzogen, wobei die meisten Untersuchungen gravierende methodische Mängel aufwiesen (für Überblicke s. Konradt, Schmook & Mälecke, 2000; Bailey & Kurland, 2002; Baruch, 2001; s. a. Kap. 3.4). Personelle Anforderungen von Telearbeit und Telekooperation bestehen in erster Linie im Zusammenhang mit einem höheren Empowerment und liegen darin, dass Aufgaben selbstständig geplant und auch eigenverantwortlich durchgeführt werden müssen. Die Unklarheit und/oder Widersprüchlichkeit in den Aufgaben und den Rollen, die Personen in einem Team einnehmen, führt zu einer vergleichsweise größeren Unsicherheit und kann zu Aufgaben- und Rollenkonflikten führen. Allerdings steigt mit der höheren Autonomie auch die Möglichkeit der teaminternen Rollenklärung /-verteilung, wodurch Konfliktpotenziale wieder gesenkt werden können.

Die allgemeinen Herausforderungen von Telearbeit und Telekooperation sind:

- Ungenaue Informationen
- Notwendigkeit zum eigenverantwortlichen Handeln zum Heranziehen von Informationen
- Bedeutung von Wissen und technischen Fertigkeiten im Umgang mit Computern
- Unklarheit und Widersprüchlichkeit von Rollen
- Reduktion von Commitment, was zu einer verringerten Bereitschaft führen kann, Ressourcen zu teilen und gemeinschaftlich zu nutzen.

2.4 Anforderungen der Telekooperation

Daneben bestehen folgende spezifische Anforderungen:
- Die verbesserte Informationsversorgung kann zu einer Informationsflut führen und erhebliche Belastungen darstellen, insbesondere dann, wenn zusätzliche Aufgaben erledigt werden. In telekooperativen Systemen kann die Geschwindigkeit, mit der Informationen ausgetauscht werden und mit der auf Veränderungen reagiert werden muss, stark anwachsen.
- Kommunikation wird häufiger, unplanbarer, kürzer und die Arbeitstätigkeiten fragmentierter mit häufigeren Unterbrechungen.
- Telekooperativen Arbeitssystemen fehlt vielfach eine übergeordnete, konfliktregulierende Instanz, so dass es zu vielfach veränderten, nicht-hierarchischen Koordinations- und Kontrollaktivitäten kommen muss.
- Mitarbeiter und Führungskräfte müssen Regeln der Interaktion festlegen und kennen. Außerdem müssen sie sich der Wirkungen bewusst sein, die Telemedien auf die Kommunikation, Motivation und Teamwahrnehmung besitzen (vgl. hierzu Weisband, 2002; Sassenberg, 2004) und durch entsprechende Vorbereitung (technisch, fachlich, sozial und methodisch) qualifiziert werden.

Auf der Basis dieser Anforderungen wurde vor kurzem ein erstes Auswahl- und Platzierungsverfahren speziell für Mitarbeiter virtueller Teams entwickelt (Virtual Team Competency Inventory; s. Hertel, Konradt & Voss, 2006). Dieses online-gestützte Verfahren beinhaltet 39 Selbstbeschreibungsfragen, die auf 5-stufigen Antwortskalen, ähnlich einem Persönlichkeitstest, von den Kandidaten beantwortet werden. Die 39 Fragen unterteilen sich auf 11 Subskalen, die die verschiedenen Anforderungen virtueller Teamarbeit abdecken und den drei übergeordneten Bereichen der aufgabenbezogenen, teambezogenen, und telekooperationsbezogenen Kompetenzen und Fähigkeiten zugeordnet werden können. Eine erste Validierungsstudie dieses neuentwickelten Instruments mit Mitarbeitern existierender virtueller Teams eines Unternehmens zeigte vielversprechende Ergebnisse. Neben zufriedenstellenden Werten der Konstruktvalidierung betrug die konkurrente Validität (Korrelation der Testwerte mit Vorgesetztenbeurteilungen der Leistung der Mitarbeiter) R = .49. In Kapitel 3.4.1 wird das Virtual Team Competency Inventory ausführlicher dargestellt.

2.4.4 Anforderungen an die Führungskräfte

Telekooperative Arbeit zieht Änderungen in den Führungsrollen und Führungsauffassungen nach sich (Konradt, 2004; Konradt & Hoch, 2007). Wenngleich hierzu nur wenig empirische Arbeiten vorliegen, besteht große Einigkeit in der Art der Veränderungen (Büssing & Aumann, 1996; House, 1995; Gebert, 2002; Mumford et al., 2000; Shamir, 1999; Wiesenfeld, Raghuram & Garud, 1999). Lord und Smith (1999) nennen drei Veränderungsbereiche:
- Stärkere Bedeutung der personellen Orientierung, die darin zum Ausdruck kommt, dass neben der aufgabenbezogenen Funktion der Kommunikation und Koordination beziehungsbezogene Aspekte wichtiger werden. Aufgabenbezogene Aspekte liegen u. a. darin, dass Führungskräfte ihren Mitarbeitern die Ziele und Konsequenzen ihres Handelns deutlich machen, und es ihnen ermöglichen, neue Vorgehensweisen und Arbeitsmethoden zu erwerben. Beziehungsorientierte Aspekte betreffen die Überzeugung zur Zielübernahme

und zur Selbstverantwortung. Untersuchungen zur telekooperativen Arbeit zeigen, dass dabei u. a. prozedurale und distributive Gerechtigkeit, Transparenz und Offenheit sowie Hilfe beim Aufbau unterstützender Gruppennormen von Bedeutung sind.

- Eine weitere Herausforderung bezieht sich auf Formen der indirekten Beeinflussung von Personen durch Überzeugung. Durch den Wegfall formaler Strukturen ist Führung darauf ausgerichtet, Ersatz durch Überzeugungen und gemeinsam geteilte Einstellungen der Mitglieder/Identität zu schaffen (u. a. Shamir, 1999). Hierbei wirken Manager nicht durch formale Macht, sondern durch vermittelte Effekte, wozu die Sensibilisierung für und die Kenntnis von Motivatoren zählen, die die Ziele und das Verhalten von Mitarbeitern bestimmen. Im transformationalen Führungsansatz (vgl. Bass, 1985) werden die motivierenden Funktionen der Führungskraft betont, bei der die vier Merkmale „Charisma", „Inspiration", „intellektuelle Stimulierung" und „individualisierte Fürsorge" im Vordergrund stehen. Den Geführten soll durch beziehungsorientierte Maßnahmen die Identifikation mit der Aufgabe erleichtert werden, und sie sollen motiviert werden, individuelle Entwicklungsmaßnahmen zu ergreifen.

- Ein weiterer Veränderungsbereich besteht in einer größeren verhaltensbezogenen Flexibilität. Nach Murphy und Jackson (1999) sind Funktionen und Arbeitsrollen unter vernetzter Arbeit durch eine größere Extension, Ambiguität und Veränderbarkeit gekennzeichnet. Das Repertoire von führungsbezogenen Techniken und Verhaltensweisen sollte dementsprechend groß sein, um die Diversität zu managen. Studien zeigten, dass die Breite des Führungsrepertoires in Zusammenhang mit Teamleistung stand (Denison, Hooijberg & Quinn, 1995). Führungskräfte in virtuellen Teams weisen Rollen eine starke Bedeutung zu, die auf aufgabenbezogene (Rollen des Direktors und des Produzenten) und personenbezogene Funktionen (Rolle des Facilitators) gerichtet sind (Konradt & Hoch, 2007).

- Zusätzlich können mit vernetzter Arbeit Macht- und Statusverlust für die Führungskräfte einhergehen. Da Kooperationsbeziehungen oft rasch gebildet und vertieft werden müssen, gleichzeitig aber auch schnell wieder aufgelöst werden können, wächst die Unsicherheit für die beteiligten Personen, insbesondere für diejenigen mit Führungsverantwortung.

2.4.5 Gesellschaftliche Herausforderungen

Schließlich wurden negative Konsequenzen der Telekooperation und des Computereinsatzes auf gesellschaftliche Entwicklungen diskutiert. Kraut et al. (1998) zeigten, dass Internet-Benutzung (insbesondere E-mail) in Zusammenhang mit einer geringen Anzahl von sozialen Kontakten mit Familienmitgliedern sowie hohen Werten in der Depression und der Vereinsamung standen. Diese Befunde erlangten zunächst große Aufmerksamkeit, konnten jedoch durch nachfolgende Studien (Kraut et al., 2002) nicht untermauert werden. Dennoch lenken sie die Aufmerksamkeit auf mögliche langfristige individuelle und soziale Konsequenzen, wobei möglicherweise der Verwendungszweck der Medienbenutzung relevant ist. So konnte Weiser (2001) zeigen, dass Personen, die das Internet zu Informationszwecken nutzen, zufriedener und sozial integrierter sind, als Personen, die es zu Zwecken affektiv-sozialer Regulation aufsuchen.

2.5 Effektivität und Effizienz telekooperativer Arbeit

Die Einführung von Telekooperation geht in der Regel mit dem Ziel einher, die Produktivität der Mitarbeiter und somit auch die Unternehmensleistung zu steigern. Untersuchungen zur betrieblichen Effizienz ergeben jedoch ein heterogenes Bild. Im Folgenden werden auf der Basis vergleichender Übersichten zu den in experimentellen Untersuchungen und Feldstudien gewonnenen Befunden zur Effizienz, Effektivität und Zufriedenheit unter telekooperativer Arbeit dargestellt (Baltes et al., 2002; Benbasat & Lim, 1993; Dennis & Wixom, 2001; Fjermestad, 2004; Fjermestad & Hiltz, 1998; Fjermestad & Hiltz, 2000; Wiedenmaier et al., 1999).

2.5.1 Befunde in feldexperimentellen und laborexperimentellen Studien

Experimente stellen eine weit verbreitete Datenerhebungsform dar, bei der die Auswirkungen von Bedingungen, die durch einen Forscher erzeugt werden, systematisch beobachtet werden. Von zentraler Bedeutung ist dabei, dass die Auswirkungen anderer Einflussgrößen entweder kontrolliert oder ganz ausgeschaltet werden. Ein Feldexperiment findet dabei im Gegensatz zu Laborexperimenten in einer natürlichen Umgebung statt (u. a. Arbeitsteams in der Organisation). Wie Rack und Christophersen (2006) darstellen, liegt der Vorteil feldexperimenteller Studien darin, dass eine hohe Situationsrepräsentativität vorliegt, wodurch Verallgemeinerungen der erhaltenen Ergebnisse plausibel vorgenommen werden können. Als Nachteil erweist sich allerdings, dass Einflüsse wirksam werden können, die nur schwer kontrolliert werden können, wie z. B. Telefonanrufe im Büro, Bauarbeiten im Haus etc. Ein Laborexperiment hingegen findet zwar in einem geschützten, allerdings auch reduzierten und dadurch relativ unnatürlichen Setting statt. Als vorteilhaft erweist es sich, dass der Forscher fast alle bekannten Störeinflüsse kontrollieren, also minimieren oder ausschließen kann (Rack & Christophersen, 2006).

Auf Grund der großen Anzahl *experimenteller Studien* zur Wirkung von computergestützter Zusammenarbeit, bezieht sich die folgende Darstellung auf zusammenfassende Arbeiten (Baltes et al., 2002; Bordia, 1997; Dennis & Wixom, 2001; Fjermestad, 2004).

Auf der Basis von 18 experimentellen Studien führte Bordia (1997) einen qualitativen Überblick durch, der ergab, dass computerunterstützte Gruppen im Vergleich zu face-to-face Gruppen

- mehr Zeit benötigen
- weniger Einheiten produzieren
- bei Brainstorming mehr Ideen generieren
- gleichberechtigter im Sinne der Redebeiträge sind
- einen verminderten normativen und sozialen Druck erzeugen
- das Wissen um die anderen Teammitglieder („Team awareness") geringer ausgeprägt ist
- Gefühle eines Identitätsverlusts und eines geringeren persönlichen Wertes (Deindividuation) erzeugt werden
- es zu weniger Änderungen in den Entscheidungen und Einstellungen kommt.

Im Rahmen einer Meta-Analyse verglichen Baltes et al. (2002) Studien zur Qualität und Zufriedenheit bei Entscheidungen in Gruppen, in denen face-to-face und synchrone, textbasierte CMC (z. B. Chat) untersucht wurden. Als Kriterien wurden Effektivität, Effizienz und Zufriedenheit mit den getroffenen Entscheidungen herangezogen. In die Analyse gingen 52 Untersuchungen mit Kontrollgruppendesign ein, in denen nur sogenannte „echte Gruppen" mit drei oder mehr Mitgliedern enthalten waren. Als Moderatoren wurden Anonymität unter den Gruppenmitgliedern, Zeitdruck, Gruppengröße und Aufgabentyp herangezogen. Die Ergebnisse zeigten, dass Benutzer unter telekooperativen Arbeitsbedingungen bestenfalls genauso effektiv, effizient und zufrieden waren, vielfach jedoch face-to-face Teams unterlegen waren. Dabei erwiesen sich die berücksichtigten Moderatoren, u. a. Anonymität unter den Gruppenmitgliedern, Gruppengröße und Art der Aufgabe, als bedeutsam zumindest in Bezug auf ein Kriterium.

In einer weiteren Metaanalyse untersuchten Dennis und Wixom (2001) den Einfluss von Moderatoren (Art der Aufgabe, Art der Software, Art der Gruppe, Gruppengröße und Förderung) auf der Grundlage von 116 Einzelstudien mit Kontrollgruppendesign. Es wurde u. a. auch danach unterschieden, ob die eingesetzten Anwendungssysteme einfache Kommunikationssysteme (Level-1) oder komplexe Systeme zur Entscheidungsfindung (Level-2) darstellten. Es zeigte sich, dass

- die Zufriedenheit mit dem Ablauf der Gruppenarbeit größer bei Aufgaben der Ideengenerierung als bei Entscheidungsaufgaben war
- Anwendungssysteme die Entscheidungsqualität insofern beeinflussten, als die Entscheidungsqualität höher beim Einsatz von Level-2 Systemen war als bei Level-1-Systemen; bei Generierungsaufgaben übt die Art des verwendeten Tools jedoch keinen Einfluss aus
- die Qualität der Entscheidungen geringer bei virtuellen Teams im Vergleich zu face-to-face Teams ausfällt
- die Entscheidungszeit in großen virtuellen Teams sinkt
- die Zufriedenheit mit dem Prozess mit der Größe der Gruppe ansteigt
- Prozess-Unterstützung die Entscheidungsqualität und die Zufriedenheit mit dem Prozess fördert.

In einer weiteren Analyse auf der Grundlage von 145 experimentellen Datensätzen, in denen die Form der Kommunikation (face-to-face vs. computerunterstützt) die unabhängige Variable war, zeigte Fjermestad (2004), dass überwiegend keine Unterschiede zwischen computerunterstützen Gruppen gegenüber face-to-face Gruppen gefunden wurden. In etwa einem Drittel der Untersuchungen zeigten computerunterstützte Gruppen hingegen Vorteile in Hinblick auf folgende Aspekte:

- die Qualität der Entscheidungen
- die Tiefe der Analyse
- die Gleichheit und Partizipation der Beteiligten sowie
- die Zufriedenheit.

2.5.2 Befunde mit organisationalen computergestützten Arbeitsgruppen

Felduntersuchungen finden in dem Umfeld statt, in dem der Untersuchungsgegenstand üblicherweise auftritt. Anders als in experimentellen Studien werden in Feldstudien die Bedingungen nicht systematisch durch einen Forscher erzeugt, sondern ein Ausschnitt aus der in der Realität vorgefundenen Bedingungskonfiguration beobachtet. Während die Vorteile bereits im Zusammenhang feldexperimenteller Studien dargestellt wurden (u. a. Situationsrepräsentativität und Übertragbarkeit der Befunde auf organisationale Arbeitsgruppen), liegen die Nachteile insbesondere darin, dass i.d.R. nur eine verhältnismäßig begrenzte Anzahl von Bedingungen beobachtet werden kann. Weiterhin können theoretisch anzunehmende Kausalzusammenhänge zwischen Variablen bei einmaliger Messung nicht überprüft werden. Dennoch leisten Feldstudien einen wertvollen Beitrag zur Aufdeckung der Zusammenhänge zwischen psychologischen Sachverhalten.

Die in Felduntersuchungen gewonnenen Befunde zu Effektivitäts- und Effizienzvorteilen von Telekooperation wurden u. a. von Fjermestad und Hiltz (2000) zusammen getragen und analysiert. Auf der Basis von 79 Fallstudien und Feldstudien zeigten die Autoren die Erfolgs- und Misserfolgsbedingungen der Implementierung von GSS auf. In Tabelle 2.1 sind die Erfolgs- und Misserfolgsfaktoren der Implementierung von Groupware in organisationalen virtuellen Teams aufgeführt.

Erfolgsfaktoren	Misserfolgsfaktoren
• Es existiert ein Moderator / Unterstützer	• Es existiert kein Moderator / Unterstützer
• Die Gruppen werden geführt	• Die Gruppen führen sich selbst
• Es erfolgt ein Training in der Benutzung der Technologie	• Führungskraft ist dominant oder nicht motiviert
• Es werden komplexe Aufgaben unterstützt	• Es erfolgt kein Training in der Benutzung der Technologie
• Verbale und elektronische Kommunikation sind erlaubt	• Es werden triviale Aufgaben unterstützt
• Beim Einsatz von Groupware werden benutzerorientierte Ansätze verfolgt	• Verzicht auf verbale Kommunikation
• Implementierungen berücksichtigen kulturelle Eigenheiten	• Beim Einsatz von Groupware werden benutzerorientierte Ansätze nicht verfolgt
• Anonymität bei Gruppenentscheidungssystemen	• Anonymität ist unterbunden
• Hohes Vertrauen unter den Mitgliedern	• Niedriges Vertrauen unter den Mitgliedern

Tabelle 2.1: Erfolgs- und Misserfolgsfaktoren der Implementierung von Groupware (nach Fjermestad & Hiltz, 2000)

Die Erfolgsbedingungen waren um so bedeutsamer, je längerfristiger die Gruppen bereits zusammen gearbeitet haben und je mehr Teamsitzungen untersucht wurden. Misserfolgsfaktoren zeigten sich eher kurzfristig.

Betrachtet man die Auswirkungen der Telekooperation über alle Effekte hinweg, so werden in den Feldstudien 86,5 Prozent positive Effekte gefunden. Zieht man den direkten Vergleich zu den in experimentellen Studien gefundenen Effekten heran, so fallen diese mit nur durchschnittlich 16,6 Prozent (Fjermestad & Hiltz, 1998) bzw. 29,2 Prozent (Fjermestad, 2004) an positiven Effekten deutlich geringer aus. Allerdings ist Vorsicht bei der Generalisierung dieser Befunde geboten, da sich die Untersuchungen zur Telekooperation auf eine verhältnismäßig begrenzte Klasse von Aufgaben und technischen Systemen, wie Entscheidungsunterstützungssysteme, bzw. Brainstorming und Abstimmungs-Tools stützt.

Überblicke empirischer Arbeiten über organisationale virtuelle Teams (Axtell, Fleck & Turner, 2004; Gibson & Cohen, 2003; Hertel, Geister & Konradt, 2005; Hinds & Kiesler, 2002; Konradt & Hertel, 2002; Powell, Piccoli & Ives, 2004) zeigen, dass meist nicht die Frage im Vordergrund steht, welche spezielle Technik zur Kommunikation und Aufgabenbearbeitung im Zusammenhang mit Teamprozessen und Ergebnissen stehen. Vielmehr stehen die Einflüsse von Aufgaben, der Gruppenstruktur, Personenmerkmalen und den Gruppenressourcen im Vordergrund, die aus Sicht der Organisationsforschung als Erfolgsdeterminanten angesehen werden. Dabei nimmt die Kommunikation innerhalb virtueller Teams eine besondere Rolle ein (Kirkman et al., 2004).

Im Einzelnen ergeben sich folgende Erfolgsfaktoren in virtuellen Teams (vgl. Hertel et al., 2005; Büssing & Konradt, 2006):

- Kommunikation von klaren und eindeutigen Zielen und Rollen der Teammitglieder, die auch die externe Regulation des Teams mit anderen organisationalen Teams umfasst
- Implementierung effektiver und effizienter Kommunikations- und Kooperationsprozesse, die Missverständnisse und Konflikteskalation verhindern
- Angemessene Schulung und Training zur Beherrschung der Telemedien sowie der Kenntnis ihres angemessenen Einsatzes
- Kontinuierliche Unterstützung des Austauschs von fachlichem Wissen sowie informeller Inhalte zur Förderung des Aufbaus eines „Team mental models" (Klimoski & Mohammed, 1994) und einer „Team awareness" (Weisband, 2002)
- Erzeugung von Interdependenz unter den Teammitgliedern, um die Kommunikation und den Zusammenhalt zu fördern, etwa durch entsprechende Aufgabengestaltung, Zielsetzungs- und Zielvereinbarungsprozesse oder gruppenbasierte Anreize
- Flankierende face-to-face Treffen, etwa zu Beginn der Teamarbeit, um Mitarbeiter auf ein gemeinsames Gruppenziel einzuschwören, die helfen, Herausforderungen der virtuellen Gruppenarbeit zu thematisieren und zu überwinden (Konradt & Hertel, 2002).

2.5.3 Wirtschaftlichkeit

In die Berechnung der Wirtschaftlichkeit gehen Kosten ein, die in den vorhergehenden Befunden nicht betrachtet wurden. Kosten der Telekooperation entstehen durch die technische Ausstattung sowie durch die Implementierung und ihre Administrierung. Unter verteilter Arbeit werden hohe Anforderungen an die Stabilität und Sicherheit gestellt. Folgekosten entstehen auch im Zusammenhang mit Kommunikationsproblemen, wie Abstimmungs- und Änderungsaufwände, Vorbereitung der Benutzer durch Qualifizierungen in Basiskompetenzen der Handhabung von Telekooperation und Teamtreffen (Workshops) sowie der laufenden Unterstützung bei technischen und sozialen Problemen.

Modellrechnungen und Erfahrungsberichte zur Bewertung der Arbeitsprozesse und der Wirtschaftlichkeit telekooperativer Strukturen fallen nicht einheitlich aus (für einen Überblick s. Gareis & Kordey, 2001). Auf der Basis von Befragungen von Projektbeteiligten in der Produktentwicklung der Automobilindustrie wurden reale telekooperative Szenarien mit vergleichbaren fiktiven konventionellen Prozessen verglichen (Wiedenmeier et al., 1999). Im Rahmen einer erweiterten Wirtschaftlichkeitsrechnung wurden neben Kosten und Zeit auch die Qualität der Prozesse in Hinblick auf aufgaben- und personenbezogene Projektkommunikation bewertet. Durch Telekooperation ergaben sich erhebliche Einsparpotenziale in allen Phasen des Produktentstehungsprozesses, wobei die ermittelten mittleren Einsparungen in Höhe von 47 Prozent nur als grobe Orientierung gelten können. Eine nähere Betrachtung der Wirtschaftlichkeit erbrachte hohe Potenziale, insbesondere bei:

- Einsparung von Kommunikationskosten durch den Einsatz von Telekommunikationswerkzeugen
- Steigerung der Kommunikationseffizienz durch Einbindung notwendiger Partner und eine hohe Informationsdichte und
- Verbesserung des Informationstransfers, ausgedrückt durch eine hohe Aktualität von Informationen, Transparenz über die Informationsverteilung und Vermeidung von Medienbrüchen.

Geringe Potenziale wurden hingegen in Hinblick auf die Kommunikationsqualität bei geringen organisatorischen und technischen Störungen erwartet und den Austausch informeller Kommunikationsinhalte, wie z. B. über Privates.

In einer Untersuchung von parallelen virtuellen Teams, die zur Prozessverbesserung im Rahmen von Ansätzen des Total Quality Management und des Business Process Reengineerings eingerichtet wurden (Kock, 2000), schätzten Führungskräfte die Auswirkungen der computerbasierten Kommunikation auf zentrale Effektivitätskriterien ein. Die Ergebnisse zeigen, dass durch den Medieneinsatz die Dauer der Gruppenprozesse deutlich gesenkt und die Kosten reduziert wurden. Weniger einheitlich fiel hingegen die Einschätzung der Auswirkung auf die Qualität aus.

Die Wirtschaftlichkeit von Telekooperation hängt von den sächlichen, personellen und organisatorischen Voraussetzungen ab sowie des Implementierungsprozesses und ist deshalb nur im Einzelfall exakt zu bestimmen. Es verwundert daher nicht, dass Modellrechungen und Erfahrungsberichte zur Bewertung der Wirtschaftlichkeit nicht einheitlich ausfallen. Dabei ist weiterhin zu berücksichtigen, dass die Wirkung, die mit technischen und organisatorischen Innovationen angestoßen wird, unterschieden werden kann in

- *Substitutive Wirkung*, bei der die technische Lösung vorhandene Lösungen ablöst und ersetzt;
- *Komplementäre Wirkung*, bei der die technische Lösung vorhandene Lösungen unterstützt und sie teilweise verändert;
- *Strategische Wirkung*, bei der die technische Lösung grundsätzliche Neuorientierung von Produkten, Dienstleistungen und Prozessen ermöglicht.

Gareis und Kordey (2001) weisen darauf hin, dass mit Einführung von Telekooperation diese drei Wirkungen gleichzeitig gegeben sind, was dazu führt, dass eine Bewertung auf der Arbeitsplatzebene nicht ausreichend ist, sondern zusätzlich Effekte auf den Ebenen des Teams, der Arbeitsprozesse und der Organisation betrachtet werden müssen.

2.5.4 Zusammenfassende Bewertung

Die kursorische Darstellung und Diskussion der Wirkungen und Phänomene, die mit dem Einsatz von Telekooperation verbunden sind, zeigt kein homogenes empirisches Bild. So konnten Fjermestad und Hiltz (1998) in Laborstudien keine wesentlichen Unterschiede zwischen CMC und face-to-face Gruppen in den genannten Kriterien feststellen. Bei einem Vergleich von Feldstudien (Fjermestad & Hiltz, 2000) wurde computergestützte Arbeit jedoch in 91,5 Prozent der Fälle positiver hinsichtlich Effektivität, Effizienz, Konsens, Usability und Zufriedenheit bewertet.

Betrachtet man die Vielfalt der untersuchten Variablen (vgl. Fjermestadt & Hiltz, 2000), die prinzipiell gestaltbar sind, so wird deutlich, dass zahlreiche Moderatoren eine allgemeine Einschätzung der Effektivität und Effizienz von Telekooperation in Gruppen verhindern. Als wichtige Größen, die einen Einfluss auf den Zusammenhang zwischen Telekooperation und Leistung ausüben, haben sich insbesondere die Gruppengröße, die Gruppenstruktur, die Gruppenzusammensetzung, die Art der Moderation der Gruppe und deren Führungsstruktur herausgestellt (Baltes et al., 2002; Chidambaram & Bostrom, 1997; Dennis & Wixom, 2001; Fjermestad & Hiltz, 2000). Im Bereich der Erfolgsfaktorenforschung von organisationalen virtuellen Teams liegen dazu ebenfalls vereinzelte Befunde vor, die eine ähnliche Sichtweise nahe legen (Axtell et al., 2004; Gibson & Cohen, 2003; Hertel et al., 2005; Hinds & Kiesler, 2002).

Ein zweiter Grund, der eine verallgemeinernde Bewertung erschwert und der zur Erklärung der Unterschiede in den unterschiedlichen Ergebnissen herangezogen werden kann, ist in den Untersuchungsdesign der zugrundeliegenden Studien zu suchen (vgl. Bordia, 1997; Fjermestad & Hiltz, 1998; Kies et al., 1998). In Tabelle 2.2 sind Merkmale aufgeführt, die experimentalpsychologisch untersucht wurden.

2.5 Effektivität und Effizienz telekooperativer Arbeit

Input
Kontextfaktoren

1. Technologie
   - (Instrumente der) Aufgabenunterstützung: Tagesordnung, elektronisches Brainstorming, Abstimmungen, kognitives Feedback, etc.
   - Prozessstrukturen: Anonymität, Zeit, Nähe, Handlungsschauplätze, Verfahren, Kontrolle / Struktur, z. B. sequentielle vs. parallele Prozesse; Ebenen 1, 2 und/oder 3, Strukturmerkmale – Einschränkung, Verständlichkeit, Tagesordnungssetzung NGT, DI, DA, Förderer, Chauffeur, Moderator.
   - Kommunikationsart: Face-to-Face, CMC, Group Support Systems, Decision Support Systems, Text(basiert), Graphiken, verbale Äußerungen, Bild, Ton und Video.
   - Design: Raumgestaltung, Interfaces / Schnittstellen, Verankerbarkeit, Ausdehnbarkeit, Flexibilität, Funktionalität und Anwendbarkeit.

2. Gruppe
   - Gruppencharakteristika: Größe und Besonderheiten, Ad-hoc Gruppen, etablierte Gruppen.
   - Zusammensetzung: Heterogenität, organisations- und projektbezogene Anstellung, gemeinsame Normen, Status der Mitglieder, Vergangenheit & Erfahrungen, Personen (Studenten, MBAs, Akademiker, etc.).
   - Führung: Formale Führung, Führungsstile, Einstellungen, Fertigkeiten, Macht und Position innerhalb der Organisation.
   - Charakteristika der Mitglieder: Einstellungen, Wertvorstellungen, Macht, persönliche Überzeugungen, Alter, Geschlecht, Vorlieben, Selbstbewusstsein, Fertigkeiten, demographische Variablen, Persönlichkeitseigenschaften, anfängliche Fähigkeiten und Erfahrungen (system- und aufgabenbezogen).
   - Struktur der Meetings: Zielklarheit, spezifische Arbeitsnormen.
   - Ausgangsniveau: (Gruppen-)Kohäsion, Aufgabenverständnis, Konsens und Übereinkünfte.
   - Gruppenstrukturen: Interaktionsstile, Wissen & Erfahrung im Umgang mit Strukturen, Wahrnehmung des Wissens der Anderen.

3. Aufgabe
   - Art: Generieren, wählen, verhandeln und ausführen, Gewinn / Verlust.
   - Merkmale: Struktur: strukturiert bis unstrukturiert
   - Uneindeutigkeit: hoch bis niedrig, Analysierbarkeit: hoch bis niedrig
   - Komplexität: hoch bis niedrig, Wichtigkeit: hoch bis niedrig
   - Gefallen: hoch bis niedrig, Vorhersagbarkeit: hoch bis niedrig.
   - Quelle: internal bis external.
   - Grad an aufgabenbezogenem Wissen.
   - Grad an wertebezogener Übereinstimmung.

Input
Kontextfaktoren

4. Kontext
   - Umwelt: Wettbewerb, Unsicherheit, Zeitdruck, Bewertungston.
   - Organisation: Informationssystem, Alter, Ziele, Be- / Entlohnungsstruktur, Größe der Organisation, etc.
   - Kultur: Amerikanisch, britisch, chinesisch, hawaiisch, etc.

Prozess

Intervenierende Faktoren

1. Methoden
   - Experimentelles Design
   - Aufgabenimplementation
   - Sitzungsdauer
   - Anzahl der Sitzungen
   - Reihenfolge (der Anwendungen oder Aufgaben)
   - Training: Technologie, Gruppenprozesse und Aufgabe
   - Be-/Entlohnung der Teilnehmer
2. Zusammenfassung der aus den Variablen resultierenden Kommunikationsdimensionen
   - Bandbreite
   - Medienvielfalt
   - Soziale Anwesenheit
3. Wahrnehmung der Gruppenmitglieder und Problemlösungen
   - Art und Anwendung von Aufgabenlösungsstrategien
   - Niveau und Nutzbarkeit der Fähigkeiten und Fertigkeiten der Mitglieder
   - Niveau und Koordination der Anstrengungen Mitglieder
   - Aufgabe: Wichtigkeit, Klarheit, Verständnis & Commitment
   - Individuell: Werte, persönliche Bedürfnisse, Ausmaß des Interesses, Frustrationstoleranz
   - Psychologische Unterschiede
   - Verzerrungen

Adaptierende Faktoren

1. Gruppenadaptationsprozess

   Strukturierung
   - Soziale Technologien
   - Strukturmerkmale
   - Generelle Stimmung
   - Vertrauensvoll / ironisch
   - Regeln, Ressourcennutzung, Einstellung, Kontrolle und Konsens
   - Komfort und Respekt

   Prozessvariable
   - Partizipation
   - Konsensgenerierung
   - Normative Regelungen
   - Effektivität, Einfluss
   - Anstrengungsniveau, Prozessprobleme
   - unklare Verantwortlichkeitsbereiche
   - Deindividuation
   - Konsenszwang
   - Koordination

2. Prozessgewinne / -verluste

   Prozessgewinne
   - Synergien, Lern- und Gedächtniseffekte
   - Klarheit, Wahlveränderung

   Prozessverluste
   - Free riding
   - Bewertungsangst
   - Attentuation blocking
   - Informationsüberflutung
   - Flaming
   - Dominanz

Prozess

Intervenierende Faktoren	Adaptierende Faktoren
4. Organisationskonzepte – Informationsverarbeitende Systeme – Konsensgenerierende Systeme – Verhaltensmotivation und /-regulation 5. Betriebsbedingungen – Verfügbare Modalitäten – Aufgabenwechsel, Entlohnung, Normen und Arbeitsteilung	3. Vermittelnde Rollenergebnisse – Rollenannahme durch Technologien – Tatsächliche Rolle der Teilnehmer (aufgabenbezogen und im Gruppengefüge): Protokollführer, Pförtner, Mitläufer, Informations- / Meinungssuchender, Informations-/Meinungsbildender, Verfahrensspezialist, Motivator, Erklärender, Bewertender – Wertvorstellungen

Output

Ergebnisfaktoren

1. Effizienzmaße
   – Entscheidungsdauer
   – Anzahl der Entscheidungskreise
   – Bei Aktivitäten verbrachte Zeit
   – Zeit die zum Warten auf Antworten aufgewendet wurde
   – Dauer der Konsensfindung

2. Effektivitätsmaße
   – Kommunikation
   – Anzahl der Äußerungen
   – Qualität der Ideen
   – Entscheidungsqualität
   – Entscheidungszuversicht
   – Prozessqualität
   – Kreativität/ Innovation
   – Verständnisniveau
   – Aufgabenbezogenheit
   – Bewertungstiefe
   – Ergebnisbezogenes Commitment

3. Zufriedenheitsmaße
   – Partizipation
   – Kohäsion
   – Konfliktmanagement
   – Einfluss
   – Vertrauen
   – Einstellung
   – Generelle Zufriedenheit
   – Entscheidungszufriedenheit

Output	
Ergebnisfaktoren	
4. Konsens	– Entscheidungsübereinkunft
	– Commitment
5. Anwendbarkeitsmaße	– Lernzeit
	– Bereitschaft zu wiederholter Zusammenarbeit
	– Systemauslastung
	– Fehleranzahl
	– Bevorzugtes Design

Tabelle 2.2: Aspekte der experimentalpsychologischen Untersuchungen (aus Fjermestad & Hiltz, 1998)

Es zeigt sich, dass experimentelle Untersuchungen häufig mit im Technologieeinsatz ungeübten Personen (oft Studierenden) durchgeführt wurden, und die verwendeten Aufgaben nur geringe Vorkenntnisse erforderten. Schulungen und Vorbereitungen für die Zusammenarbeit fallen deshalb, falls überhaupt, nur kurz aus. Der Zeithorizont der Zusammenarbeit ist überwiegend kurz und die Entscheidungen sind nur mit geringen persönlichen Konsequenzen verbunden. Überwiegend wurden Aufgaben der Ideengenerierung bzw. des Brainstorming verwendet, während komplexere Aufgaben, wie Diskussionen oder Verhandlungsaufgaben kaum untersucht wurden (vgl. McGrath, 1994). Ferner wurde zumeist die Auswirkung eines Merkmals hinsichtlich direkter und medialer Kommunikation untersucht oder verschiedene Merkmale innerhalb eines Mediums. Vor diesem Hintergrund plädieren Griffith und Northcraft (1994) für Untersuchungsdesigns, in denen Merkmale und Medien vollständig gekreuzt sind. Solche Untersuchungen sind jedoch sehr aufwändig und werden deshalb gemieden. Eine weitere Einschränkung besteht darin, dass abgesehen von wenigen Ausnahmen (u. a. Ocker et al., 2002) der gleichzeitige Einsatz mehrerer Medien kaum untersucht wurde, der in der Praxis jedoch den Regelfall darstellen dürfte.

Neben den erwähnten inhaltlichen und methodischen Einschränkungen liegt ein weiteres Problem in der begrenzten Aussagekraft der Wirtschaftlichkeitsberechnung. So sind spezifische Nutzeneffekte, wie die der gegenseitigen Unterstützung, der Partizipation, des Wissensaustauschs und des Vertrauensaufbaus unter den Teammitgliedern entweder nicht quantifizierbar, oder wirken sich erst langfristig in betriebswirtschaftlich messbaren Effizienzkriterien aus. Untersuchungen zeigten, dass beispielsweise zu Beginn der Zusammenarbeit wahrgenommene negative Medieneffekte mit der Zeit abnehmen, während positive Effekte im Verlauf stabil bleiben (Hollingshead & McGrath, 1995; Walther, 1996). Ferner kann davon ausgegangen werden, dass kognitive und affektive Prozesse, die positiv beeinflusst werden, sich nicht in jedem Fall auch auf die Leistungen im Sinne von Effizienzkriterien auswirken müssen.

2.5 Effektivität und Effizienz telekooperativer Arbeit

Zusammengenommen ziehen Hollingshead und Contractor (2002) daraus den Schluss, dass durch Telekooperation weniger die Qualität oder die Menge von Arbeitsprozessen als vielmehr deren Struktur gefördert werden kann. Eine förderliche Wirkung ist nach Meinung der Autoren insbesondere bei solchen Aufgaben gegeben, bei denen Telekooperation dazu dient

- die Handhabung komplexer Informationen zu ermöglichen,
- eine Strukturierung und Koordination des Arbeitsablaufs zu ermöglichen, und
- die Auseinandersetzung mit und das Management von Konflikten zu erleichtern.

2.5.5 Ein Rahmenmodell der Telekooperation

In Abbildung 2.5 ist ein Rahmenmodell der Telekooperation dargestellt, welches von einer Input-Prozess-Output Struktur ausgeht. Auf der Inputseite werden Aufgabenmerkmale, Medienmerkmale, die Gruppenstruktur, Personenmerkmale sowie Ressourcen als Einflussgrößen aufgeführt. Diese Merkmale nehmen Einfluss auf die aufgabenbezogenen und sozialen Interaktionsprozesse während der Telekooperation. Als Ergebnisse lassen sich aufgabenbezogene und soziale Konsequenzen abbilden.

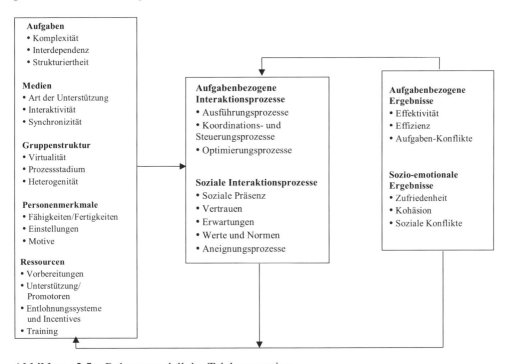

Abbildung 2.5 Rahmenmodell der Telekooperation

Unter den aufgabenbezogenen Interaktionsprozessen werden Ausführungsprozesse, Koordinations- und Steuerungsprozesse sowie Optimierungsprozesse verstanden. *Ausführungsprozesse* beschreiben

- die Bedingungen des Ausgangszustandes
- die Detailplanung einzelner Arbeitsschritte
- den Mitteleinsatz
- die Maßnahmen zur Fortschrittskontrolle.

Koordinations- und Steuerungsprozesse beziehen sich auf den Zusammenhang zwischen Zielen, Aktivitäten und Akteuren. Nach Malone und Crowstone (1994) zählen dazu im Einzelnen:

- Vorbedingungen, die von Personen oder technischen Systemen erbracht werden müssen, damit andere Akteure erfolgreich tätig werden können
- Logische Abhängigkeiten zur Bestimmung paralleler und sequentieller Ergebnisse und Tätigkeiten
- Folgen nach Ausführung einer (Teil-)Aufgabe und Zweck
- Die beteiligten Mitglieder, deren Rollen sowie deren Weisungsverhältnisse zueinander
- Gemeinsame Ressourcen und Regelung des Zugriffs
- Art der Verteilung der Aktivitäten über verschiedene Standorte.

Die rückbezüglichen Pfeile im Modell deuten an, dass es als Folge der Interaktion und der Ergebnisse der Telekooperation zu Änderungen in den Input-Variablen oder den Prozessen kommen kann. In der Adaptiven Strukturationstheorie (DeSanctis & Poole, 1994) wird beispielsweise angenommen, dass sich Gruppen Tele-Technologien in einem adaptiven Prozess aneignen, in dem es zu Anpassungen zwischen Technik, Mensch und Teamstrukturen kommt. Ergebnisse zeigen, dass sich die sozialen Einstellungen gegenüber Gruppenmitglieder positiv entwickeln (Burke & Chidambaram, 1999) oder Mitglieder in kurzfristigen virtuellen Teams bereitwilliger sind, einen Vertrauensvorschuss („swift trust") zu leisten (Coppola, Hiltz & Rotter, 2004; Jarvenpaa, Knoll & Leidner, 1998).

Das Rahmenmodell ist weder ausschließlich durch Technologien bestimmt, wie im Falle von Theorien der Medienwirkung und der Medienwahl (Döring, 1999; McGrath & Hollingshead, 1994; Bordia, 1997), noch gruppenbezogen, wie es Theorien der Motivation und der Führung nahe legen (vgl. Hertel et al., 2005). Der Zweck liegt vielmehr darin, eine balancierte Struktur zu erreichen, bei der die personellen, strukturellen und technologischen Faktoren so ineinander greifen, dass die Aufgabenausführung positiv beeinflusst wird, soziale Prozesse angestoßen werden, die sich positiv auf die Motivation auswirken, und Gruppenlernen einsetzt.

3 Strukturelle Merkmale der Telekooperation

3.1 Aufgabenbezogene Merkmale

Computervermittelte Kommunikation wird in Gruppen vom bearbeiteten Aufgabentyp beeinflusst. Ein häufig, im Rahmen von computerunterstützter Gruppenarbeit, verwendetes Klassifikationsschema für Aufgaben stellt das *Task Circumplex-Model* von McGrath (1984) dar (vgl. Abbildung 3.1). Das Modell setzt sich aus vier Quadranten zusammen, die jeweils einen grundlegenden Aufgabentyp beschreiben, was die Gruppe bzw. die Person zu tun hat: Generieren (von Ideen), Entscheiden (zwischen Alternativen), Verhandeln und Ausführen.

Die Aufgaben werden weiterhin anhand der zwei Dimensionen „kooperativ vs. kompetitiv" und „konzeptuell vs. verhaltensbezogen" in acht Aufgabenarten unterteilt. Dabei spiegelt die horizontale Dimension „konzeptuell vs. verhaltensbezogen" den Unterschied zwischen eher intellektuellen Aufgaben und eher aktions- oder handlungsorientierten Aufgaben wider. Die vertikale Dimension „kooperativ vs. kompetitiv" spannt sich zwischen den Polen Kooperation oder Einverständnis auf der einen Seite und Wettbewerb und Auseinandersetzung auf der anderen Seite.

Als Ergebnis der Anwendung des Circumplex-Models in realen organisationalen Gruppensituationen fügten Ward, Marshall und Novick (1995) dem Modell einen fünften Aufgabentyp hinzu, der „Informieren" genannt wurde. Der fünfte Aufgabentyp beinhaltet die zwei Aufgabentypen der „Informationsweitergabe" im Quadranten „kooperativ vs. konzeptuell" und den Aufgabentyp „Informationsbeschaffung" im Quadranten „kooperativ vs. behavioral". In Abbildung 3.1 ist das Originalmodel dargestellt.

Die im Zusammenhang mit Telekooperation am häufigsten untersuchten Aufgaben stellen Kreativitätsaufgaben, Entscheidungsaufgaben und Urteilsaufgaben dar. Im Folgenden werden zentrale Ergebnisse für diese einzelnen Aufgaben beschrieben, die für telekooperative Arbeit von Relevanz sind.

34　　　3 Strukturelle Merkmale der Telekooperation

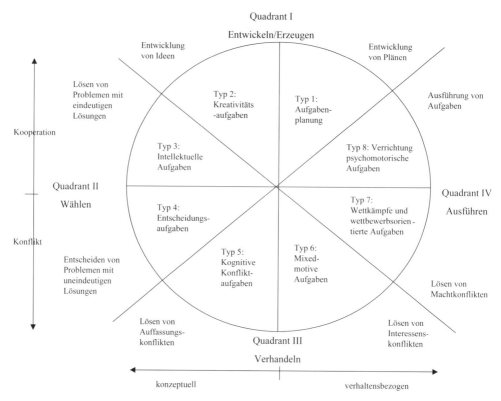

Abbildung 3.1　Das Task Circumplex-Modell (McGrath, 1984)

Unter *Kreativitätsaufgaben* werden Aufgaben der Generierung von Ideen verstanden. Bei Kreativitätsaufgaben führt der Einsatz von telekooperativer Unterstützung durch Elektronische Brainstorming Systeme zu mehr Ideen im Vergleich zu traditionellem Brainstorming (nicht jedoch im Vergleich zu nominellen Gruppen), wobei die Anonymität eine zusätzliche positive Wirkung aufweist (Connolly, 1997; Cummings, Schlosser & Arrow, 1996; Dennis & Valacich, 1993; Gallupe, Cooper, Grisé & Bastionutti, 1994; Hollingshead & McGrath, 1995; Pinsonneault, Barki, Gallupe & Hoppen, 1999; Valacich, Dennis & Connolly, 1994). Die Anonymisierung besitzt den Vorteil, dass Gruppen mit starken Status- und Hierarchieunterschieden sachlichere und offenere Kommunikationen führen können (Sosik, Avolio & Kahai, 1998).

Unter *Entscheidungsaufgaben* versteht McGrath (1984) Aufgaben, in denen eine eindeutig richtige Lösung gefunden werden muss. Hier zeigt sich, dass bei Entscheidungsaufgaben computerunterstützte Gruppen schlechter abschneiden, als face-to-face Gruppen (Baltes et al., 2002; Hollingshead & McGrath, 1995). Verglichen mit face-to-face Bedingungen, benötigen computer-vermittelte Entscheidungen mehr Zeit, die Mitglieder tauschen weniger Informationen untereinander aus und die Zufriedenheit unter den Gruppenmitgliedern ist geringer (Benbasat & Lim, 1993; Fjermestad & Hiltz, 1998).

3.1 Aufgabenbezogene Merkmale

Zu *Verhandlungsaufgaben* liegen nur wenige Befunde vor. Elektronische Verhandlungen unter asynchronen Medien (z. B. E-mail) können sich positiv auswirken, da den Interaktionspartnern Zeit gegeben ist, Vorschläge in Ruhe abzuwägen und neue Varianten zu entwickeln (Moore, Kurtzberg, Thompson & Morris, 1999). Dennoch wird bei Verhandlungsaufgaben oft die Bedeutung von face-to-face Kommunikation hervorgehoben, die in der Vermittlung paraverbaler und nonverbaler Informationen liegt und denen die Bedeutung zukommt, Aussagen und Interessen der Verhandlungspartner zu unterstreichen und Grundlagen zur Bildung von Vertrauen zu bilden.

Ausführungsaufgaben unter Telekooperation wurden bisher kaum untersucht. Ausnahmen stellen Untersuchungen von Hertel, Deter und Konradt (2003) sowie Wittchen, Schlereth & Hertel (in Druck) dar, in denen Versuchspersonen kognitive Maximierungs- bzw. Vigilanzaufgaben unter computergestützten Bedingungen ausführten. Die Befunde zeigen, dass motivationale Vorteile von Gruppenarbeit im Vergleich zu Einzelarbeit (sog. „Motivationsgewinne" in Gruppen) auch hier möglich sind.

Das Aufgabenmodell von McGrath (1984) ist als Klassifikationsschema in einer großen Anzahl von Untersuchungen zugrunde gelegt worden. Dennoch kann man sich fragen, ob bei Gruppenarbeit nicht vielmehr multiple Aufgabenkonstellationen vorliegen, die sich nicht eindeutig einer Aufgabenklasse zuordnen lassen. Ein Klassifikationsschema, das an den Funktionen von Kommunikationsaufgaben in Gruppen angelehnt ist, stammt von Luczak et al. (1999). In dem Schema werden vier Aufgabenbereiche (sog. „Szenarien") beschrieben, die bei der Lösung eines komplexen Problems entstehen (Tabelle 3.1).

Szenario	Beschreibung
Informieren	Weitergabe von Mitteilungen, z. B. Zwischenergebnisse oder Termine
Vorgehensweisen abstimmen	Kurze Problembeschreibung und Abstimmung einer bekannten Vorgehensweise
Entscheidungen treffen	Diskussion und Auswahl einer komplexen Lösung aus Lösungsalternativen
Problemdefinition und Lösungsentwicklung	Im Verlauf der Kommunikation entwickelte Ideen und Inhalte und/oder Entwicklung völlig neuer Lösungsansätze

Tabelle 3.1: Aufgabenbereiche bei der Lösung eines komplexen Problems (vgl. Luczak & Eversheim, 1999)

Ein weiterer Aufgabenaspekt, der für die Kommunikation in computergestützten Gruppen von Bedeutung ist, bezieht sich auf die Phase, in der eine Aufgabe durchlaufen wird. Hierbei kann zwischen einer vorauslaufenden („pre-process"), einer aufgabenbegleitenden („in-process") und einer nachbereitenden („post-process") Phase unterschieden werden (Fiore, Salas & Cannon-Bowers, 2001).

Vorauslaufende Aufgaben dienen der Vorbereitung der Zusammenarbeit, wobei die Weitergabe von Informationen (briefing) und die Kommunikation über den Teamzweck („Mission") im Vordergrund stehen. Sie dienen der Festlegung und dem Verständnis der Rollen der Teammitglieder. Nachbereitende Aufgaben liegen demgegenüber in der Diskussion und Reflektion über aufgaben- und gruppenbezogene Aspekte, die Änderungen in aufgabenbezogenen und teambezogenen Abläufen und Prozessen nach sich ziehen. Wie bereits dargestellt, wurden zeitliche Aspekte der Aufgabenphasen oder der Einarbeitung insbesondere in experimentellen Studien nur selten betrachtet. Dennoch kann davon ausgegangen werden, dass in den verschiedenen zeitlichen Phasen auch unterschiedliche Kommunikationsinhalte und damit Anforderungen eine Rolle spielen, die durch Telekommunikation beeinflusst werden. Im Folgen werden einige dieser Merkmale näher betrachtet.

3.1.1 Komplexität

Die Komplexität einer Aufgabe ist über die Anzahl ihrer Elemente und ihrer Verknüpfungen untereinander bestimmt. Komplexität entsteht dadurch, dass nicht nur Ziele, Teilzeile usf. zunächst festgelegt werden müssen, sondern auch die Wege, um das Ziel zu erreichen unsicher sind. Oft wird auch die Veränderbarkeit bzw. Variabilität in den Merkmalen als Merkmal von Komplexität verwendet. Aus psychologischer Sicht wird Aufgabenkomplexität in erster Linie durch die Anzahl der kognitiven Operationen, die zu ihrer Bearbeitung notwendig sind, definiert.

Eine komplexe Aufgabenstellung erfordert oft fachlich spezialisierte Mitarbeiter und ausgeprägte Steuerungs- und Koordinierungsaktivitäten innerhalb der Gruppe. In der Praxis wird deshalb auf bereicherte Arbeitsstrukturen (Empowerment), delegative Führungsstrukturen und Selbstführung zurückgegriffen, die für die Mitarbeiter mit hoher Eigenverantwortlichkeit und Handlungs- und Entscheidungsspielräumen verbunden sind (Conger & Kanungo, 1988).

Betrachtet man die Wirkungen von Aufgabenkomplexität in Bezug auf das Rahmenmodell der Telekooperation, so erfordern hoch komplexe Aufgaben:

- aufwändigere Ausführungsprozesse, bei denen für eine Aufgabenausführung eine größere Menge an Informationen berücksichtigt werden muss
- mehr und verknüpftere Steuerungs- und Koordinationsprozesse, wozu die Kenntnis über das gemeinsame Ziel und die Festlegung der Rollen der einzelnen Akteure gehören
- mehr Optimierungsprozesse, da geeignete Steuerungs- und Koordinationsprozesse einen verhältnismäßig starken Einfluss auf das Gesamtergebnis ausüben und Interessenskonflikte zwischen Mitgliedern behandelt werden müssen.

Untersuchungen zeigen, dass unter Telekooperation komplexe Aufgaben vergleichsweise effektiv unterstützt werden können (vgl. Fjermestad & Hiltz, 2000), da

- die Informations- und Kommunikationsinfrastruktur eine gleichmäßige Informationsversorgung aller Mitglieder zulässt
- die Bearbeitung parallel erfolgen kann
- Feedback mit hoher Geschwindigkeit erfolgen kann
- divergente und konvergente Kooperationsprozesse durch spezielle Software unterstützt werden kann, wie z. B. durch Tools zum Brainstorming oder zur Entscheidungsfindung. Im Rahmen konvergenter Prozesse werden Informationen zusammengeführt, um z. B. eine Entscheidung herbeizuführen, Mehrdeutigkeit einzugrenzen oder einen gemeinsamen

3.1 Aufgabenbezogene Merkmale

Wissensstand aufzubauen. Im Rahmen divergenter Prozesse werden Informationen verteilt, um einen gemeinsamen Informationsstand zu erzeugen oder Transparenz in den Prozessen herzustellen
- das gemeinsame Ziel der Aufgabe bei der arbeitsteiligen Erledigung allen dargestellt werden kann.

3.1.2 Aufgabeninterdependenz

Interdependenz von Aufgaben beschreibt den Grad der Interaktion, die die Teammitglieder untereinander realisieren müssen, um eine Gruppenaufgabe zu bearbeiten. Inhaltlich bezieht sich Interdependenz auf den Austausch von Informationen zur Ausführung von arbeitsteiligen Aufgaben, von Koordinations- und Steuerungsprozessen sowie bei Optimierungsprozessen.

Der Grad der Interdependenz kann in vier qualitative Muster (Tesluk, Zaccaro, Marks & Mathieu, 1997) unterteilt werden:

- *Zusammengefasste Interdependenz*. Die Aufgabe wird arbeitsteilig und ohne Austausch zwischen den Mitarbeitern durchgeführt („pooled") und trägt folgende Merkmale:
  - arbeitsteilig
  - kein Austausch zwischen den Mitarbeitern
  - keine oder nur sehr geringe Interdependenz
  - ähnliche Rollen der Mitarbeiter
  - Gruppenleistung = Summe der Einzelleistungen
- *Sequentielle Interdependenz* liegt vor, wenn Arbeitsergebnisse oder Tätigkeiten zwischen Teammitgliedern weitergegeben werden. Die Merkmale sind:
  - Arbeitsergebnisse werden zwischen Teammitgliedern weitergegeben
  - unidirektionaler Verlauf
  - die Teammitglieder haben verschiedene Rollen und erledigen verschiedene Teile einer Aufgabe
  - jeder Schritt muss erfolgreich und in der richtigen Reihenfolge ablaufen
- *Reziproke Interdependenz* liegt vor, wenn Arbeitsergebnisse oder Tätigkeiten zwischen Teammitgliedern wechselseitig ausgetauscht werden. Als Merkmale gelten:
  - Arbeitsergebnisse werden zwischen Teammitgliedern wechselseitig ausgetauscht
  - Arbeit in „zwei Richtungen"
  - die Teammitglieder haben unterschiedliche Rollen, sind oftmals Spezialisten
  - verschiedene Aufgaben in unterschiedlicher Reihenfolge
  - die Aufgabe erfordert die Koordination in der Gruppe
- *Intensive Interdependenz* liegt vor, wenn Arbeitsergebnisse oder Tätigkeiten ein interaktives Muster aufweisen. Im Einzelnen:
  - Tätigkeiten weisen ein interaktives Muster auf
  - simultaner, multidirektionaler Arbeitsfluss
  - die Aufgabe besitzt einen großen Tätigkeitsspielraum

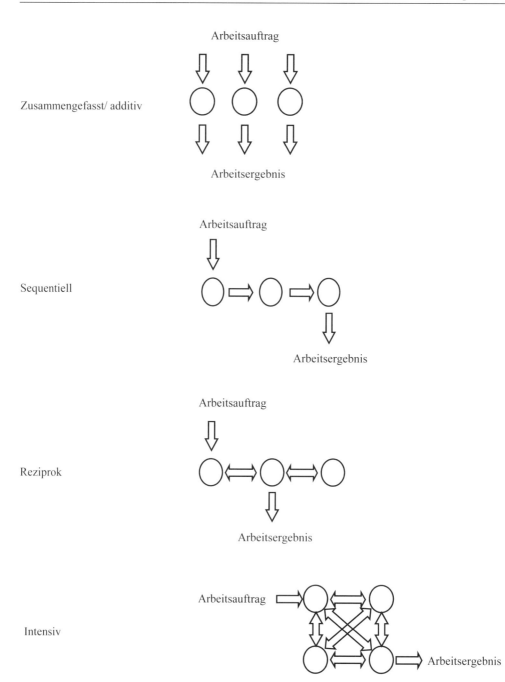

Abbildung 3.2 Vier Muster der Interdependenz in Gruppen (nach Tesluk et al., 1997)

Aufgabeninterdependenz kann zu Prozessverlusten, aber auch zu Motivationsgewinnen führen. Prozessverluste entstehen durch den erhöhten Kommunikations- und Abstimmungsbedarf, der zu mehr Zeit, Verzögerungen und Qualitätseinbußen führen kann. Darüber können unterschiedliche Einstellungen, Werte und Normen einzelner Mitglieder deutlich werden, die zu aufgabenbezogenen und sozialen Konflikten führen können. Positive Wirkungen entstehen durch die gesteigerte Motivation, die jeweiligen Partner nicht zu enttäuschen bzw. nicht im Stich zu lassen (Hertel, Deter & Konradt, 2003) sowie sozio-emotionale Aspekte. Belege für eine angenommene positive Wirkung von Aufgabeninterdependenz liefern Hertel, Konradt und Orlikowski (2004) sowie Kirkman et al. (2004). In beiden Untersuchungen wurde gezeigt, dass in existierenden virtuellen Teams in Wirtschaftsunternehmen Aufgabeninterdependenz positiv mit der Kohäsion der Teams korrelierte. Darüber hinaus kann hohe Interdependenz Gefühle von Unersetzbarkeit bei den einzelnen Mitarbeitern auslösen, wodurch Motivation und Leistungsbereitschaft der Mitarbeiter steigen und die Effektivität des virtuellen Teams erhöht wird (ausführlicher s. Kap. 4.3).

3.1.3 Strukturiertheit

Eine Aufgabe ist strukturiert, wenn sie in exakte und eindeutig zuzuordnende Lösungsschritte zerlegbar ist (Picot, Dietl & Franck, 1999). Wesentliche Aspekte der Strukturiertheit beziehen sich darauf, von welchen vorgelagerten Stellen und in welcher Form Arbeitsaufträge kommen (können), wohin, wann und in welcher Form die Arbeitsergebnisse weitergeleitet werden.

Nach dem Grad der Standardisierbarkeit und Formalisierbarkeit lassen sich folgende Aufgabentypen unterscheiden (vgl. Picot & Reichwald, 1987):

- Der Routinefall der Büroarbeit trifft zu, wenn überwiegend gleichbleibende Aufgabenstellungen vorliegen, die Lösungswege formalisierbar sind und feste Ablaufregeln existieren. Der Informationsbedarf ist vorab bestimmbar und die Interaktionspartner stehen bereits fest. Eine Unterstützung der anderen Arbeitsgruppen bzgl. Informationsver- und -bearbeitung, Übertragung, Speicherung ist gewährleistet.

- Der sachbezogene Fall bezieht sich auf die Ausführung von Tätigkeiten, für die weniger Fachwissen notwendig ist und die in stärkerem Maße strukturiert und wiederkehrend, vorgangs- oder ereignisorientiert sind.

- Der Einzelfall bezieht sich auf Aufgaben, für deren Ausführung das Fachwissen von besonderer Bedeutung ist, die zudem eine weitgehende Selbstorganisation der tendenziell schlecht strukturierten Arbeit, eine Entwicklung von Eigeninitiative sowie eine Aufgabenorientierung erfordern.

- Die einzelfallbezogenen Aufgaben weisen einen vergleichsweise großen Handlungs- und Entscheidungsspielraum auf. Die Aufgaben sind häufig auch nicht formalisierbar und zu vereinheitlichen. Dies hat zur Folge, dass der Informationsbedarf nicht exakt bestimmbar ist. Inhalte sind: Leitung und Motivation von Mitarbeitern, Wahrnehmung repräsentativer Pflichten, Aufbau von Kommunikationsbeziehungen, Problemlösung und Entscheidungsfindung bei Unsicherheit/ Risiko sowie Konsensbildung.

Da in strukturierten Aufgaben die Art und Reihenfolge einzelner Arbeitsschritte festgelegt ist, unterliegen sie nicht der individuellen Sichtweise einzelner Mitarbeiter. Die Aufgabenerfüllung erfordert deshalb auch nicht von den Mitarbeitern, einzelne Arbeitsschritte zu verändern bzw. individuell zu beeinflussen. Daher ist die Gestaltbarkeit strukturierter Aufgaben gering. Damit sind auch Einzelleistungen mit anderen Teammitgliedern nicht abzustimmen, weshalb Aushandlungsprozesse entfallen. Strukturierte Aufgaben weisen auch eine höhere Durchschaubarkeit des Aufgabenzusammenhangs auf, da den Mitarbeitern die für ihre Aufgabenbewältigung bedeutsamen vor- und nachgelagerten Stellen bekannt sind, die nötigen Informationen vorhanden sind und die Bedingungen der Weiterverarbeitung des Arbeitsergebnisses bekannt sind.

Es kann angenommen werden, dass in telekooperativen Zusammenhängen strukturierte Aufgaben mit folgenden Effekten einhergehen:

- Nachvollziehbarkeit der Leistung und mehr Transparenz bzw. Identifizierbarkeit der Leistungsbeiträge einzelner Gruppenmitglieder
- Klare Aufgaben- und Rollenverteilungen in der Gruppe, was auch zu einer konfliktlosen Form der Zusammenarbeit führt
- Konstante Leistungsbeiträge einzelner, die an bekannte und bewährte Sanktionsmechanismen gekoppelt sind
- Ggf. eine geringere Bereitschaft der Teammitglieder zur Veränderung und Optimierung von Aufgabenvollzügen.

3.2 Medien und Kommunikationsinfrastruktur

Der Einsatz von Informations- und Kommunikationstechnologie bildet die Grundlage für eine computerunterstützte Kommunikation, Koordination und Kooperation. Im Folgenden werden relevante Merkmale von Medien und der Kommunikationsinfrastruktur sowie deren Anwendungen beschrieben (s. a. Kap. 4.2).

3.2.1 Merkmale von Medien

Eine naheliegende Sichtweise, unter der Telekommunikation betrachtet werden kann, besteht in der Untersuchung der Medienmerkmale. Medienmerkmale beeinflussen in erster Linie die Kanaleigenschaften mit denen Nachrichten zwischen Sender und Empfänger ausgetauscht werden. Häufig werden textuelle, auditive und visuelle Medien hinsichtlich ihrer Auswirkungen verglichen. In Tabelle 3.2 sind die Vor- und Nachteile zusammen gestellt.

3.2 Medien und Kommunikationsinfrastruktur

Medien	Vorteil	Nachteil
Text	• Erfordert geringe Bandbreite • Lässt sich leicht speichern • Editierbar • Einfach zu benutzen • Soziale Informationen und Konnotationen werden eingeschränkt übermittelt • Geringere Konformität und geringere Dominanz einzelner Gruppenmitglieder	• Informationen werden langsamer kommuniziert • Höherer Zeitaufwand • Zugriffskonflikte bei synchroner Kommunikation • Größere zeitliche Verzögerungen bei asynchroner Kommunikation • Mangelnde Kohärenz des Kommunikationsverlaufs • Interpretationsfehler aufgrund fehlender gestischer und mimischer Informationen • Mitteilungen extremer Sichtweisen
Auditiv	• Große Bandbreite • Paraverbale Informationen (Betonung / Intonation) und Bedeutungsnuancen können übertragen werden • Benötigt weder Hände noch Augen • Intuitiv benutzbar	• Flüchtig / vorübergehend • Aufwändig zu speichern und zu editieren • Mögliche kognitive Überlastung • Schlechte Lokalisation der Quelle bei mehreren Benutzern • Ggf. unklare Artikulation
Visuell	• Sehr große Bandbreite • Soziale Mitteilungen und Konnotationen können mitgeteilt werden • Positive Wirkung auf das Klima einer Zusammenarbeit • Vermittlung von Kommunikationspausen • Schafft ein Bewusstsein der Präsenz • Positive Wirkung auf Gruppenkohäsion und Teambewusstsein	• Kann irreführend sein • Dauert lang und ist für kurze Nachrichten nicht geeignet • Erfordert eine hohe Bandbreite, damit auch Auflösungsproblem • Ressourcenintensiv • Augenkontakt nur schwierig herzustellen • Setzt Verfügbarkeit voraus • Multi-Adressatenproblem

Tabelle 3.2: Vor- und Nachteile einzelner Medientypen

Ein zweites zentrales Merkmal betrifft die Synchronität von Medien, worunter hier die Eigenschaft eines Kommunikationskanals oder Mediums verstanden wird, Kommunikation gleichzeitig zwischen mehreren Kommunikationspartnern stattfinden zu lassen (vgl. dazu ausführlich Kapitel 3.2.6).

3.2.2 Art der Unterstützung

Kommunikationsbasierte Anwendungssysteme zur Unterstützung von Gruppen werden als Groupware bezeichnet. Oberquelle (1991) definiert Groupware als „eine Mehrbenutzer-Software, die zur Unterstützung von kooperativer Arbeit entworfen und genutzt wird und die es erlaubt, Information und (sonstige) Materialien auf elektronischem Wege zwischen den Mitgliedern einer Gruppe koordiniert auszutauschen oder gemeinsame Materialien in gemeinsamen Speichern koordiniert zu bearbeiten" (S. 5). Groupware unterstützt *Funktionen* in computerunterstützten Arbeitsgruppen. In Tabelle 3.3 sind zentrale Funktionen beschrieben.

Funktionen	Formen der Unterstützung
Besprechungen, Konferieren	• Audio-visuelle Kommunikation • Bildtelefon • Videokonferenz
Gemeinsames Betrachten	• Joint Viewing
Gemeinsames Bearbeiten	• Application Sharing • Joint Editing
Gegenseitige Hilfestellung	• Remote Control
Dokumentenfluss	• Workflowsysteme
Kommunikation	• Mailsysteme, Anrufweiterschaltung
Austausch von Daten und Dokumenten	• File Transfer

Tabelle 3.3: Unterstützung zentraler Funktionen in computerunterstützten Arbeitsgruppen

Nach der Funktionalität kann die verwendete Software in fünf Gruppen unterschieden werden:

- Eine erste Gruppe umfasst Telekommunikationsanwendungen als Basis für die Telekommunikation: zum einen die Unterstützung der Kommunikation innerhalb der Gruppe durch Group Communication Support Systems (GCSS) und zum anderen die Unterstützung der Kommunikation der Gruppe mit der Außenwelt durch Group External Support Systems (GXSS).
- Eine zweite Gruppe bezieht sich auf Projektplanungs- und Steuerungssoftware. Hierunter fallen Systeme, die zur Planung, Steuerung und Kontrolle von Vorgängen innerhalb einer Gruppe dienen. Unterstützung der aufgaben- und produktbezogenen Leistungsprozesse durch Group Performance Support Systems (GPSS). Hierzu zählen beispielsweise Meeting-Support Systems: Unterstützung der Phasen einer Sitzung, zu denen die Terminfindung, die Ressourcenreservierung, die Vordiskussion, das Meeting selbst (Ideen sammeln (Brainstorming)/ Ideen ordnen, organisieren, gruppieren, verknüpfen/ Ideen evaluieren / Entscheiden) und die Nachbereitung zählen.

- Eine dritte Gruppe umfasst spezifische funktionale Software für spezifische Projektmanagementbereiche, die nicht durch die Projektplanungs- und Steuerungssoftware abgedeckt sind. Hierzu zählen Tools zum Entscheidungsmanagement und zur Risikoanalyse, zur Kostenschätzung und zum Controlling. Hierzu erhält die Gruppe Unterstützung durch zusätzliche Informationen, u. a. aus Datenbanken, durch Group Information Support Systems (GISS).
- Eine vierte Gruppe umfasst arbeitsplatzbezogene Software, wie Datenbanken, CAD, Textverarbeitung und Tabellenkalkulation.
- Schließlich wird eine fünfte Softwaregruppe, Teachware, unterschieden, wozu computerbasierte Trainings zählen (vgl. Schaper & Konradt, 2004).

Da für die Telekooperation insbesondere die GCSS und GPSS von Interesse sind, werden sie im Folgenden näher dargestellt. Weiterführende Literatur zu den technischen Tools findet sich in Bartsch-Beuerlein und Klee (2001), Dworatschek und Hayek (1992) sowie McGrath und Hollingshead (1994).

3.2.3 Telekommunikationsanwendungen (GCSS)

Group Communication Support Systems (GCSS) und Group External Support Systems (GXSS) unterstützen die Kommunikation der Mitglieder innerhalb der Gruppe und mit der Außenwelt. Hierzu zählen zunächst alle Mail-Systeme, wie E-Mail, Voice-Mail, Fax-Mail und Video-Mail. Ebenso zählen zu dieser Gruppe die Konferenz-Systeme, wie Audio- und Videokonferenz. Ebenso werden einerseits die Shared-Desktop-Systeme (beispielsweise Lotus Notes) für eine kooperative Erstellung von Dokumenten, wie Texte und Zeichnungen, gezählt und (Electronic) Bulletin-Board-Systeme, die den Zugriff einer Gruppe auf gemeinsame Informationsobjekte erlauben.

Als Grundfunktionalitäten von Telekommunikationsanwendungen gelten:

- *Calendering*. Darunter werden Applikationen verstanden, die eine verteilte Abstimmung von Termine und Aufgaben ermöglichen.
- *Shared Folder*. Als Shared Folder bezeichnet man ein Dokumentenmanagement, das die Speicherung und die Suche von Informationen erledigt.
- *Bulletin-Board-Systeme*. Eine Mailbox-Funktion mit zusätzlicher Funktionalität, vergleichbar einem schwarzes Brett für Nachrichten.
- *Conferencing Systeme*. Darunter werden alle Intranet-Anwendungen zur synchronen oder asynchronen Kommunikation zwischen Organisationsmitgliedern verstanden. Je nach Umfang können nicht nur schriftliche und mündliche Mitteilungen, sondern auch Grafiken und Videos übertragen werden.
- *Workflow-Services*. Darunter werden Funktionen der Erzeugung, Weitergabe und Freigabe von Dokumenten verstanden, die organisatorisch in der Verantwortung des virtuellen Teams stehen, wie z. B. im Rahmen der Qualitätssicherung.

Bei Telekommunikationsanwendungen ergibt sich der Vorteil, dass alle autorisierten Benutzer auf eine gemeinsame Plattform – die des Servers – zurückgreifen, auf dem die Datenbestände archiviert und in der jeweils aktuellen Form verfügbar und zugänglich gehalten werden. Die

Software-Ausstattung sollte die dezentrale und selbstständige Ausübung aller Aufgaben ermöglichen, wozu neben der Anwendungssoftware auch Tools zur Datensicherung, Virus-Überprüfung und zur Arbeitszeitdokumentation gehören. Wichtig ist auch, dass die Teammitglieder qualifiziert sind, im Störungsfall selbst einfache Diagnosen durchzuführen und Fehler selbst zu beheben. Dafür sind Zugangstechnologien, Bandbreiten und Sicherheitskonzepte festzulegen (Bartsch-Beuerlein & Klee, 2001).

3.2.4 Projektplanungs- und Steuerungssoftware

In den Bereich der Projektplanungs- und Steuerungssoftware fallen koordinations- und kooperationsunterstützenden Systeme, wie Workflow-Management-Systeme und Workgroup-Computing-Systeme. Workflow-Management-Systeme dienen der Koordination arbeitsteiliger Prozesse in und zwischen Unternehmen. Im Vordergrund steht die Einhaltung von standardisierten Vorgängen in Form von regelhaften Abläufen und dem Austausch von Dokumenten. Workgroup-Computing-Systeme unterstützen hingegen Gruppen bei der Lösung spezieller Aufgaben, wie Abstimmungen, Bewertungen und der Protokollierung.

Einige der herkömmlichen Funktionalitäten sind in Tabelle 3.3 dargestellt. Dabei ist darauf zu achten, dass die Funktionalität Internet-fähig (TCP/IP, HTML, HTTP sowie Intranet-Lösungen) ist und Schnittstellen zu anderen im verteilten Team verwendeten Softwareanwendungen besitzt.

Projektstruktur- und Projektablaufplanung

Terminplanung

Kapazitätsplanung

Kostenplanung

Cash-Flow Planung

Aufzeigen des Projektfortschritts

Aufzeigen von Kostenentwicklungen

Optimierung des Finanzbedarfs

Aufzeigen von Entscheidungsgrundlagen

Terminkontrolle

Kapazitätskontrolle

Kostenkontrolle

(automatische) Erstellung von Managementinformationen

(automatische) Ermittlung des Projektfortschritts

Projektdokumentation und Ergebnisverwaltung

Fortschrittsberichterstattung

Zeichnungsdokumentation

Vertragsdokumentation

Speichern von Projektdaten zur späteren Auswertung und Nutzung

---

Tabelle 3.4: Funktionen der Projektplanungs- und Steuerungssoftware (aus Bartsch-Beuerlein & Klee, 2001).

3.2.5 Interaktivität

Ein wesentliches Merkmal, nach dem Szenarien der Gruppenkommunikation unterschieden werden können, stellt die Anzahl der Adressaten dar. In Tabelle 3.5 sind Telekooperationsszenarien dargestellt, die sich in Hinblick auf die beteiligten Einheiten sowie die Art der telekooperativen Unterstützung unterscheiden.

Szenario	Adressaten	Unterstützung
Zweipunktszenarien	Personen	Kommunikation, Koordination und Kooperation zwischen zwei Personen
Multipunktszenarien	Gruppen	Kommunikation, Koordination und Kooperation zwischen mehr als zwei Personen in Gruppen
Gemeinsame virtuelle Räume	Personen und Gruppen	Soziale Präsenz während der Kommunikation bzw. Kooperation
Verteilte Geschäftsprozesse	Organisationen	Vorgangsbearbeitung; Reaktionsgeschwindigkeit
Flächendeckende Szenarien	Organisationen	Flächendeckende Zusammenarbeit über Raum-, Zeit- und Organisationsgrenzen hinweg

Tabelle 3.5: Telekooperative Szenarien

Eine weitere geläufige Kategorisierungsdimension betrifft die Dimensionen von Raum (am selben Ort vs. verteilt) und Zeit (synchron vs. asynchron). Hiernach lassen sich die Medien zur Unterstützung der Telekooperation klassifizieren.

Ein weiteres Merkmal betrifft die Direktionalität der Kommunikation. In Tabelle 3.6 sind einige Formen aufgeführt.

	Asynchron	**Synchron**
Unidirektional	Anmerkung	Unterweisung
	Ankündigung	Sprache
	Statusreport	Bericht
	Umlauf	Vorführung
Bidirektional	Austausch von Dokumenten	Dialog
	Distance Learning	Lehren
	Agenten Kommunikation	Abstimmen
	Bulletin Board	Conferencing

Tabelle 3.6: Klassifikation der Kommunikationsszenarien (aus Borghoff & Schlichter, 2000)

Welches Merkmal für die Beschreibung der Kommunikationsszenarien verwendet wird, hängt vom Anwendungszweck ab. Während für die Entwicklung von Groupware die Modellierung der Direktionalität von entscheidender Bedeutung ist, um den Austausch von Informationen zu gewährleisten und Zugriffskonflikte zu vermeiden, ist das Klassifikationsschema nach der Anzahl der Partner sinnvoll für die Unterscheidung von Formen der Telekooperation.

3.2.6 Synchronität

Die Synchronität beschreibt aus arbeits- und organisationspsychologischer Sicht einerseits ein Merkmal eines Kommunikationskanals oder Mediums der gleichzeitigen Kommunikation zwischen mehreren Kommunikationspartnern. Als Gruppenmerkmal definieren Dennis und Valacich (1999) Synchronität als das Ausmaß, in dem Individuen diejenigen Medienmerkmale vorfinden, die für die Zusammenarbeit erforderlich sind. Bei konvergenten Kommunikationsprozessen, wie z. B. der Entscheidungsfindung, trifft dies beispielsweise für Kommunikationsmedien zu, die eine hohe Unmittelbarkeit der Rückmeldung aufweisen. Demnach sind für konvergente Prozesse eher Medien mit hoher Synchronität geeignet. Für divergente Prozesse, die primär eine Verteilung von Informationen beinhalten, wie z. B. Informieren, sind Medien mit geringer Synchronität geeigneter und deshalb vorzuziehen, da dafür die Gruppenmitglieder nicht zwingend zur selben Zeit dasselbe Informationsdokument bearbeiten müssen.

Unter asynchroner Kommunikation erfolgt die Kommunikation zeitversetzt, was zur Folge hat, dass

- die Reaktion auf eine Nachricht zeitlich verzögert erfolgt, so dass die Gesprächsorganisation bei mehreren Mitgliedern erschwert sein kann;
- die Kommunikation nicht im Zentrum der Aufmerksamkeit steht und Reaktionen u.U. verloren gehen können;
- die Vergegenwärtigung der fachlichen und sozialen Prozesse in der Gruppe („Group awareness") verloren gehen kann.

Geringe Synchronität wirkt sich darüber hinaus bei Videokonferenzen negativ aus, wenn die auditiven und die visuellen Ereignisse nicht synchronisiert sind.

3.3 Gruppenstruktur

Gruppen lassen sich nach zahlreichen strukturellen Merkmalen beschreiben, u. a. hinsichtlich ihrer Größe, Zusammensetzung und Befristung. Im Zusammenhang mit Telekooperation werden hier der Grad der Virtualität (u. a. Bell & Kozlowski, 2002), das Prozessstadium (Chidambaram & Bostrom, 1997) sowie die Heterogenität der Gruppenzusammensetzung als zentral betrachtet.

3.3.1 Virtualität

Der Grad der Virtualität der Zusammenarbeit kann über verschiedene Indikatoren bestimmt werden. Hierzu zählen z. B. „Diskontinuitäten" in Hinblick auf Zeit, Raum, Organisation, Kultur und Medien (Watson-Manheim, Chudoba & Crowston, 2002). Andere Ansätze (Kirkman & Mathieu, 2005) bestimmen Virtualität nach dem Ausmaß, in dem ein Team virtuelle Tools zur Ausführung und Koordination von Teamprozessen verwendet, dem Ausmaß, in dem einem Team dadurch ein informationaler Mehrwert entsteht und der Synchronität der computerbasierten Kommunikation unter den Teammitgliedern.

Der Begriff der Virtualität steht dabei in engem Zusammenhang zu Konzepten der Verteiltheit von Teams („Dispersed teams"), zur Mobilität sowie zu der Diversität bzw. Heterogenität von Teams. Mit Verteiltheit wird der Grad bestimmt, in dem Mitarbeiter im Team verteilt über Standorte und Zeitzonen zusammenarbeiten müssen. Mobilität bezeichnet den Grad in dem ein Wechsel zwischen Arbeitsorten sowohl innerhalb als auch außerhalb der Firma stattfindet. Diversität bezeichnet den Grad der Verschiedenheit in Bezug auf personelle, technische und arbeitsprozessbezogene Merkmale. Zur Differenzierung unterschiedlicher Arten virtueller Teams schlagen Konradt und Hertel (2002) vor, auch den Grad der Autonomie und Hierarchie sowie die zeitliche Befristung heranzuziehen. In Tabelle 3.7 sind Merkmale zur Differenzierung unterschiedlicher Arten virtueller Teams dargestellt.

Grad der Autonomie und Hierarchie	
Hierarchische Führungsstruktur; Autonomie der Mitglieder beschränkt auf Einzelaufgaben	Selbstorganisation, jedes Mitglied kann Führungsaufgaben übernehmen, Moderatoren statt Manager
Zeitperspektive	
Befristete Zusammenarbeit orientiert an einmaligen und kurzfristigen Projektzielen	Langfristige Zusammenarbeit und Partnerschaft, orientiert an strategischen Zielen
Abgegrenztheit	
Klare Grenzen des Teams, eindeutige Teamzugehörigkeit	Wechsel der Mitglieder nach Bedarf; Grenzen über organisationale Einheiten hinaus; Einsatz von Freelancern und Experten
Heterogenität	
Mitglieder aus ähnlichen Berufsfeldern innerhalb der gleichen Organisation	Mitglieder aus verschiedenen Berufsfeldern, Sprachräumen und Kulturen

Tabelle 3.7: Zentrale Aspekte zur Differenzierung unterschiedlicher Arten virtueller Teams (aus Konradt & Hertel, 2002)

Prinzipiell lässt sich feststellen, dass der Begriff der Virtualität nicht eindeutig zu definieren ist und die Art und die Anzahl der in der Definition enthaltenen Merkmale von dem zugrundeliegenden Untersuchungskonzept und dem Untersuchungsziel abhängt.

3.3.2 Prozessstadium

In Modellen der Teamentwicklung werden Stadien der Entwicklung von Gruppen thematisiert (Chidambaram, 1996; Chidambaram & Bostrom, 1997). Ein Modell, das von vielen nachfolgenden Konzeptionen aufgenommen wurde, stammt von Tuckman (1965). Es sieht einen linearen Verlauf folgender Phasen vor:

- In der Phase der Formierung („Forming") lernen die Teammitglieder sich untereinander kennen und legen das Ziel der Zusammenarbeit fest.
- In der Sturmphase („Storming") entwickeln sich die internen Strukturen der Ausführung, Koordination und Steuerung. Diese Phase kann durch Konflikte zwischen den Teammitgliedern über Rollen- und Aufgabenverteilung und Ziele gekennzeichnet sein.
- In der Normierungsphase („Norming") entwickelt das Team allgemein anerkannte und geteilte Regeln und Normen, die die Zusammenarbeit regeln.
- In der Leistungsphase („Performing") erbringt das Team die volle Leistung, da Konflikte beigelegt sind. Änderungen beziehen sich nur auf die Optimierung der Zusammenarbeit.
- Die letzte Phase bezeichnet den Abschluss („Adjourning") in der es zu einem geordneten Abschluss der Teamarbeit kommt.

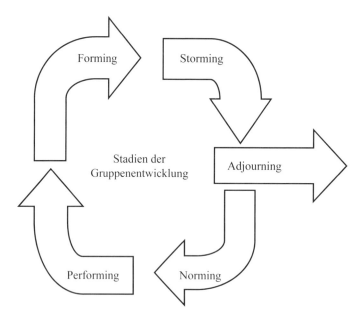

Abbildung 3.3 Das Modell der Teamentwicklung nach Tuckman (1965)

Das Modell spiegelt den idealtypischen Verlauf von Teamentwicklung wider, der in der organisationalen Praxis jedoch nicht immer in derselben Form und nicht immer vollständig durchlaufen wird. Da das Modell empirisch nicht eindeutig gestützt werden konnte, besitzt es heute lediglich einen heuristischen Wert. Neuere Modelle, wie das „Punctuated Equilibrium Modell"

(Gersick, 1991), welches für temporäre Prozesse entwickelt wurde, das „Time Interaction Performance Modell" (TIP) von McGrath (1991) und das „Team Evolution and Maturation Modell" (Morgan, Salas & Glickman, 1993) beziehen ebenfalls zeitliche Aspekte von Teams mit ein, lösen allerdings die strengen Grenzen zwischen den Phasen weiter auf. Nach der TIP-Theorie (McGrath, 1991) wird darüber hinaus angenommen, dass eine Gruppe simultan mehrere Funktionen zu erfüllen hat, die in der Erfüllung der gemeinsamen Aufgabe, der Aufrechterhaltung der Gruppenstruktur sowie der Unterstützung einzelner Mitglieder liegen.

Zeitliche Aspekte telekooperativer Zusammenarbeit fanden in der bisherigen empirischen Forschung nur wenig Berücksichtigung. Dabei machen Überlegungen die Notwendigkeit deutlich. Unter dem Aspekt der Aneignung der Technik durch die Gruppe stellen Chidambaram und Bostrom (1997) beispielsweise die folgenden drei Phasen heraus: (1) anfängliche Schwierigkeiten des Teams, die neuen technischen Strukturen kennen zu lernen und auf die Aufgaben anzupassen, (2) ein Bewusstsein („Awareness") über die technischen und damit verbundenen organisatorischen Potenziale zu erlangen und (3) die Integration der technischen Strukturen in die Gruppenprozesse.

Mit Bezug auf das Modell von Tuckman (1965) leiten Duarte und Snyder (2001) ab, dass die frühen Phasen der Teamentwicklung unter Telekooperation aufgrund des Wegfalls direkter Kommunikationsmöglichkeiten vergleichsweise langsam ablaufen. Im Gegenzug werden nachfolgende Phasen, wie die der Leistungsphase schneller durchlaufen. Für diese Annahmen gibt es aber noch keine empirischen Belege.

Für virtuelle Teams ergeben sich insbesondere folgende relevante Aspekte:
- eine geringere Effizienz in den Phasen der Regel- und Normenfindung, sofern nicht entsprechende face-to-face Maßnahmen ergriffen werden
- Konflikteskalation als Folge nicht sichtbarer Aufgaben in frühen Phasen der Formierung und Normierung und flacher Hierarchien, in der sich niemand für die Steuerung der Prozesse verantwortlich fühlt
- in einem frühen Stadium entstehende Prozessverluste, die sich auf die Leistungsprozesse negativ niederschlagen.

3.3.3 Heterogenität

Aufgrund der Konfigurationsflexibilität organisationaler virtueller Teams stellt Heterogenität einen zentralen Aspekt dar. Heterogenität kann sich auf demografische Merkmale (z. B. Alter, Geschlecht, Rasse), fachliche Merkmale (z. B. berufliche Ausbildung), soziale Merkmale (z. B. Werte, Einstellungen) oder auf kulturelle Orientierungen (z. B. Individualismus vs. Kollektivismus) beziehen. In transnationalen Teams können darüber hinaus Unterschiede zwischen den Standorten eine Rolle spielen, d. h. ob eher eine globale oder lokale, auf den eigenen Standort bezogene Sicht eingenommen wird.

Die überwiegende Zahl der Untersuchungen zu den Auswirkungen von Heterogenität wurde mit herkömmlichen face-to-face Teams durchgeführt (zu Überblicken s. Bowers, Pharmer & Salas, 2000; Williams & O'Reilly, 1998). Hierbei wurde gezeigt, dass eine hohe Diversität in Teams einhergeht mit

- geringer Zufriedenheit und geringem Commitment
- geringerer Leistung von Personen, die sich stark von den anderen Teammitgliedern unterscheiden und
- größeren Effekten in sichtbareren Merkmalen (Geschlecht, Rasse) als in weniger sichtbaren Merkmalen.

Diese Zusammenhänge können damit erklärt werden, dass in Teams mit hoher Diversität, (a) die Abstimmungsprozesse in Hinblick auf Kommunikationsgewohnheiten und Teamprozessen größer sind, (b) die höhere Ambiguität zu Kommunikationsproblemen und Missverständnissen und in Folge zu Konflikten führt und (c) mit Einschränkungen einhergeht, auf die individuellen Bedürfnisse der einzelnen Mitglieder eingehen zu können, was affektive Gruppenprozesse beeinträchtigt, die in einem positiven Zusammenhang zur Leistung stehen, wie Commitment und Kohäsion. Allerdings weisen meta-analytische Ergebnisse (Bower, Pharmer & Salas, 2000) auf die Notwendigkeit der Berücksichtigung von Aufgabenmerkmalen hin, u. a. auf die Aufgabenschwierigkeit und Art der Aufgabe. Homogene Teams erzielten demnach eher Leistungsvorteile bei Aufgaben geringer Schwierigkeit und eher bei Ausführungsaufgaben als bei konzeptionellen Aufgaben.

In Hinblick auf multikulturell zusammengesetzte Teams zeigte sich, dass eine große demographische Heterogenität innerhalb von Gruppen einen negativen Zusammenhang zu Team Empowerment und Teameffektivität aufwiesen, wobei das Team Empowerment den Zusammenhang vollständig vermittelte (Kirkman et al., 2004). In einer experimentellen Studie mit 4-Personen Teams wurden heterogene Teams (nach dem Geschlecht) und Informationsverteilung (unterschiedliche Informationen an die Personen) hinsichtlich ihres Entscheidungsverhaltens untersucht. Es zeigte sich, das Gruppen unter Bedingungen verteilten Wissens bessere Leistungen unter struktureller Homogenität zeigten.

Allerdings konnte gezeigt werden, dass sich eher kooperative Teamnormen herausbilden, wenn Gruppen Möglichkeiten zur Kommunikation haben (Chatman & Flynn, 2001). Diese und andere Untersuchungsergebnisse zur Nutzung von Kommunikationstechnologie in globalen Unternehmen (u. a. Munkvold, 2005) zeigen, dass virtuelle Teams mit hoher Diversität extern unterstützt werden sollten, beispielsweise durch:

- eine gründliche Phase der Zielbildung, etwa in Form von Kick-off Veranstaltungen
- Möglichkeiten zum Gruppenlernen, um individuelle Unterschiede in den Kommunikationsgewohnheiten und Arbeitsgewohnheiten der Teammitglieder zu identifizieren und aufeinander abstimmen zu können
- Möglichkeiten zur Bildung effektiver Gruppennormen sowie Grundlagen für ein effektives Konfliktmanagement
- geeignete Anreiz- und Sanktionssysteme.

Interne Unterstützungsmaßnahmen multikultureller Teams (Canney Davidson & Ekelund, 2004; Janssens & Brett, 1997) beziehen sich auf

- Steigerung der Identifikation durch gruppenbezogene Aktivitäten oder Forcierung von Ingroup-Outgroup Unterschieden
- gegenseitige Hilfestellungen („Polite Stand-off"), bei der die Differenzen nicht thematisiert werden
- vorhandene, einheitliche Regeln und Normen, die ggf. von einer Instanz vorgegeben und gehandhabt werden
- „Meaningful participation", bei der Unterschiede auf den Zeitpunkt verschoben werden, zu dem sie auftreten. Es handelt sich um ein konsensorientiertes Vorgehen.

3.4 Personenbezogene Merkmale

Telekooperative Arbeit stellt andere, vielfach höhere Anforderungen an die Beschäftigten, da unter telekooperativer Arbeit oft ein verringerter sozialer Kontext mit weniger Möglichkeiten zu persönlicher Anerkennung sowie verringerte soziale Unterstützung durch Kollegen und Vorgesetzte vorliegt (vgl. Kap. 2.4). Für Mitarbeiter werden deshalb intrinsische Motivation, Arbeitsorientierung und Arbeitsinvolvement, ein höheres Autonomiebedürfnis, eine höhere Selbstdisziplin sowie Fähigkeiten der Selbstorganisation beschrieben (Chapman, Sheehy, Heywood, Dooley & Collins, 1995; Konradt, 2004; Konradt, Schmook & Mälecke, 2000).

Allerdings unterscheiden sich virtuelle Teams nicht vollständig von traditionellen Teams, sondern ähneln diesen in einer Reihe von Aspekten. Deshalb können viele der mit traditioneller Teamarbeit verbundenen Anforderungen auf virtuelle Teams übertragen werden (Hertel, Konradt & Voss, 2006). Die spezifischen Anforderungen virtueller Teamarbeit können unterteilt werden in:

1. Anforderungen, die allgemein für berufliche Aufgaben gelten,
2. Anforderungen, die durch die Teamarbeit als solche entstehen, und schließlich
3. Anforderungen, die aufgrund der „Virtualisierung" entstehen.

Die erste Gruppe von Anforderungen an Mitarbeiter in virtuellen Teams bezieht sich auf allgemeinere Voraussetzungen für den beruflichen Erfolg. Dies sind zunächst die berufliche Ausbildung und die fachspezifische Erfahrung von Mitarbeitern. Darüber hinaus spielen kognitive Fähigkeiten eine wichtige Rolle, wie analytisches und schlussfolgerndes Denken und Problemlösen. Tests zur allgemeinen kognitiven Leistungsfähigkeit, als einer der besten Prädiktoren für Berufserfolg, weisen eine mittlere prognostische Validität von über .50 auf (Schmidt & Hunter, 1998).

Die zweite Gruppe bezieht sich auf Anforderungen, die sich aus der Zusammenarbeit mit Anderen ergibt. Häufig werden diese Anforderungen auch als „Teamfähigkeit" umschrieben. Im Zusammenhang mit traditioneller Teamarbeit liegen hinsichtlich extra-fachlicher Anforderungen bereits zahlreiche konzeptionelle und empirische Arbeiten vor, auf die zurückgegriffen werden kann (Antoni, 1996; Stevens & Campion, 1994, 1999). Für eine effektive Mitarbeit in Teams werden übereinstimmend sowohl Sozialkompetenzen als auch aufgabenbezogene Fähigkeiten (Methodenkompetenzen) als wichtig erachtet. Unter Sozialkompetenzen werden Kooperationsfähigkeit, Konfliktfähigkeit und Kommunikationsfähigkeit gezählt. Die aufgabenbezogenen Fähigkeiten beziehen sich auf Gewissenhaftigkeit, Zuverlässigkeit und Integrität. Die Ergebnisse von Einzeluntersuchungen und Metaanalysen zeigen, dass Integrität eine vergleichsweise hohe prognostische Validität für Berufserfolg aufweist (Marcus, Funke & Schuler, 1997). Im Vergleich zu Maßen kognitiver Fähigkeiten liegt die korrigierte prognostische Validität von Integritätstests zwar „nur" bei .40 (Schmidt & Hunter, 1998). Durch die Kombination mit Intelligenztests lässt sich jedoch eine prozentuale Steigerung der Aufklärung der Kriteriumsvarianz um 27 Prozent erreichen. Dieser vergleichsweise hohe Validitätszuwachs ist dadurch begründet, dass Integritätstest Konstrukte erfassen, die weitgehend unabhängig von denen der Intelligenz sind (Ones, Viswesvaran & Schmidt, 1993; Schmidt & Hunter, 1998; Schuler & Höft, 2001).

Die dritte Gruppe schließlich bezieht sich auf Anforderungen, die spezifisch für die Arbeit in virtuellen Teams sind. Zurzeit liegen zwar erst wenige systematische und wissenschaftlich verwertbare Anforderungsanalysen vor. Auf der Basis von theoretischen Überlegungen sowie auf Erfahrungsberichten basierenden Fallstudien herrscht jedoch Einigkeit darüber, dass neben fachlichen Kompetenzen in einem virtuellen Team auch eine Reihe von extra-funktionalen Kompetenzen der Mitarbeiter für den Erfolg der Teamarbeit verantwortlich sind (vgl. u. a. Duarte & Snyder, 2001; Ellingson & Wiethoff, 2002; Lipnack & Stamps, 1997; Sparrow & Daniels, 1999).

In einer der ersten empirischen Anforderungsanalysen wurde mit Geschäftsführern virtueller Unternehmen, die bereits über virtuelle Kooperationserfahrung verfügten, Persönlichkeitsmerkmale der Mitarbeiter hinsichtlich ihrer Bedeutung für die Arbeit in virtuellen Strukturen eingeschätzt (Konradt, 2000). Es zeigte sich, dass die höchste Bedeutung den Merkmalen ‚Fähigkeit zu selbständigem Arbeiten', ‚Loyalität', ‚Kommunikationsfähigkeit', ‚Verantwortungsbewusstsein', ‚Fähigkeit zur Selbstmotivation', ‚Lernbereitschaft' und ‚Flexibilität' beigemessen wurden. Im Vergleich zu Befragungen mit einer Stichprobe von Geschäftsführern traditioneller Unternehmen bestand allerdings eine große Übereinstimmung in der Rangfolge der Merkmale. In Ergänzung zu den Ergebnissen werden in der Literatur häufig zwei weitere Merkmale herausgehoben, nämlich die Vertrauensfähigkeit und die Fähigkeit zu interkultureller Zusammenarbeit. Viele dieser genannten Merkmale werden auch in anderen Publikationen genannt, wenn auch nicht in dieser Kombination (Büssing, 1999; Duarte & Synder, 2001). Dies ist neben verschiedenen zugrunde gelegten theoretischen Konzepten auch auf die unterschiedliche Fokussierung auf telekooperative Einzelarbeit oder Arbeit in virtuellen Teams zurückzuführen.

Basierend auf diesen ersten empirischen Analysen sowie theoretischen Überlegungen wurden von Hertel, Konradt und Voss (2006) sechs Merkmale abgeleitet, die für telekooperative Arbeit von besonderer Wichtigkeit sind (s. a. Abbildung 3.4). Dazu gehören einerseits Fähigkeiten des Selbstmanagements (hohe Selbständigkeit, hohe Ausdauer auch bei Schwierigkeiten, Lernbereitschaft, Kreativität), andererseits eine generelle Bereitschaft anderen zu vertrauen, und schließlich die Bereitschaft zu interkultureller Zusammenarbeit. Die genannten Merkmale sind zwar auch für traditionelle Gruppenarbeit relevant, doch wird davon ausgegangen, dass ihre Bedeutung bei virtueller Kooperation noch höher ist.

3.4.1 Fähigkeiten und Fertigkeiten von Mitarbeitern

Auf der Basis der dargestellten Anforderungen virtueller Kooperation an Fähigkeiten und Fertigkeiten von Mitarbeitern wurde ein erstes Kompetenzmodell entwickelt (vgl. Abbildung 3.4; nach Hertel, Konradt & Voss, 2006). Unter Kompetenzen werden dabei gelernte Fähigkeiten verstanden, eine Aufgabe, Pflicht oder Rolle in einem spezifischen Arbeitssetting auszufüllen. Dazu gehören auch jeweils unterschiedliche Arten an Wissen, Fertigkeiten und Einstellungen (z. B. Roe, 2002).

Dieses Kompetenzmodell besteht aus fünf verschiedenen Kriteriengruppen für die Auswahl und Platzierung von Mitgliedern virtueller Teams. Die ersten beiden Gruppen bilden dabei funktionale Kriterien im engeren Sinne ab. Die erste Kriteriengruppe beinhaltet die fachspezifische Qualifikation und Erfahrung der Mitarbeiter und richtet sich nach den jeweiligen Aufgaben des Teams (z. B. spezielle Kenntnisse zu Werkstoffen in einem Entwicklungsteam, rechtliche Kenntnisse in einem internationalen Einkaufsteam, etc.). Die zweite Kriteriengruppe beinhaltet generelle kognitive Fähigkeiten (z. B. Problemlösefähigkeiten, Konzentration) und kann mit bestehenden Testverfahren erfasst werden. Allerdings wird die Messung von allgemeinen kognitiven Fähigkeiten häufig als aversiv erlebt und kann daher auf geringe Akzeptanz stoßen, insbesondere bei erfahrenen und hochqualifizierten Mitarbeitern, die häufig in virtuellen Teams zusammengefasst werden. Gegebenenfalls kann hier auf frühere Ergebnisse zurückgegriffen werden.

Die übrigen drei Gruppen beinhalten dagegen extra-funktionale Auswahl- und Platzierungskriterien. Entsprechend der bereits dargestellten Systematisierung unterteilen sich diese in drei Bereiche. Aufgabenbezogene Kompetenzen beinhalten dabei vor allem Aspekte der Zuverlässigkeit und teamarbeitsbezogene Kompetenzen, dabei vor allem kommunikations- und kooperationsbezogene Fähigkeiten. Die letzte Gruppe beinhaltet dann Kompetenzen, die bei Telekooperation im Vergleich zu traditionaller Gruppenarbeit besonders bedeutsam werden sollten. Neben Aspekten des Selbstmanagements gehören hierzu die generelle Vertrauensbereitschaft sowie die Bereitschaft und Fähigkeit, mit kulturellen Unterschieden innerhalb des Teams umzugehen.

Zur Erfassung dieser Kompetenzen für Auswahl- und Platzierungsentscheidungen wurde das Virtual Team Competency Inventory entwickelt (Hertel, Konradt & Voss, 2006). Ziel bei der Entwicklung war neben einer hohen Reliabilität und Validität eine relativ hohe Ökonomie des Verfahrens. Dazu sollte ein relativ kurzes Selbstbeurteilungsverfahren entwickelt werden, das auch per Intra- bzw. Internet einsetzbar ist. Durch sukzessive Reduktion eines ersten großen Fragenpools auf der Basis von Pilotstudien wurde ein Verfahren bestehend aus 39 Selbstbeurteilungsfragen entwickelt. Jede der insgesamt 11 Fähigkeiten und Fertigkeiten wurde dabei mit jeweils 3 oder 4 Fragen abgedeckt.

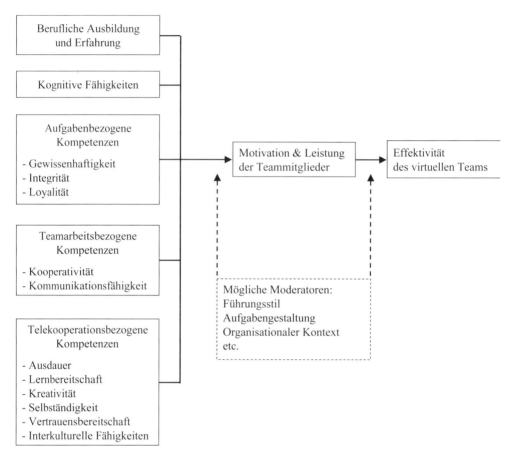

Abbildung 3.4 Kompetenzmodell des Virtual Team Competency Inventory (nach Hertel, Konradt & Voss, 2006).

Eine erste Validierungsstudie mit Mitarbeitern existierender virtueller Teams eines Wirtschaftsunternehmens (Hertel et al., 2006) zeigten neben der angestrebten Ökonomie zufriedenstellende Werte der internen Konsistenz. Die konkurrente Validität der Testbatterie (Vergleich der Gesamtmesswerte mit Vorgesetztenbeurteilungen der Teilnehmer) erbrachte mit R = .49 ein recht viel versprechendes Ergebnis. Die wichtigsten Teilskalen waren dabei die Einschätzung der Loyalität und Kooperationsbereitschaft der Teilnehmer. Darüber hinaus zeigten sich Effekte dahingehend, dass eine zu hohe Orientierung an festen Regeln eher kontraproduktiv ist. Dies stimmt mit Überlegungen überein, dass telekooperative Arbeit aufgrund der Neuartigkeit besonders viel Flexibilität und Kreativität erfordert. Auf Teamebene zeigten sich außerdem die erwarteten positiven Zusammenhänge zwischen durchschnittlichen Selbstmanagementfähigkeiten (insb. Kreativität, Lernbereitschaft und Selbstständigkeit) der Mitarbeiter und genereller Effektivität der Teams (Vorgesetztenratings). Umgekehrt korrelierte eine hohe Unterschiedlichkeit der Teammitglieder hinsichtlich Kreativität und Selbstständigkeit negativ mit der Effektivität der Teams, entsprechend der Erwartung, dass zu große Unterschiede zwischen den Teammitgliedern, insbesondere in virtuellen Teams, zu Schwierigkeiten führen. Ähnliche Ergebnisse fanden sich für Unterschiede hinsichtlich Gewissenhaftigkeit und Kooperationsbereitschaft innerhalb der Teams.

Diese ersten Ergebnisse zum Virtual Team Competency Inventory müssen natürlich in Folgestudien weiter überprüft werden. Dazu gehört neben der Optimierung des Messinstruments vor allem auch die Berücksichtigung von Teams mit unterschiedlichem Grad an Virtualität. Dies ist vor allem wichtig, um die Hypothesen der besonderen Wichtigkeit telekooperationsbezogener Kompetenzen zu überprüfen. Außerdem können evtl. noch weitere Fähigkeiten berücksichtigt werden, wie z. B. die Beherrschung konkreter Arbeitstechniken (Projektverwaltung, Zeitmanagement, Projektmanagement, etc.) oder weiterer Fähigkeiten des Selbstmanagements. Nach dem Ansatz von Neck und Manz (1992; vgl. Houghton & Neck, 2002) können verhaltensorientierte Strategien, natürliche Belohnungs-Strategien und konstruktive Gedankenmuster-Strategien unterschieden werden. Zu den verhaltensorientierten Strategien zählen Selbstbeobachtung, eigene Zielsetzungen, Selbstbelohnungen, Selbstbestrafungen und das Üben wünschenswerter Verhaltensweisen. Natürliche Belohnungs-Strategien beinhalten das Bemühen, angenehme Aspekte in die eigene Arbeit einzubauen und auf Belohnungsaspekte zu fokussieren, die in der Aufgabe selbst liegen. Kognitive Strategien setzen sich aus Führen von Selbstgesprächen, Bewerten der eigenen Annahmen und Sichtweisen und dem Imaginieren erfolgreicher Leistung zusammen.

3.4.2 Motive von Mitarbeitern

Oft sind es Arbeitnehmer selbst, die nach Möglichkeiten zur telekooperativen Arbeit suchen. Die Gründe dafür können individuell sehr unterschiedlich sein. Folgende Motive können zur Motivation beitragen:

- Finanziell-ökonomische Faktoren, die im Zusammenhang mit besonderen finanziellen Belastungen (Grunderwerb, Geburt, Scheidung, Unterhalt) oder Streben nach höherem Lebensstandard (Wochenendhaus, Freizeitgüter, Reisen) stehen.
- Lebenslagen- und lebenszyklusbezogene Gründe, wie Personen mit gesundheitlicher Beeinträchtigung und Behinderung, Minimierung berufsbedingter Wegstrecken, Kinder ohne Betreuung oder Wiedereingliederung nach einer Geburt.
- Status- und berufsbezogene Faktoren, wie z. B. Erhalt bzw. Erweiterung der beruflichen Qualifikation, Sozialkontakt, finanzielle Unabhängigkeit oder sozial anerkannter Sozialstatus. Dieser Grund kann insbesondere für Arbeitnehmer im Erziehungsurlaub oder während der Kindererziehung von Bedeutung sein.

Eine effektive Personalarbeit sollte die verschiedenen Motive der Mitarbeiter berücksichtigen und die Gestaltung der Arbeitsbedingungen entsprechend anpassen, um nicht nur eine entsprechend hohe Leistungsbereitschaft, sondern auch eine hohe Arbeitszufriedenheit der Mitarbeiter zu erreichen. Insbesondere telekooperative Arbeitsformen bieten hier aufgrund einer hohen Flexibilität der Arbeitsgestaltung gute Voraussetzungen.

3.5 Ressourcen

Nach dem Rahmenmodell der Telekooperation sind Ressourcen eine weitere wichtige Klasse von Gestaltungsmerkmalen, die als vorauslaufende und begleitende Bedingungen die Interaktionsprozesse und teambezogene Ergebnisse determinieren. Als Ressourcen gelten dabei alle Maßnahmen, die eingesetzt werden können, um das Erreichen des Arbeitsziels zu ermöglichen oder zu erleichtern. Im Kontext telekooperativer Zusammenarbeit sind dabei insbesondere vorbereitende Maßnahmen, der Einsatz von Unterstützung / Promotoren, Belohnungssysteme und Incentives, sowie Trainingsmaßnahmen von Bedeutung, die auf das Team gerichtet sind. Diese Aspekte werden im Folgenden dargestellt.

3.5.1 Vorbereitende Maßnahmen

Der Erfolg telekommunikativer Arbeitsvollzüge ist von der Kompetenz der Mitglieder abhängig, innerhalb der Arbeitsumgebungen erfolgreich zu interagieren. (Duarte & Synder, 2001; Engel, Kaiser, Kern & Mayer, 2001; Konradt & Hertel, 2002).

In Hinblick auf den einzelnen Mitarbeiter können folgende vorbereitende Maßnahmen getroffen werden:

- die Vermittlung von Wissen und Fertigkeiten in Hinblick auf die Nutzung von Groupware sowie die Wirkung von Kommunikationsmedien;
- die Vermittlung spezieller Kenntnisse und Fertigkeiten für besondere Teams, wie interkulturelle Kompetenzen;

Als teambezogene Maßnahmen:

- Vermittlung und Vereinbarung von zentralen Zielen der Zusammenarbeit
- Möglichkeiten zum informellen Informationsaustausch und zum Kennenlernen
- gemeinsame Entwicklung von Regeln und Gruppennormen

3.5.2 Unterstützung

Eine vergleichsweise große Bedeutung nehmen Moderatoren bzw. Unterstützer („facilitator") ein, wobei zwischen aufgabenbezogener und prozessbezogener Unterstützung unterschieden wird (Clawson, Bostrom & Anson, 1993; Griffith, Fuller & Northcraft, 1998). Aufgabenbezogene Unterstützung bezieht sich auf die

- Auswahl und Vorbereitung geeigneter Technologie
- Förderung des Verständnisses von Technologie, den Ergebnissen bzw. Wirkungen
- Förderung des Verständnisses von Technologie und ihrer Leistungsfähigkeit.

3.5 Ressourcen

Prozessbezogene Unterstützung bezieht sich hingegen auf die Förderung der Kommunikation und Interaktion der Gruppenmitglieder untereinander, wozu folgende Funktionen zählen:

- Förderung der „Ownership" und Teamverantwortlichkeit
- Sammeln, Klären und Integrieren von Informationen
- Rückmeldung von Informationen an die Gruppe
- Planung, Gestaltung und Leitung von Teamsitzungen
- Konfliktmanagement, insbesondere bei sozialen Konflikten.

Unter den Unterstützern werden Macht-, Fach- und soziale Promotoren unterschieden (Hauschildt, 1997). Machtpromotoren verfügen über einen stellenbezogenen formalen Einfluss, Verhalten zu veranlassen und besitzen auch die Autorität, Handlungen mit Sanktionen zu begegnen. Fachpromotoren fördern durch fachspezifisches Wissen, welches sie zur Verfügung stellen. Soziale Promotoren erzielen ihren Einfluss durch Glaubwürdigkeit und Vertrauen in der Wahrnehmung der anderen Teammitgliedern (vgl. Grudin & Palen, 1995).

In Interviews mit computergestützten Arbeitsgruppen wurden Fähigkeiten von Facilitatoren erfragt (Niederman, Beise & Beranek, 1996). Als erfolgskritisch wurden u. a. gute Kommunikationsfähigkeiten, Neutralität, Sensitivität („Reading the group") und Motivationsfähigkeit genannt.

3.5.3 Entlohnungssysteme und Incentives

Eine weitere wichtige strukturelle Eigenschaft telekooperativer Systeme ist die Art und Weise, wie die Arbeit des Einzelnen entlohnt wird. Entlohnung und Gestaltung von Incentives (zusätzliche Prämien, etc.) sind dabei wichtige Instrumente der Orientierung und Führung, da durch die Entscheidung für spezifische Entlohnungskriterien durch das Management die Hauptziele der Arbeit kommuniziert werden. Die Leistungen, nach denen sich Entlohnung und Incentives bemessen, werden verstärkt, wohingegen nicht berücksichtigte Leistungen eher nachlassen. Freilich werden Entlohnungen und Incentives häufig nicht strategisch sinnvoll eingesetzt. Neben fehlenden Spielräumen aufgrund bestehender Tarifverträge sowie firmeninterner Regelungen und Konventionen spielen oft fehlendes Wissen um die Auswirkungen falscher Entlohnungssysteme eine Rolle. So kann es zum Beispiel nicht verwundern, wenn bei Beibehaltung individueller Entlohnungssysteme die Einführung von Teamarbeit nicht so recht gelingen mag. In diesem Fall signalisiert das Bezahlungssystem, dass Einzelleistungen und nicht kooperative Zusammenarbeit am wichtigsten sind.

Generell gibt es verschiedene Optionen bei der Gestaltung von Entlohnung und Incentives in virtuellen Teams (zur Übersicht s. Lawler, 2003). Wichtige Entscheidungen betreffen die Fragen:

- ob sich die Entlohnung an den Anforderungen der Stelle oder aber an der Person und ihren Fähigkeiten orientiert,
- ob und inwiefern die Entlohnung leistungsabhängig sein soll, und
- ob und wie hoch der Anteil teambasierter Entlohnung und Incentives sein soll.

Die erste Frage beinhaltet eine Entscheidung zwischen einer eher konventionellen Organisationskultur, in der ein klares Austauschverhältnis zwischen konkreten Leistungen der Mitarbeiter und entsprechender Entlohnung besteht oder einer stärker zukunftsorientierten Organisationskultur, die die eigenständige und selbstverantwortliche Entwicklung zusätzlicher Fähigkeiten durch die Mitarbeiter belohnt (Lawler, 2003). Diese zusätzlichen Fähigkeiten können zwar ein etwas höheres Gehaltsniveau mit sich bringen, führen jedoch umgekehrt auch zu höherer Innovativität und Kreativität. Je nach Kerngeschäft kann letzteres gerade für telekooperative Arbeitsformen interessant sein, die sich durch schnelle Entwicklungen und hohen Innovationsbedarf auszeichnen.

Die zweite Frage berührt das Spannungsfeld zielorientierter Bezahlung und wird im Wesentlichen von der Möglichkeit bestimmt, klare und umfassende Ziele zu setzen. Wenn solche klaren Ziele (sowohl auf Einzel- als auch auf Teamebene) vereinbart werden können, dann ist die Verknüpfung mit entsprechender Entlohnung und Incentives nur folgerichtig und förderlich für die Motivation der Mitarbeiter. Gerade bei telekooperativer Arbeit ist jedoch die Entscheidung für spezifische Leistungskriterien oft schwierig, da die Arbeitsprozesse eher komplex sind (z. B. Projektarbeit in Forschung und Entwicklung) und für eine hohe Gesamtleistung auch unterstützende Arbeiten (so genannte kontextbezogene Leistung bzw. Organizational Citizenship Behavior; z. B. Hertel, Bretz & Moser, 2000) notwendig sind, die in leistungsbezogenen Entlohnungssystemen nur schwer abbildbar sind. Hier muss entsprechend abgewogen werden. Strategien zur partizipativen Entwicklung von Leistungskriterien, die auch die Teamebene berücksichtigen, beschreiben Wegge, Treier und Bipp (2004).

Die letzte Frage richtet sich auf die anteilige Gewichtung teambasierter Leistungskriterien. Aus Forschungsarbeiten mit traditionellen Teams ist bekannt, das ein hoher Anteil teambasierter Entlohnung den Zusammenhalt und die Motivation vor allem leistungsschwächerer Teammitglieder fördern kann. Auf der anderen Seite können hierdurch jedoch leistungsstärkere Teammitglieder demotiviert werden (z. B. DeMatteo, Eby & Sundstrom, 1998). Dieser Nivellierungseffekt kann verhindert werden, indem Kombinationen aus Einzel- und teambasierter Entlohnung zusammengestellt werden, die sowohl Kooperation als auch besonderes Einzelengagement berücksichtigen.

Empirische Untersuchungen unterschiedlicher Entlohnungssysteme für telekooperative Arbeit fehlen bislang weitgehend. Zwar gibt es erste Belege, dass gruppenbasierte Incentives mit höherer Effektivität von organisationalen virtuellen Teams in Wirtschaftsunternehmen einhergehen (Hertel, Konradt & Orlikowski, 2004), eine klare Kausalitätsaussage ist jedoch aufgrund der dort erhobenen Querschnittsdaten schwierig. Deshalb wurde in einer experimentellen Untersuchung mit computergestützten Teams die Wirkung monetärer teambasierter Anreize auf Kooperationsverhalten, Motivation sowie die Leistung untersucht (Rack, Ellwart, Konradt, Hertel & Martensen, 2006). Dazu bearbeiteten studentische Dreiergruppen eine Brainstorming-Aufgabe und eine Konsensfindungsaufgabe. Die teambasierten Prämien wurden entweder zu gleichen Teilen unter den Teammitgliedern aufgeteilt oder leistungsabhängig nach Beitrag der einzelnen Gruppenmitglieder zur Gruppenleistung ausgeschüttet. Es zeigte sich, dass teambasierte Anreize eine positive Wirkung auf die individuelle Motivation und die Leistung ausübten, wobei der Zusammenhang bei leistungsabhängiger Prämie höher war. Unter teambasierter Entlohnung zeigten die Teammitglieder zugleich mehr kooperatives und auf die

3.5 Ressourcen

Aufgabe bezogenes Kommunikationsverhalten. Diese ersten experimentellen Befunde legen nahe, dass teambasierte Anreize in organisationalen virtuellen Teams die Zusammenarbeit und den aufgabenbezogenen Informationsaustausch im Team und die Teamleistung fördern können.

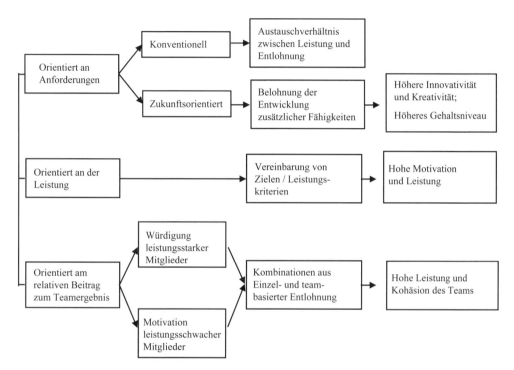

Abbildung 3.5 Entlohnungskonzepte für virtuelle Teamarbeit

3.5.4 Teamtraining

Teamtraining zielt auf die Optimierung der Zusammenarbeit ab. Die Forschung zu diesem Bereich ist noch stark defizitär (vgl. Hertel, Orlikowski, Jokisch, Schöckel & Haardt, 2004; Rosen, Furst & Blackburn, 2006). Bestehende und in Anfängen überprüfte Konzepte von Teamtrainings für virtuelle Teams beinhalten unter anderem den Erwerb technischer Fertigkeiten der Bedienung und der Einsatzmöglichkeiten von Medien zur Kommunikation und Kooperation sowie das Erlernen der mit dem Einsatz dieser Medien verbundenen psychologischen Effekte sowie Auswirkungen von Fehlkommunikation.

Prinzipiell ist ein breiter und effektiver Einsatz von Telekommunikationsmedien erwünscht, wird aber durch psychologische Prozesse wie Gewohnheiten, Bequemlichkeit bzw. Angst vor Neuem oder bisherigen organisationalen Normen in der Trägerorganisation verhindert oder reduziert. Auch fehlt den Mitarbeitern oft die Zeit sich einzuarbeiten. Trainings bezüglich der Möglichkeiten und des sinnvollen Einsatzes unterschiedlicher Medien schaffen hier Abhilfe und führen zu einer breiteren und angemesseneren Mediennutzung sowie einer verbesserten

Kommunikation. Tatsächlich wurde gefunden, dass in computervermittelten Gruppen Trainings positive Effekte auf die Mediennutzung und die Gruppenleistung besitzen (Fjermestad & Hiltz, 2000).

Darüber hinaus kann Training bewirken, dass Teamrollen unter den Mitgliedern klarer werden, Formen des Umgangs im Rahmen von Konfliktmanagement eingeübt und ein gemeinsames Verständnis des Vertrauens unter den Teammitgliedern etabliert wird. In Untersuchungen mit verschiedenen virtuellen Teams konnten diese Zusammenhänge belegt werden. Virtuelle Teams mit einem vorbereitenden Kommunikationstraining entwickelten eine höhere Ausprägung von gegenseitigem Vertrauen und zeigten eine höhere Leistung als virtuelle Teams ohne Training (Beranek, 2000; Hertel, Orlikowski, Jokisch, Schöckel & Haardt, 2004; van Ryssen & Godar, 2000). Konradt und Hertel (2005) konnten zeigen, dass Trainings virtueller Teams positiv mit Teamidentifikation und Arbeitszufriedenheit korrelieren, auch wenn in dieser Studie kein deutlicher Zusammenhang zur Teamleistung beobachtbar war. Darüber hinaus nahmen Mitglieder trainierter virtueller Teams verbesserte Interaktionsprozesse innerhalb der Gruppe wahr, die sich in höherem Vertrauen, höhere Bindung (commitment) und offene Äußerungen (Tan, Wei, Huang & Ng, 2000; Warkentin & Beranek, 1999) niederschlug (siehe auch Kap. 4.1.5).

3.6 Weitere strukturelle Einflussfaktoren

Mit den betrachteten zentralen strukturellen Merkmalen der Telekooperation ist die Anzahl der Einflussfaktoren nicht erschöpfend behandelt. Vielmehr ergeben sich weitere Einflussfaktoren, die sich sowohl aus der Gruppenforschung mit herkömmlichen face-to-face Teams (vgl. hierzu Hertel & Scholl, 2006) sowie Untersuchungen mit computerunterstützten Gruppen herleiten (Fjermestadt & Hiltz, 2000). Hierzu zählen

- *Merkmale der Technik*. In verteilten Systemen ist auch die Sicherheit der Technik von Bedeutung, wobei folgende Schutzziele (Berger, 2001) von Bedeutung sind:
  - Integrität, d.h. Schutz von Daten vor Veränderung;
  - Authentizität, d.h. Zuordnung von Daten zu einem oder mehreren Sendern
  - Vertraulichkeit, d.h. Sicherstellung, dass nur Berechtigte Daten lesen können
  - Nichtabstreitbarkeit, d.h. die Sicherstellung der nachträglichen Beweisbarkeit einer Aktion gegenüber einem Dritten, z. B. der Erstellung, Übermittlung oder Veränderung eines Dokuments
  - Verfügbarkeit, d.h. die Sicherung des Systems vor Ausfällen.
- *Merkmale der Arbeitsplatzumgebung*. Es zeigte sich, dass bei der Arbeit in offenen Büroarchitekturen die wahrgenommene Privatheit und die Zufriedenheit unter den Beschäftigten vermindert ist und mit höherer kognitiver Belastung und geringeren sozialen Kontakten einhergeht (De Croon, Sluiter, Kuijer & Frings-Dresen, 2005). Konzepte geteilter Arbeitsplätze („Desk-sharing") führen zu mehr Kommunikation unter den Mitarbeitern.

- *personenbezogene Merkmale* von Arbeitnehmern. So wurden Alter und Geschlecht als Moderatoren in netzbasierten Arbeitskontexten nachgewiesen. In telekooperativen Arbeitszusammenhängen wiesen ältere Arbeitnehmer vergleichsweise höhere Unabhängigkeits- und Autonomiebedürfnisse auf als jüngere Arbeitnehmer (Raghuram & Wiesenfeld, 2004). Ferner zeigten männliche Telearbeiter im Vergleich zu weiblichen Telearbeitern einen stärkeren Zusammenhang zwischen der erlebten Anbindung an die Organisation („organizational connectedness") und ihrer Anpassung an netzbasierte Arbeit.
- Steuerung (gesteuert vs. selbstorganisiert). Dieser Aspekt wird ausführlicher im Kapitel 4.1 behandelt. Neben den hier betrachteten strukturellen Merkmalen werden im folgenden Kapitel prozessorientierte Merkmale der Telekooperation dargestellt.

3.7 Zusammenfassung

Strukturelle Merkmale der Telekooperation besitzen einen Einfluss auf teambezogene Prozesse und Ergebnisse. Dieser Einfluss konnte nicht nur in virtuellen Teams, sondern auch in konventionellen Teams nachgewiesen werden. Dabei können zwei Ansätze unterschieden werden, in welcher Form strukturelle Merkmale bisher untersucht werden. Der erste Ansatz zielt darauf ab, den direkten Einfluss eines Merkmals oder einer Kombination von Merkmalen auf Outputgrößen zu ermitteln. Ein Beispiel dafür ist die Frage, wie sich Aufgabeninterdependenz in virtuellen Teams auswirkt. Forschung dieser Art versucht, Erfolgsfaktoren zu isolieren, die für die Theoriebildung, aber auch für die Gestaltung effizienter Arbeitsstrukturen herangezogen werden können. Ein zweiter Ansatz zur Untersuchung struktureller Merkmale liegt in der Frage, welchen Einfluss eine Variable auf den Zusammenhang zwischen zwei Größen besitzt. Ein Beispiel dafür ist die Frage, wie stark ein bestehender Einfluss von Aufgabeninterdependenz auf die Leistung in virtuellen Teams ist, wenn synchrone Medien für die Kommunikation verwendet werden.

Wenngleich die Menge der hier betrachteten strukturellen Merkmale bereits sehr gross ist, so ist sie gleichzeitig nicht erschöpfend. Je nach Sichtweisen und Präferenzen der zahlreichen Disziplinen, in denen computergestützte Arbeit untersucht wird, kann der Katalog zusätzlich erweitert werden (vgl. hierzu Bartsch-Beuerlein & Klee, 2001; Borghoff & Schlichter, 2000; Gross & Koch, 2007; Herczeg, 2005; Reichwald & Koller, 1996).

4 Prozessorientierte Merkmale der Telekooperation

In diesem Abschnitt werden zentrale prozessorientierte Merkmale der Telekooperation beschrieben und vor dem Hintergrund aktueller Forschungsergebnisse diskutiert. Entsprechend dem zugrunde liegenden Rahmenmodell beziehen sich prozessorientierte Merkmale sowohl auf aufgabenbezogene als auch auf soziale Interaktionen. Zu den aufgabenbezogenen Interaktionen zählen Führung, Dokumentation, Koordination, Wissensmanagement sowie der Umgang mit (Sach-)Konflikten. Zu den sozialen Interaktionen werden Kommunikation, die Entwicklung und Unterstützung von Motivation, Identifikation und Vertrauen im Team sowie der Umgang mit sozialen Konflikten gefasst. Im Unterschied zu dem vorangegangenen Abschnitt ist eine klare Trennung zwischen aufgabenbezogenen und sozialen Aspekten prozessorientierter Merkmalesgruppen nicht immer möglich und auch nicht immer sinnvoll, da die meisten Interaktionen sowohl aufgabenbezogene als auch sozio-emotionale Aspekte haben. Entsprechend beziehen sich die Auswirkungen dieser Interaktionen sowohl auf aufgabenbezogene Ergebnisse wie Leistungsmaße, Effektivität und Effizienz virtueller Teams, als auch auf sozio-emotionale Konsequenzen wie die Zufriedenheit der Teammitglieder, ihre Identifikation mit dem virtuellen Team oder der Zusammenhalt der ortsverteilten Arbeitsgruppe. Im Folgenden gehen wir daher in jedem Abschnitt sowohl auf aufgabenbezogene Ergebnisse als auch auf sozio-emotionale Konsequenzen ein.

4.1 Führung virtueller Teams

Generell verstehen wir unter *Führung* alle Maßnahmen der gezielten Beeinflussung des Verhaltens und Erlebens von Personen in Organisationen (vgl. Hertel & Konradt, 2004). Im Unterschied zu bereits diskutierten strukturellen Formen der Führung in Form von Aufgabengestaltung oder Anreizsystemen (s. Kap. 3) werden in diesem Abschnitt vor allem Formen direkter personaler Einflussnahme durch Kommunikation und Interaktion dargelegt. Aufgaben einer solchen interaktionalen Führung bestehen sowohl in der zielorientierten Koordination und Kontrolle arbeitsteiligen Handelns als auch in der Motivierung der Mitarbeiter, der Unterstützung der sozialen Integration der Teammitglieder sowie der Qualifizierung und Personalentwicklung.

Virtuelle Teams wurden anfänglich häufiger als Arbeitsformen aufgefasst, in denen Führungsaufgaben quasi automatisch von jedem einzelnen Mitglied mitgetragen werden. Die Notwendigkeit systematischer und geplanter Führungskonzepte wird jedoch vor dem Hintergrund der bereits dargestellten besonderen Herausforderungen computergestützter Kommunikation (erschwerte Koordination und Kommunikation, höhere Risiken von Missverständnissen, etc.) in der jüngeren Diskussion kaum noch bestritten (Gibson & Cohen, 2003; Hinds & Kiesler, 2002). Dabei liegt die zentrale Herausforderung in der geringen Ko-Präsens von Führungskraft und Teammitgliedern, wodurch die Anwendung herkömmlicher interaktiver Führungstechniken erschwert wird (z. B. Scherm & Süß, 2000). Konkrete Konzepte zur Führung virtueller Kooperationen wurden jedoch, trotz des hohen Bedarfs, aus der Praxis bislang erst ansatzweise entwickelt (s. Duarte & Snyder, 2001; Hertel & Konradt, 2004).

Konkrete aufgabenbezogene Führungsstrategien, die in virtuellen Teams bereits empirisch untersucht wurden, unterscheiden sich vor allem hinsichtlich der Autonomie, die den Mitarbeitern eingeräumt wird (Hertel, Geister & Konradt, 2005). *„Electronic Performance Monitoring"* bezeichnet dabei die Strategie, Führung im Sinne einer relativ hohen Steuerung und Kontrolle, auch auf Entfernung, mittels elektronischer Medien zu realisieren. *„Management by Objectives"* bezeichnet dagegen den Ansatz, Führung auch bei virtueller Kooperation stärker partizipativ zu gestalten. In *selbststeuernden Teams* schließlich ist die Autonomie und Selbststeuerung der Mitarbeiter am höchsten. Bezüglich der Effektivität dieser verschiedenen Führungsansätze zeigen die empirischen Befunde ein eher uneinheitliches Bild.

4.1.1 Electronic Performance Monitoring

Der Begriff „Electronic Performance Monitoring" bezeichnet die Kontrolle und Überwachung der Leistung von Mitarbeitern mittels elektronischer Medien. Dazu gehören z. B. Leistungsaufzeichnungen durch das jeweilige Computersystem (Anzahl der Anschläge, Log-in Zeiten der Mitarbeiter, etc.) oder telefonische Arbeitsproben, die eine Führungskraft hinsichtlich Aspekten wie Höflichkeit oder Korrektheit gegebener Kundeninformationen durchführen kann (Lund, 1992). Electronic Performance Monitoring erlaubt dabei Zugriff auf zentrale Leistungsindikatoren wie Arbeitstempo, Genauigkeit, Arbeitszeiten oder Kundenorientierung (Aiello & Kolb, 1995) und ermöglicht dadurch, auch bei ortsverteilter Arbeit, eine hohe Standardisierung und Unterteilung von Arbeitsschritten. Allerdings orientiert sich eine solche kleinschrittige Kontrolle stark an tayloristischen Arbeitsprinzipien (Lund, 1992), was mit entsprechenden Stress- und Entfremdungsreaktionen seitens der Mitarbeiter verbunden ist. So zeigen die bisherigen empirischen Untersuchungen von Electronic Performance Monitoring in kontrollierten Laborstudien einem deutlichen Anstieg des Stresserlebens der Mitarbeiter (z. B. Aiello & Kolb, 1995). Partizipation und Kontrollmöglichkeiten seitens der Mitarbeiter bei der Einführung von Electronic Performance Monitoring hingegen können das Stresserleben reduzieren (Douthitt & Aiello, 2001; Stanton & Barnes-Farrell, 1996).

Die leistungsrelevanten Konsequenzen von Electronic Performance Monitoring sind ebenfalls nicht überzeugend. Positive Effekte von Electronic Performance Monitoring auf Leistungsindikatoren ließen sich bislang nur nachweisen, wenn die Tätigkeiten gelernt und nicht zu komplex waren. Zum Beispiel zeigte sich, dass Electronic Performance Monitoring die Leistungsgeschwindigkeit nur bei erfahrenen Mitarbeitern steigert, bei unerfahrenen Mitarbeitern jedoch eher zu Leistungseinbußen führt (Aiello & Kolb, 1995; Davidson & Henderson, 2000). In ähnlicher Weise zeigten sich in anderen Studien positive Leistungseffekte nur bei Routineaufgaben, nicht jedoch in komplexeren Aufgaben, in denen die Lösungswege nicht eindeutig klar waren (Kahai, Sosik & Avolio, 1997). Außerdem wurde die Leistung durch individuelle Eigenschaften der Mitarbeiter moderiert, wie zum Beispiel durch Kontrollüberzeugungen („locus of control"; Aiello & Kolb, 1995; Kolb & Aiello, 1996). Personen, die eine internale Kontrolle über ihr Verhalten erleben, fühlten sich durch Electronic Performance Monitoring eher gestresst, während Personen mit externalen Kontrollüberzeugungen mehr Stress erlebten, wenn sie nicht elektronisch überwacht wurden. Die wenigen Studien, in denen Electronic Performance Monitoring in virtuellen Teams erprobt wurde, zeigten eine Reduktion des Stresserlebens der Mitglieder bei hoher Kohäsion und Zusammenhalt des Teams (Aiello & Kolb, 1995). Ein genereller Leistungsvorteil von Electronic Performance Monitoring auf Gruppenebene war auch hier nicht zu beobachten.

Insgesamt ist, auf der Basis der bisherigen empirischen Ergebnisse, Electronic Performance Monitoring eher nicht für virtuelle Kooperation bzw. nur für eine begrenzte Aufgabenklasse von klar strukturierten Aufgaben zu empfehlen. Die Auswirkungen auf Stress und Arbeitszufriedenheit der Mitarbeiter sind negativ und die Auswirkungen auf die Leistung überzeugen höchstens bei einfachen Routineaufgaben. Einschränkend muss allerdings bedacht werden, dass die meisten bisherigen Ergebnisse zu Electronic Performance Monitoring auf laborexperimentellen Studien basieren, so dass eine Replikation im Feld sowie die Untersuchung der Auswirkungen von Electronic Performance Monitoring über längere Zeiträume noch aussteht.

4.1.2 Management by Objectives

Eine nahe liegende Lösung des Problems der reduzierten Ko-Präsenz von Führungskraft und Mitarbeitern in virtuellen Teams besteht darin, den Teammitgliedern mehr Eigenständigkeit einzuräumen und einen Teil der Führungsaufgaben an sie zu delegieren (Duarte & Snyder, 2001; Hofner-Saphiere, 1996; Konradt, Hertel & Schmook, 2003). Aus der traditionell kontrollierenden Rolle der Führungskraft wird so eine eher begleitende und unterstützende „Coaching"-Funktion (Kayworth & Leidner, 2001). Ein sehr verbreitetes Führungskonzept, in dem delegative Führungselemente enthalten sind, ist „Management by Objectives". Hierunter werden Führungskomponenten mit besonderer Betonung auf Zielvereinbarungen, Partizipation und Feedback zusammengefasst (Odiorne, 1986).

Erste Untersuchungen von Management by Objectives im Bereich virtueller Kooperation sind sehr viel versprechend. So konnte in einer Feldstudie mit Telearbeitern gezeigt werden, dass die Qualität von Management by Objectives, eingeschätzt durch die Telearbeiter, ein signifikanter Prädiktor für Stress und Arbeitszufriedenheit ist (Konradt et al., 2003). In einer Feldstudie mit 31 virtuellen Teams (Hertel, Konradt & Orlikowski, 2004) zeigte sich darüber hinaus ein positiver Zusammenhang zwischen der Qualität von Management by Objectives (eingeschätzt durch die Teammitglieder) und der generellen Leistung der Teams (eingeschätzt durch den jeweiligen Teammanager).

Interessant war in diesen Studien, dass fast alle Führungskräfte angaben, zielorientiert zu führen. Aus Sicht der Teammitglieder bestand jedoch eine erhebliche Variation in der Qualität der zielorientierten Führung und diese Qualität entschied wesentlich über den Erfolg der virtuellen Teams. Das heißt, nur wenn die zentralen Aspekte von Management by Objectives auch wirklich umgesetzt wurden, waren die Teams auch erfolgreicher. Im folgenden Kasten I haben wir einen von uns entwickelten Kurzfragebogen zur Einschätzung der Qualität von Management by Objectives durch die Mitglieder virtueller Teams aufgeführt (vgl. Konradt & Hertel, 2002).

- Bei der Vereinbarung meiner Aufgaben und Ziele für das virtuelle Team bin ich aktiv beteiligt.
- Meine gegenwärtigen Ziele innerhalb meines virtuellen Teams sind mir völlig klar.
- Manche, der in diesem virtuellen Team vereinbarten Ziele, stehen im Widerspruch zueinander.
- Meine Ziele für das virtuelle Team sind so hoch angesetzt, dass ich sie nicht erreichen kann.
- Die Art der Formulierung meiner Ziele ermöglicht es mir einzuschätzen, wie nahe ich ihnen schon gekommen bin.
- Meine Ziele werden regelmäßig überprüft und bei Bedarf angepasst.

Kasten I: Kurzfragebogen zur Qualität von Management by Objectives in virtuellen Teams

Antwortskala für jede Frage: 4 = stimme voll zu, 3 = stimme eher zu, 2 = teils teils, 1 = stimme eher nicht zu, 0 = stimme überhaupt nicht zu.

Bei der Auswertung werden zunächst die Antworten jedes Teammitglieds über alle 6 Fragen gemittelt. Danach wird der mittlere Wert innerhalb des Teams berechnet. Verglichen mit unseren bisherigen Studien zeigen Mittelwerte unterhalb von 2,4 eine unterdurchschnittliche Qualität von Management by Objectives an (unteres Terzentil), durchschnittliche Teammittelwerte liegen zwischen 2,4 und 2,8. Relativ hohe Qualität des Management by Objectives in einem Team werden, verglichen mit unseren bisherigen Studien, durch Mittelwerte oberhalb 2,8 angezeigt (oberes Terzentil).

Neben der partizipativen Vereinbarung von Zielen ist Feedback ein weiterer wichtiger Bestandteil von Management by Objectives. Dieses Feedback kann hinsichtlich verschiedener Dimensionen unterschieden werden (Geister & Scherm, 2004). Zu den wichtigsten gehören:

Inhalt des Feedbacks: Feedback kann sich sowohl auf die Aufgabenerfüllung (leistungsbezogenes Feedback) als auch auf soziale Prozesse während der Teamarbeit beziehen (soziales Feedback).

Spezifität des Feedbacks: Während ergebnisbezogenes Feedback Rückmeldungen zum Grad der Aufgabenerfüllung gibt, gemessen an Zielen und Standards („Wurde das Ziel erreicht?"), konzentriert sich prozessbezogenes Feedback auf die Art und Weise, wie die Aufgabe erfüllt wurde („Wie wurde das Ziel erreicht?"). Diese beiden Arten von Feedback werden optimalerweise kombiniert und können sowohl leistungsbezogene als auch soziale Kennzahlen beinhalten.

Frequenz des Feedbacks: Häufigkeit und Intervalle von Feedback können in Abhängigkeit der Aufgabe und des Führungsstils stark variieren. Generell ist für eine hohe Verhaltenssteuerung und Zielorientierung möglichst häufiges, konkretes und zeitnahes Feedback förderlich. Elektronische Feedback-Tools können hier Führungskräfte deutlich entlasten und die Selbststeuerung von Mitarbeitern und Gruppen begünstigen.

Funktionen des Feedbacks: Feedback hat zum einen eine bewertende Funktion (evaluatives Feedback), die bspw. im Kontext eines Leistungsbewertungs- oder Incentivesystems von hoher Bedeutung ist (s. Kap. 3.5.3). Darüber hinaus ist Feedback aber auch zur persönlichen Weiterentwicklung und Unterstützung des Lernens der Gruppenmitglieder möglich und sinnvoll. Feedback zu Lernprozessen wird dabei in der betrieblichen Praxis von den Mitarbeitern besser akzeptiert und führt zu besseren Ergebnissen als rein bewertendes Feedback.

Ebenen des Feedbacks: Feedback kann sowohl auf Einzelebene (individuelles Feedback) als auch auf Teamebene (Gruppen-Feedback) gegeben werden. Während der positive Effekt von individuellem Feedback relativ gut erforscht ist (z. B. Kluger & deNisi, 1996), stehen Forschungen zu Feedback auf Teamebene größtenteils noch aus (Druskat & Wolff, 1999; Geister & Scherm, 2004).

Insbesondere bei ortsverteilter Arbeit ist eine regelmäßige Information über den Fortgang und die Koordination der Arbeit von zentraler Bedeutung, um koordinative Prozesse zu erleichtern und Missverständnisse zu vermeiden. Darüber hinaus hat leistungsbezogenes Feedback auch wichtige Funktionen für die Bildung und Aufrechterhaltung von Vertrauen. Feedback bezüglich sozialer Prozesse ist in virtuellen Teams von besonderer Bedeutung, weil, aufgrund der reduzierten direkten Kontakte, zuverlässige Informationen über Stimmung und Motivation der anderen Mitglieder sowie über das Teamklima fehlen. Dadurch wird die Entwicklung von Kohäsion und Teamidentifikation erschwert (Losada, Sanchez & Noble, 1990). Positive Effekte von sozio-emotionalem Feedback konnten auf die Motivation, Arbeitszufriedenheit und Leistung von Mitgliedern virtueller Teams nachgewiesen werden (Weisband, 2002). Unsere eigenen Studien virtueller Teams in Wirtschaftsunternehmen zeigten, dass sich Mitglieder erfolgreicher Teams deutlich besser über die Teamprozesse informiert fühlen als Mitglieder wenig erfolgreicher Teams (Hertel et al., 2001). Als Konsequenz dieser Befunde ist zu empfehlen, auch in virtuellen Teams ausreichende und vielfältige Möglichkeiten für sozio-emotionales Feedback zu ermöglichen. Neben der regelmäßigen Durchführung von persönlichen face-to-face Treffen kann hier der Einsatz computergestützter Feedbacksysteme (Geister & Scherm, 2004; Geister, Konradt & Hertel, 2006) und entsprechender Groupware (Jang, Steinfield & Pfaff, 2002) hilfreich sein.

Neben entsprechenden Feedbacksystemen sollten Entlohnung und Incentive-Systeme auf die vereinbarten Ziele abgestimmt sein (vgl. Kap. 3.5.3). Besondere Herausforderungen entstehen bei telekooperativer Arbeit durch die geringe Ko-Präsenz von Mitarbeiter und Führungskraft sowie durch die oftmals hohe Zeitsouveränität der Mitarbeiter, die eine Leistungsbeurteilung erschweren. Leistungsbasierte Anteile der Entlohnung auf der Basis von klaren Zielvereinbarungen haben hier Vorteile gegenüber einer summarischen Beurteilung durch den Vorgesetzten. Darüber hinaus können Entlohnungssysteme die jeweilige Qualifikation der Mitarbeiter berücksichtigen (Lawler, 2003) und dadurch die Eigenverantwortung, Lernbereitschaft und Kompetenz der Mitarbeiter weiter steigern und zu einer größeren Flexibilität der Organisation beitragen. Andererseits können bei telekooperativer Arbeit über Ländergrenzen hinweg zusätzliche Schwierigkeiten aufgrund unterschiedlicher Lohnniveaus entstehen (z. B. Softwareentwicklung in USA, Deutschland und Indien). Empirische Forschung steht hier noch aus.

4.1.3 Selbststeuernde virtuelle Teams

Delegative Führungskonzepte wie Management by Objectives steigern zwar die Autonomie der Teammitglieder, erfordern aber nach wie vor eine formale Führungskraft. Alternativ dazu ist es auch denkbar, die Führungskraft komplett zu ersetzen und stattdessen virtuelle Teams sich selbst führen zu lassen. Vorteile einer solchen Selbststeuerung sind vor allem eine noch größere Flexibilität der Teams, da unvorhergesehene Probleme direkt, ohne Einschalten einer Führungskraft, gelöst werden können (Vickery, Clark & Carlson, 1999). In der Tat zeigen Beispiele aus dem Bereich der „Open Source" Softwareentwicklung, dass Selbststeuerung selbst bei hoher Anonymität der beteiligten Personen in virtuellen Kooperationen möglich ist (Hertel, Niedner & Herrmann, 2003) – vorausgesetzt, ein Minimum an struktureller Steuerung ist gegeben (Lerner & Tirole, 2002).

Eine der ersten systematischen Untersuchungen selbststeuernder virtueller Teams in Wirtschaftsunternehmen stammt aus einem großen Elektronikkonzern in Deutschland (vgl. Hertel et al., 2005). Die untersuchten Teams bestanden aus gleichberechtigten Mitgliedern verschiedener Produktbereiche des Konzerns. Anstelle eines klassischen Teammanagers wurde in jedem Team ein Teamsprecher durch ein übergeordnetes Leitungsgremium eingesetzt. Dieser Teamsprecher hatte jedoch keine disziplinarische Macht über die anderen Mitglieder, sondern erfüllte in erster Linie koordinative Aufgaben (Verteilung von Informationen, Vorbereitung von Meetings, etc.). Sowohl die Zusammensetzung der Teams als auch die Ziele wurden mit dem übergeordneten Leitungsgremium partizipativ abgesprochen. Hinsichtlich der Gestaltung der Aufgaben und der Art der Zielerreichung waren die Teams selbständig. Die Ergebnisse der Studie bestätigten auch hier vor allem die Bedeutung klarer Zielabsprachen. Erfolgreiche Teams unterschieden sich von weniger erfolgreichen Teams hinsichtlich der Klarheit der Ziele, dem Fehlen von Zielkonflikten sowie dem Ausmaß an Feedback innerhalb des Teams. Aufgrund der querschnittlichen Daten dieser Felduntersuchung ist allerdings eine Aussage über die genauen Kausalzusammenhänge noch nicht möglich.

4.1 Führung virtueller Teams

Auch wenn die Anzahl der bisherigen Studien noch gering ist, so bestätigen die dargestellten empirischen Ergebnisse insgesamt die Überlegung, dass zur Gestaltung der aufgabenbezogenen Führung in virtuellen Kooperationen delegative und partizipative Konzepte im Vergleich zu direktiven Ansätzen besser geeignet sind. Kontrollierende Strategien, wie Electronic Performance Monitoring werden eher negativ erlebt und bringen keine deutlichen Leistungsvorteile. Zielvereinbarungskonzepte dagegen erwiesen sich nicht nur hinsichtlich der Leistung der Mitarbeiter als erfolgreich, sondern waren auch mit geringerem Stress und höherer Arbeitszufriedenheit der Teammitglieder verbunden. Dies deckt sich mit Überlegungen kontrolltheoretischer Ansätze, denen zufolge Kontroll- und Entscheidungsspielräume Stress reduzieren und positive Arbeitseinstellungen steigern können. Hohe Autonomie kann so nicht nur die Flexibilität von virtuellen Teams steigern, sondern auch Motivation und Zufriedenheit der Teammitglieder positiv beeinflussen. Wichtige Voraussetzungen für den Erfolg solcher partizipativen Führungsmodelle liegen allerdings, neben eindeutigen Zielvereinbarungen, im Vertrauen in die Integrität und Verantwortungsbereitschaft der Mitarbeiter.

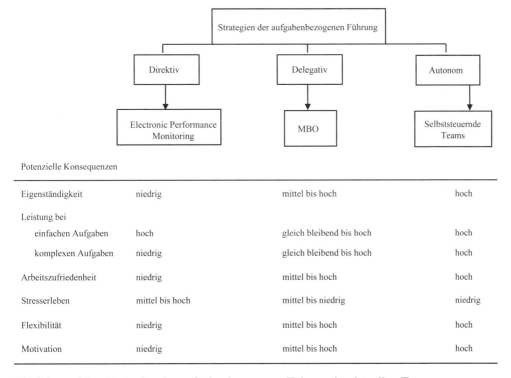

Abbildung 4.1 Strategien der aufgabenbezogenen Führung in virtuellen Teams

Während aufgabenbezogene Konzepte der Führung virtueller Teams bereits ansatzweise empirisch untersucht wurden, steht eine genauere Erforschung *sozialer Interaktionen* im Zusammenhang mit Führung in virtuellen Kooperationen noch aus. Im Zusammenhang mit telekooperativer Arbeit sind hier besonders Maßnahmen des Coachings und der Personalentwicklung von Bedeutung.

4.1.4 Coaching

Wie bereits dargestellt, erhält die Führungskraft in delegativen Führungsmodellen stärker die Funktion eines Begleiters, der weniger *kontrolliert*, sondern die Kommunikations- und Entscheidungsprozesse in Teams *moderiert* und soziale Beziehungen *fördert*. Coaching von Mitarbeitern verfolgt dabei die Ziele, das Leistungsniveau von Mitarbeitern zu fördern, Lernprozesse und Potentiale anzuregen und bei beruflichen Problemen zu unterstützen (Schreyögg, 1996). Für virtuelle Kooperationen sind dabei besonders Selbstmanagement und Eigeninitiative entscheidend. Neben konventionellen Formen des Coachings innerhalb face-to-face Gesprächen oder Teammeetings sind in virtuellen Teams auch web-basierte Formen möglich, bei denen der Coach Kontakt zu allen Teammitgliedern halten kann, ohne lange Reisewege in Kauf zu nehmen. Die Basis für ein solches Online-Coaching ist jedoch der vorherige Aufbau einer tragfähigen Beziehung zwischen den Beteiligten in face-to-face Treffen.

In einer Untersuchung mit 97 Führungskräften in virtuellen Teams, die als Linienmanager oder im mittleren Management tätig waren, wurde der Zusammenhang zwischen Führungsfunktionen und Rollen zu ihrer Wirksamkeit untersucht (Konradt & Hoch, 2007). Ausgehend von einem „Competing values framework" (vgl. Denison et al., 1995) wurden Rollen danach unterschieden, worauf sich der Fokus der Führungskraft richtet (teambezogen vs. organisationsbezogen) und welche Orientierung in der Flexibilität das Führungsverhalten aufweist (flexibel veränderbar vs. stabilitäts- und kontrollorientiert). Aus diesen beiden Dimensionen ergeben sich vier Quadranten. Im ersten Quadrant („Adaptability leadership function") werden Funktionen der Flexibilität hervorgehoben, die einen externen Fokus besitzen. Typische Rollen sind die des „Innovators" und des „Brokers". Der zweite Quadrant („People leadership function") betont eine flexible Orientierung, die nach innen gerichtet ist und geht mit Rollen des „Facilitators" und des „Mentors" einher. Der dritte Quadrant ist ebenfalls nach innen gerichtet und betont die Stabilität („Stability leadership function"). Typische Rollen bestehen in denen des Koordinators und des Monitors. Der vierte Quadrant („Task leadership function") ist schließlich auf die Kontrolle des externen Umfeldes gerichtet und beinhaltet die Rollen des Produzenten und Direktors.

Es zeigte sich, dass Führungskräfte in virtuellen Teams ihre Rollen überwiegend als aufgabenorientiert auffassen, wobei die Rollen des Direktors und des Produzenten im Vordergrund stehen. Die zentralen Aufgaben, die mit diesen Rollen verbunden sind, liegen in der Motivierung der Mitarbeiter, sich Ziele zu setzen und sie zu erreichen. Die Führungskräfte geben an, dabei die Mitarbeiter zu unterstützen, indem sie Erwartungen der Mitarbeiter klären, auf Probleme aufmerksam machen, die Übernahme von Zielen fördern sowie bei der Entwicklung von Regeln und Normen zu unterstützen. Diese Befunde sprechen für die Auffassung, dass von Seiten der Führungskräfte Formen des Coaching in virtuellen Teams als wirksam angesehen werden.

4.1 Führung virtueller Teams

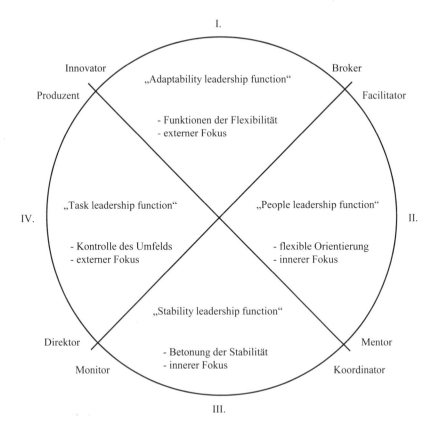

Abbildung 4.2 Führungsfunktionen und Rollenwirksamkeit

4.1.5 Personalentwicklung

Personalentwicklung beinhaltet generell Maßnahmen der Herstellung, Auffrischung oder Erweiterung beruflicher Qualifikationen. Personalentwicklung kann dabei außerhalb der normalen Tätigkeit („off the job") oder aber als Teil der beruflichen Tätigkeit im Rahmen der arbeitsimmanenten Qualifizierung („on the job") wirken. Einige Punkte zum Training virtueller Teams wurde bereits in Kapitel 3.5.3 ausgeführt. Personalentwicklungsmaßnahmen für netzbasierte Zusammenarbeit beziehen sich allgemein auf:

- die Vermittlung zentraler Kenntnisse und Fähigkeiten für die Führung virtueller Teams und netzbasierter Projekte
- das Erlernen der richtigen Auswahl und des effizienten Einsatzes elektronischen Arbeitsmittel und Medien der Kommunikation
- das Training im Umgang mit der besonderen motivationalen und emotionalen Dynamik netzbasierter Teamarbeit
- der Entwicklung einer gemeinsamen Teamidentität

Dabei werden Personalentwicklungsmaßnahmen für Führungskräfte, für einzelne Mitarbeiter virtueller Teams sowie für virtuelle Teams als Ganzes unterschieden (Raabe & Schmitz, 2004). Trainings für Führungskräfte virtueller Teams sind dabei bereits vor dem Start der Teamarbeit empfehlenswert, da die Führungskräfte oftmals bei der Zusammenstellung und Planung der strukturellen Rahmenbedingungen des Teams beteiligt sind. Außerdem müssen sie die späteren Mitarbeiter motivieren und integrieren. Wichtige Inhalte solcher Personalentwicklungsmaßnahmen sind unter anderem (Rosen et al., 2006):

- die Auswahl und Passung von Technologien und Kommunikationsmedien zu den jeweiligen Aufgaben
- Vereinbarung von leistungsbezogenen Zielen mit den Teammitglieder (Management by Objectives) im virtuellen Arbeitskontext sowie effiziente Messung, Feedback und Belohnung
- Coaching und Motivierung der Mitarbeiter auf Distanz sowie rechtzeitige Diagnose von Fehlentwicklungen und Handlungsbedarf
- Modellfunktion der Führungskraft für teambezogenes Verhalten (Antwortzeiten, Weiterleitung von Informationen, Konfliktmanagement, etc.)
- Schnittstellenmanagement mit Partnern innerhalb (Geschäftsleitung, Controlling, andere Teams) und außerhalb der Organisation (Kunden, Zulieferern, Experten)

Darüber hinaus ist neben einer Kick-off Veranstaltung zu Beginn virtueller Kooperation (s. Kap. 5.2) ein Basistraining für möglichst alle Teammitglieder zu empfehlen (Duarte & Snyder, 2001). Erste Evaluationsstudien solcher Maßnahmen zeigen viel versprechende Ergebnisse (Hertel, Orlikowski, Jokisch, Schöckel & Haardt, 2004). Später können solche Basistrainings je nach Bedarf durch Aufbaumodule mit spezifischeren Inhalten ergänzt werden. Mögliche Inhalte solche Module können sein.

- Einsatz spezifischer elektronischer Kooperationstechnologien und Plattformen, zum Beispiel netzbasierte Brainstorming- oder Entscheidungstools
- Durchführung von Tele- und Videokonferenzen
- Umgang mit kulturellen Unterschieden innerhalb des Teams
- Entwicklung einer gemeinsamen Teamidentität und einer gemeinsamen „Mission"
- Entwicklung bzw. Wiederherstellung von Vertrauen
- Konfliktmanagement in virtuellen Kontexten

Trotz des rapide gestiegenen Einsatzes netzbasierter Arbeitsformen, und obwohl mittlerweile Konsens besteht, dass diese Arbeitsform zusätzliche Fähigkeiten erfordert, die nicht jeder Mitarbeiter automatisch mitbringt, steckt die Entwicklung und Verbreitung entsprechender Personalentwicklungsmaßnahmen noch in den Kinderschuhen. Konkrete Zahlen sind für den deutschsprachigen Raum noch nicht verfügbar. Eine aktuelle Studie aus den USA (Rosen et al., 2006), in der ca. 2.500 Verantwortliche im Personalbereich unterschiedlichster Organisationen (Produktion, Dienstleistung, Forschung und Entwicklung, Finanzwesen, Non-Profit; alle vorwiegend mit Zentrale in den USA) über einen einschlägigen Berufsverband (Society of Human Resource Management) kontaktiert wurden, liefert aber einen ersten Eindruck. Insgesamt beantworten 440 der kontaktierten Personen den webbasierten Fragebogen.

4.1 Führung virtueller Teams

Die Ergebnisse zeigen, dass in der Mehrzahl der Organisationen (60 Prozent) keine spezifischen Trainings für netzbasierte Zusammenarbeit angeboten werden. 80 Prozent der Befragten gaben sogar an, dass solche Trainingsmaßnahmen keine oder nur eine sehr geringe Priorität in ihrem Unternehmen hätten. Ein möglicher Grund für dieses geringe Angebot ist natürlich das Fehlen netzbasierter Arbeitsstrukturen in den Organisationen (leider berichten die Autoren diesbezüglich keine Daten). Allerdings ist diese Erklärung als einziger Grund angesichts der allgemeinen Verbreitung virtueller Teams wenig plausibel, zumal höchstwahrscheinlich eher Personen aus Organisationen mit virtuellen Arbeitsformen motiviert waren, an der Befragung teilzunehmen. Als Gründe für das geringe Angebot einschlägiger Personalentwicklungsmaßnahmen für virtuelle Teams diskutieren die Autoren eine generelle Unterschätzung der Bedeutung dieses Thema seitens des Managements, was konsistent mit einigen ihrer Befunde ist. Darüber hinaus aber besteht ein weiterer möglicher Grund in den bislang fehlenden Qualitätsnachweisen der angebotenen Maßnahmen, die es Mitarbeitern von Personalabteilungen schwer machen, sie organisationsintern durchzusetzen. So stuften lediglich 7 Prozent der Befragten die in ihrer Organisation angebotenen Trainings für virtuelle Teams als effektiv ein („very effective" oder „extremely effective") – dies ist vielleicht das überaschenste Ergebnis der Studie. Folgt man diesen subjektiven Einschätzungen, so besteht hier deutlicher Bedarf an Optimierung und Weiterentwicklung.

Von den Organisationen, die spezifische Trainings für virtuelle Teams anboten, waren 60 Prozent im eigenen Haus und 24 Prozent von externen Beratern für die Organisation entwickelt worden. Die übrigen Trainings waren als fertige Pakete eingekauft worden. Etwas mehr als die Hälfte der Trainings für virtuelle Teams (56 Prozent) wurde im klassischen Seminarsetting durchgeführt, die übrigen computergestützt bzw. netzbasiert. Dieser Modus der Trainingsdurchführung scheint nicht deutlich mit dem eingeschätzten Erfolg der Trainingsmaßnahmen zu korrelieren. Faktoren, die deutlich mit dem eingeschätzten Erfolg der Trainings zusammenhingen, waren dagegen:

- Der strategische Fokus der Organisation: Trainings virtueller Teamarbeit wurden in Organisationen als erfolgreicher eingeschätzt, wenn diese netzbasierter Kooperation und dem Einsatz elektronischer Medien eine hohe Bedeutung einräumten.
- Der Unterstützung durch das Top Management: Trainings virtueller Teamarbeit wurden in Organisationen als deutlich effektiver eingestuft, in denen das Top Management dieses Thema stark unterstützte.
- Kulturelle Unterschiede in den Teams: Trainings virtueller Teamarbeit wurden in Organisationen als erfolgreicher eingestuft, in denen eine hohe kulturelle Heterogenität bestand.
- Inhalte der Trainings: Trainings virtueller Teamarbeit wurden als effektiver eingeschätzt, wenn sie Module zum Umgang mit kulturellen Unterschieden und zur Entwicklung gemeinsamer Ziele („Mission") beinhalteten.

Diese Effektivitätseinschätzungen der Trainings durch die Mitarbeiter von Personalabteilungen sind natürlich aufgrund des sehr subjektiven Charakters der Daten nur mit Vorsicht zu interpretieren und können keine systematischen Trainingsevaluationen ersetzen. Doch liefern sie erste wertvolle Hinweise für zukünftige Entwicklungen in diesem Bereich. Zum Schluss der Darstellung der Befunde von Rosen et al. (2006) folgt in Tabelle 4.1 eine Liste der Trainingsinhalte, die die Befragten am wünschenswertesten für zukünftige Trainings virtueller Teamarbeit genannt haben.

Trainingsinhalte	Prozentualer Anteil der Nennung
Leitung virtueller Teamtreffen	71,5 %
Coaching von Teammitgliedern auf Entfernung	69,5 %
Überwachung der Teamprozesse, Diagnose von Problemen, Ableitung korrektiver Maßnahmen	68,1 %
Einsatz von Kommunikationstechnologien	64,5 %
Schnittstellenmanagement mit Regionalmanagern und unterstützenden Personen im Top Management	64,5 %
Entwicklung von Vertrauen und Konfliktmanagement in virtuellen Teams	61,1 %
Kommunikationsfähigkeiten und Umgang mit kulturellen Unterschieden	58,4 %
Teamentwicklungsmaßnahmen für virtuelle Teams	57,2 %
Auswahl geeigneter Technologien für netzbasierte Zusammenarbeit	57,2 %
Bewertung und Belohnung individueller Beiträge für das virtuelle Team	56,1 %
Auswahl von Teammitgliedern, Entwicklung eines Arbeitsplans und Verteilung von Rollen in virtuellen Teams	53,5 %
Realistische Information über mögliche Herausforderungen virtueller Teamarbeit	52,8 %
Kriterien für die Auswahl von Mitgliedern und Führungskräften in virtuellen Teams	51,1 %

Tabelle 4.1: Inhalte die von Personalmitarbeitern als sehr wünschenswert („very valuable" und „extremely valuable") für Trainings virtueller Teamarbeit genannt werden (nach Rosen et al., 2006)

Insgesamt kann eine gezielte Unterstützung der sozialen Kontakte und Beziehungen, sowohl innerhalb virtueller Teams als auch zwischen virtuellen Teams und anderen organisationalen Einheiten dazu beitragen, die spezifischen Herausforderungen ortsverteilter Kooperation an die Entwicklung ausreichender Motivation und Identifikation abzufedern. Dabei ist der Erfolg der diskutierten Führungsstrategien von zusätzlichen Faktoren abhängig, wie der Unternehmenskultur, dem Reifegrad der Mitarbeiter, den Aufgabenbedingungen (Duarte & Snyder, 2001) sowie der aktuellen Phase der Teamarbeit (vgl. Hackman & Wageman, 2005).

4.2 Kommunikation in virtuellen Teams

Die meisten der soeben diskutierten Führungsformen und -techniken basieren auf Kommunikation der Führungskraft mit den Teammitgliedern bzw. der Teammitglieder untereinander. Kommunikationsprozesse sind wahrscheinlich die am meisten untersuchten Prozessmerkmale in virtuellen Kooperationsformen (Bordia, 1997; DeSanctis & Monge, 1999; Potter & Balthazard, 2002). Diese Kommunikation basiert in virtuellen Teams definitionsgemäß vorwiegend auf elektronischen Medien, wie E-mail, Telefon, Video-Konferenz, Online Chat Systeme, etc. In der Diskussion dieser elektronischen Kommunikationsmedien stehen häufig vor allem *Nachteile* im Vergleich zu konventionellen Kommunikationsformen, wie das persönliche (face-to-face) Gespräch im Vordergrund. Ausgehend von Modellen der Kanalreduktion wird dabei angenommen, dass elektronische Kommunikationsmedien Informationen und insbesondere sozio-emotionale Signale nur reduziert vermitteln und so zu einer Verarmung der Kommunikation führen. Tatsächlich können solche Nachteile elektronischer Medien in folgenden Bereichen auftreten:

- *Reduzierte Anzahl genutzter Kommunikationskanäle* kann zu Missverständnissen führen, da wichtige (z. B. emotionale) Informationen fehlen, die sonst über die Mimik oder die Modulation der Stimme vermittelt werden.

- *Verlangsamtes Feedback* darüber, ob und wie der Empfänger die gesendeten Informationen erhalten hat, kann ebenfalls Missverständnisse auslösen. Außerdem können sich Nachrichten überschneiden, z. B. wenn beide Kommunikationspartner gleichzeitig ihre E-mail abschicken, wodurch die Kommunikation zusätzlich umständlich wird.

- *Gefühle der Anonymität* bei der Nutzung von elektronischen Medien können Konflikte verstärken und die Entwicklung von Vertrauen und Zusammengehörigkeit im Team erschweren.

Allerdings *müssen* diese Nachteile nicht zwangsläufig auftreten. Darüber hinaus haben elektronische Kommunikationsmedien klare Vorteile und sind konventioneller Kommunikation unter bestimmten Umständen sogar überlegen. So ist face-to-face Kommunikation im Vergleich zu elektronischer Kommunikation für einfache Routinezwecke wie z. B. Terminabsprachen sehr aufwendig. Diese können leichter per E-mail oder Telefon erledigt werden. Bei eskalierenden Konflikten kann die persönliche Präsenz aller Beteiligten sogar kontraproduktiv sein und den Konflikt weiter verschärfen. Zeitversetzte Kommunikation, z. B. per E-mail, kann vorübergehend die notwendige emotionale Distanz wiederherstellen und Zeit für Entspannung und die Entwicklung konstruktiverer Lösungen bieten. Weitere Vorteile elektronischer Kommunikationsmedien im Vergleich zu face-to-face Kommunikation sind (vgl. Konradt & Hertel, 2002):

- *Schnelle Verfügbarkeit und Zeitersparnis*, z. B. beim Verfassen und Absenden von E-mails direkt vom eigenen PC, ohne den Arbeitsplatz zu verlassen oder Gesprächstermine zu vereinbaren

- *Zeitliche Flexibilität* im Abruf der Informationen und dadurch besseres Zeitmanagement ohne unerwünschte Unterbrechungen im Arbeitsprozess

- *Bessere Vorstrukturierung und Dokumentation* von Diskussionen z. B. durch entsprechende Groupware-Tools

- *Höhere Produktivität* bei kollektivem Brainstorming, da die Blockierung durch Ideen Anderer ausgeschaltet werden kann (Valacich, Dennis & Connolly, 1994)
- *Größere Gleichberechtigung* der Teilnehmer, da Informationen zu Merkmalen der Personen wie z. B. Position im Unternehmen, Geschlecht, Attraktivität oder kultureller Hintergrund ausgeblendet werden können. Die Kommunikation wird dadurch offener und ehrlicher (Connolly, Jessup & Valacich, 1990).

Voraussetzung zur Realisierung dieser Vorteile ist allerdings ein entsprechendes Wissen der Mitarbeiter in virtuellen Kooperationen über den intelligenten und effizienten Einsatz elektronischer Medien sowie deren Wirkung. Dieses Wissen kann einerseits durch langjährige Erfahrung erworben werden. So haben Längsschnittstudien computergestützter Zusammenarbeit im Labor gezeigt, dass Mitglieder virtueller Teams anfängliche Schwierigkeiten mit elektronischen Kommunikationsmedien mit der Zeit überwinden lernen und sich nach einer entsprechenden Lernphase in der Effektivität wenig von konventionellen face-to-face Teams unterscheiden (McGrath & Berdahl, 1998). Solches implizites Lernen ist jedoch in der Regel sehr zeitaufwendig und kann mit kostspieligen Fehlern verbunden sein. Entsprechende Trainingsmaßnahmen können diese Lernzeiten deutlich verkürzen und viele unnötige und ärgerliche Erfahrungen ersparen (Hertel et al., 2004; Warkentin & Beranek, 1999).

Auch hinsichtlich der Kommunikationsprozesse in virtuellen Teams ist die Unterteilung in aufgabenbezogene und soziale Ziele bzw. Inhalte hilfreich. Für *aufgabenbezogene Kommunikation* ist neben einer guten institutionalisierten Kommunikation in Form von Prozess- und Ergebnisdokumentationen, Nachschlagewerken etc. das Einhalten von Kommunikationsregeln zentral. Diese beziehen sich zum einen auf allgemeine Regeln des Umgangs mit elektronischen Medien und zum anderen auf spezifische Regeln bezüglich der Wahl zwischen verschiedenen Medien in Abhängigkeit des Inhalts der jeweiligen Kommunikation sowie der Kommunikationspartner und des Kommunikationskontexts. *Soziale Kommunikationsprozesse* in virtuellen Teams betreffen demgegenüber vor allem den Umgang mit der erlebten Anonymität, die einerseits die Möglichkeit der Verletzung sozialer Normen beinhaltet (sog. „Flaming"), andererseits die bewusste und aktive Pflege der sozialen Kontakte im Team erfordert, z. B. durch das Ermöglichen nicht-aufgabenbezogener Kommunikation.

4.2.1 Regeln für die Kommunikation mit elektronischen Medien

Für die Kommunikation mit elektronischen Medien lassen sich generelle Regeln formulieren, die im Wesentlichen auf Erfahrungsberichten basieren und noch systematischer erforscht werden müssen (Konradt & Hertel, 2002; Lipnack & Stamps, 1997). Hierzu gehören:

- *Lieber einmal zu oft kommunizieren.* Elektronische Medien bieten bei geringer Reichhaltigkeit viele Möglichkeiten für Missverständnisse. Diese Missverständnisse können außerdem bei elektronisch vermittelter Kommunikation schneller eskalieren, da weniger Feedbackschleifen bestehen. Daher ist es empfehlenswert, sich immer wieder zu versichern, dass gesendete Informationen bei den jeweiligen Empfängern (komplett) angekommen sind, dass Beschlüsse von allen Beteiligten akzeptiert wurden und dass keine Kommentare übersehen wurden.

4.2 Kommunikation in virtuellen Teams

- *Ausreichendes Feedback.* Aufgrund der räumlichen Distanz sind Feedbackprozesse in virtuellen Teams schwieriger, so dass sowohl aufgabenbezogene als auch soziale Kommunikation falsch verstanden werden kann. Manchmal kann die Wiederholung von Absprachen seitens des Empfängers in eigenen Worten helfen, Missverständnisse zu vermeiden („Verstehe ich Sie richtig, dass ...").

- *Vielfältige Kommunikationstools nutzen.* Die einseitige Nutzung bestimmter Kommunikationskanäle (z. B. nur E-mail) sollte vermieden werden, um die Kommunikation nicht verarmen zu lassen. Stattdessen können möglichst vielfältige Kommunikationsmedien (Abbildungen, Diagramme, Charts, Tabellen, etc.) helfen, komplexere Zusammenhänge zu verdeutlichen. Zusätzliche Kanäle (z. B. häufigere Telefonkonferenzen) können darüber hinaus auch emotionale Informationen vermitteln. Neben der Verbesserung des aufgabenbezogenen Verständnisses durch den Abwechslungsreichtum werden so auch Spaß und Motivation während der Arbeit gesteigert.

- *Gute und ausführliche Dokumentation* des Arbeitsverlaufs und der Erfolgskriterien. Je klarer die gemeinsame Kommunikationsbasis für alle ist und je besser alle wichtigen Informationen für alle verfügbar sind, umso weniger Missverständnisse gibt es in der Kommunikation. In unseren eigenen Studien unterschieden sich erfolgreiche virtuelle Teams von weniger erfolgreichen Teams nicht zuletzt im Ausmaß der Prozessdokumentation (Hertel et al., 2004).

- *Klare Kommunikationszeiten vereinbaren.* Während in konventionellen Teams Besprechungen häufig spontan einberufen werden können, ist dies bei virtuellen Teams wesentlich schwieriger, da die Arbeitsabläufe oft voneinander unabhängig sind. Gemeinsame Besprechungszeiten sind insbesondere in international arbeitenden Teams aufgrund der Zeitverschiebungen schwer zu finden. Hier empfiehlt es sich, vorab feste Zeiten zu vereinbaren, an denen einzelne Teammitglieder oder aber das ganze Team virtuell zusammenkommen können (Telefon- oder Videokonferenz). Die Beteiligten können sich dann rechtzeitig vorbereiten, so dass die Kommunikationszeiten insgesamt besser genutzt werden.

- *Zeit für informelle Kommunikation einplanen.* Im Unterschied zu konventionellen Teams, in denen ein persönlicher Austausch der Mitglieder fast automatisch entsteht, muss dies in virtuellen Teams aktiv unterstützt werden, um ein positives Teamklima zu entwickeln und die menschlichen Kontakte nicht verarmen zu lassen. Nur so lässt sich langfristig ein tragfähiges Commitment der Mitglieder zum Team und seinen Zielen aufbauen. Empirischen Studien zufolge ist der Anteil nicht-aufgabenbezogener Kommunikation in erfolgreichen virtuellen Teams höher und geht mit höherer Zufriedenheit und Teamidentifikation der Mitarbeiter einher (Hertel et al., 2004; Hofner-Saphiere, 1996).

- *Gemeinsame Veranstaltungen für das ganze Team.* Wichtiger als bei konventionellen Teams sind diese Aktivitäten für die Förderung und Aufrechterhaltung des Vertrauens und „Wir-Gefühls" innerhalb virtueller Teams unerlässlich. Beispiele hierfür sind regelmäßige Treffen des gesamten Teams (viertel- oder halbjährlich) oder das Erstellen einer gemeinsamen Teamseite im Intranet.

- *Gegenseitiger Besuch der Team-Mitglieder.* Oft wissen die Mitglieder virtueller Teams sehr wenig über die konkreten Arbeitsbedingungen der einzelnen Teampartner am jeweiligen Standort. Durch gegenseitige Besuche kann dieses Wissen verbessert werden (z. B. über die jeweils verfügbaren Räumlichkeiten, über lokale Gepflogenheiten, Normen), so dass bei zukünftigen Problemen ein besseres Verständnis ermöglicht wird.

- *Mitgliederprofile im Intranet.* Personenprofile, die von den Mitarbeitern selber gestaltet werden, können zum einen hilfreiche Informationen zu Kompetenzen, Funktionen und Kontaktmöglichkeiten dokumentieren. Neben Telefonnummern und E-mail Adressen sollten hier auch Informationen zur Erreichbarkeit und Medienpräferenz enthalten sein (z. B. „Persönlich am besten telefonisch erreichbar: Nachmittags zwischen 14.00 und 15.00 Uhr"). Darüber hinaus können Mitgliederprofile auch gegenseitiges Kennenlernen und informelle Kommunikation („small talk") unterstützen, indem persönliche Vorlieben (Hobbies, Sport, etc.) integriert werden. Wichtig sind dabei natürlich die Freiwilligkeit der Angaben und der Spaß am Gestalten, damit das Ganze nicht als unangenehme Pflichtübung erlebt wird.

In Ergänzung und Erweiterung dieser allgemeinen Regeln ist es empfehlenswert, dass virtuelle Teams möglichst früh auch *spezifische Regeln und Vereinbarungen* für ihr konkretes Kooperationsprojekt treffen. Diese Regeln dokumentieren den Konsens über die einzusetzenden Mittel zur Erreichung der Ziele sowie über den Umgang der Teammitglieder miteinander und sollen bereits im Vornherein vor allem Missverständnisse und Konflikte vermeiden helfen. Sie sind ein wichtiges Instrument zur Selbststeuerung (s. o.) und können das Vertrauen in die Prozesse des virtuellen Teams unterstützen. Mögliche Inhalte solcher spezifischen Regeln sind z. B. (s. a. Duarte & Snyder, 2001):

- Zeit, Häufigkeit und Ablauf regelmäßiger Teamtreffen
- Entscheidungsprozesse im Team
- Erwartungen der Teammitglieder und Teamleitung aneinander
- Art und Weise von Feedback seitens des Teammanagers und/oder seitens der Teammitglieder
- Umgang mit Kritik
- Konsequenzen bei Verletzungen von Absprachen
- Zeiten und Intervalle der Abfrage von und Antwort auf E-mails
- Möglichkeiten der gegenseitigen Unterstützung
- Formen des Konfliktmanagements in Abhängigkeit der Eskalation
- Möglichkeiten, den Spaß während der Arbeit aufrechtzuerhalten und Erfolge zu feiern
- Geheimhaltung und Umgang mit vertraulichen Informationen und Interna

4.2 Kommunikation in virtuellen Teams

Generell sollte dieses Regelwerk im Sinne einer präventiven Strategie so früh wie möglich von den Teammitgliedern entwickelt werden, um Probleme und Konflikte zu vermeiden. Je nach Art der Aufgaben sowie Reifegrad und Erfahrung der Teammitglieder ist eine unterschiedliche Regeldichte sinnvoll. Bei der Entwicklung der Regeln sollten möglichst alle Teammitglieder beteiligt werden, um eine entsprechende Verbindlichkeit zu sichern. Die Regeln sollten später relativ resistent gegenüber Veränderungen sein, um den Mitgliedern Sicherheit zu vermitteln. Gleichzeitig sollte es aber möglich sein, die Regeln und Vereinbarungen langfristig neuen Erfordernissen anzupassen, indem Verbesserungsvorschläge online gesammelt und in regelmäßigen Besprechungen überprüft werden („Learning organization"). Im folgenden Kasten II ist ein ca. 2-3-stündiges Vorgehen skizziert, wie mit Unterstützung eines Moderators Regeln und Vereinbarungen zu Beginn der Teamarbeit entwickelt werden können (s. a. Konradt & Hertel, 2002).

---

1. Die Teammitglieder sollten zunächst für die Notwendigkeit von Regeln durch konkrete Beispiele (s. o.) sensibilisiert werden.
2. Dann sollten die Teilnehmer mögliche Regeln zusammentragen (z. B. in Form eines ersten Brainstormings, face-to-face oder computerbasiert), die für die weitere Zusammenarbeit wichtig sein könnten.
3. Im nächsten Schritt sollten anhand der ersten gesammelten Regeln Bereichen identifiziert werden, für die es Vereinbarungen geben sollte (z. B. Konflikte, Feedback, Kommunikation, Sanktionen, etc.).
4. Für die einzelnen Bereiche werden dann durch gemeinsame Diskussion (evtl. in Kleingruppen) Vereinbarungen entwickelt.
5. Danach sollte ein Konsens in den einzelnen Bereichen erreicht werden. Dazu ist es sehr hilfreich, konkrete Beispielfälle durchzuspielen, um die Qualität der Regeln zu überprüfen.
6. Anschließend sollte besprochen werden, welche Konsequenzen oder Sanktionen gelten, wenn einzelne Vereinbarungen verletzt werden. Dies erhöht die Verbindlichkeit der Vereinbarungen. Beispiele für solche Konsequenzen sind die Übernahme unangenehmer Aufgaben (z. B. Dokumentation des nächsten Teammeetings) oder kleinere Geldbeträge (z. B. für die nächste Weihnachtsfeier). Neben der Angemessenheit und gemeinsamen Vereinbarung dieser Sanktionen ist ihr konstruktiver Charakter sehr wichtig.
7. Außerdem sollte vereinbart werden, wie die Regeln bei Bedarf gemeinschaftlich geändert und angepasst werden können.
8. Am Ende werden die Vereinbarungen so verbreitet, dass sie schnell verfügbar sind (z. B. im Intranet) und sich die Teilnehmer schnell darauf beziehen können.

Kasten II: Vorgehen zur Entwicklung von spezifischen Regeln für ein virtuelles Team bzw. virtuelles Projekt

4.2.2 Medienwahl

Durch die rapide technologische Entwicklung der letzten Jahre steht heute neben konventionellen Kommunikationsmedien (persönliches Gespräch, Telefon) eine Vielzahl neuer elektronischer Kommunikationsmedien zur Verfügung (E-mail, Online Chat, Videokonferenz, etc.; vgl. Weidenmann, Paechter & Schweizer, 2004). Diese Medien sind nicht per se besser oder schlechter für virtuelle Teamarbeit geeignet. Die Effektivität und Effizienz ihres Einsatzes wird stattdessen durch die relative Passung („Fit") zum jeweiligen Ziel bzw. Inhalt der Kommunikation bestimmt (Daft, Lengel & Trevino, 1987; DeSanctis & Jackson, 1994; Warkentin & Beranek, 1999) und dies betrifft sowohl die aufgabenbezogene als auch die soziale Kommunikation. In einer der ersten Feldstudien mit internationalen virtuellen Teams im Wirtschaftsbereich (Hofner-Saphiere, 1996) zeigte sich, dass Mitglieder erfolgreicher Teams textbasierte Medien (z. B. E-mail) häufiger für aufgabenbezogene Kommunikation einsetzten, während face-to-face Treffen der Teams häufiger für die Pflege der sozialen Beziehungen und des Teamklimas genutzt wurden. In ähnlicher Weise berichten Maznevski und Chudoba (2000) in einer Fallstudie, dass erfolgreiche virtuelle Teams im Vergleich zu weniger erfolgreichen Teams eine bessere Passung zwischen dem jeweiligen Entscheidungsprozess und der Reichhaltigkeit der gewählten Kommunikationsmedien hatten. So wurden relativ einfache Medien wie E-mail, Fax und kurze Telefonate vorwiegend für das Zusammentragen von Informationen genutzt, längere Telefonate und Telefonkonferenzen für die Lösung von Problemen und face-to-face Treffen für die Entwicklung neuer Ideen sowie für umfangreichere strategische Entscheidungen. Andere Studien zeigten entsprechend, dass ein genereller Einsatz reichhaltiger Medien nicht mit dem Erfolg virtueller Teams korreliert (Finholt, Sproull & Kiesler, 1990) und macht dadurch ebenfalls deutlich, dass es auf den richtigen Einsatz der verschiedenen Medien ankommt.

Für die Medienwahl sind Modelle entwickelt und überprüft worden (zusammenfassend siehe Büssing & Konradt, 2006). Zu den prominentesten Modellen in diesem Bereich gehört das Media Richness Modell (z. B. Daft & Lengel, 1986), demzufolge die Hauptaufgabe von Kommunikation in Organisationen in der Reduzierung von Unsicherheit (Mangel an Informationen) und Mehrdeutigkeit (Fehlen klarer Entscheidungskriterien) unter Bedingungen begrenzter Verarbeitungskapazität besteht. Dieses kann vor allem durch Einholen zusätzlicher Informationen sowie über den Austausch und die Diskussion verschiedener Positionen und Meinungen geschehen.

Erfolgreiche Kommunikation passt sich entsprechend dem Media Richness Modell der Unsicherheit und Mehrdeutigkeit in den einzelnen Bereichen (Technologie, Interdependenz im Team, Umwelt) an. So sind reichhaltige Medien, wie das persönliche face-to-face Gespräch vor allem bei komplexen Aufgabeninhalten sinnvoll, wie z. B. der Besprechung von Konflikten, Verhandlungen und Planungsaufgaben. Weniger reichhaltige, aber dafür ökonomischere Kommunikationsmedien wie z. B. E-mail oder Telefon sind dagegen eher für Routineanlässe geeignet, wie die Vereinbarung von Terminen oder der Koordination von geregelten Arbeitsabläufen. Bei diesen Empfehlungen ist zu beachten, dass sie sich auf einzelne Interaktionen und nicht auf ganze Aufgabenprozesse beziehen. Die Projektarbeit eines virtuellen Teams

4.2 Kommunikation in virtuellen Teams

kann daher eine Vielzahl verschiedener Interaktionsformen beinhalten, für die jeweils verschiedene Medien optimal sind.

Mögliche Unterscheidungen bzw. Taxonomien von Kommunikationsmedien betreffen die Frage, ob die einzelnen Personen ihre Nachrichten schriftlich (E-mail, Brief, Online-Chat) oder mündlich (face-to-face Gespräch, Telefon, Voice mail) absetzen, ob die zeitliche Verknüpfung gleichzeitig bzw. synchron (Gespräch, Telefon) oder aber asynchron (E-mail, Brief) ist, oder ob eine Person nur mit einer anderen Person (Zweiergespräch, Brief), mit mehreren Personen gleichzeitig (E-mail Liste, Rundschreiben) oder aber mit vielen Personen kommuniziert (Bulletin board).

Die meisten bisherigen Untersuchungen haben sich an der *Reichhaltigkeit* der Medien orientiert, womit die jeweilige Kapazität von Medien gemeint ist, in einer bestimmten Zeit das Verständnis von Personen zu beeinflussen (Daft & Lengel, 1986, 1986; Maruping & Agrarwal, 2004). Reichhaltigkeit wird dabei als Kontinuum verstanden, das u. a. durch Funktionalitäten bestimmt wird, wie z. B. die Unmittelbarkeit von Feedback, die Menge vermittelbarer Informationen pro Zeiteinheit und die Anzahl der genutzten Kommunikationskanäle (Hertel et al., 2005). Eine Reihe empirischer Untersuchungen konnte die normativen Vorhersagen des Media Richness Modells zumindest für die Medienpräferenz von Personen bestätigen. Generell sollte dem Media Richness Modell zufolge eine gute Passung von Kommuikationsinhalten und Kommunikationsmedien angestrebt werden. Als eine einfache Faustregel gilt, dass Kommunikationsmedien umso reichhaltiger sein sollten, je komplexer und wichtiger der Kommunikationsinhalt ist. Weitere Entscheidungsheuristiken auf der Basis des Media Richness Modells sind im folgenden Kasten III dargestellt:

Reichhaltigere Medien sollten gewählt werden,
- je höher die Wichtigkeit einer Entscheidungs*findung* ist (für die Kommunikation der Entscheidung können dagegen auch weniger reichhaltige Medien genutzt werden),
- je komplexer ein Thema oder eine Aufgabe ist,
- je größer die Heterogenität im Team ist,
- je uneinheitlicher die Ansichten im Team sind, und
- je unklarer die Ziele sind.

Wenn reichhaltige Medien nicht erforderlich sind, dann das am einfachsten verfügbare und kostengünstigste Medium wählen.

Verbleibende Wahlmöglichkeiten werden durch persönliche Präferenzen bestimmt.

Kasten III: Grundregeln auf der Basis des Media Richness Modells für die Auswahl von Kommunikationsmedien in virtuellen Teams

Kommunikationsmedien können außerdem eine symbolische Bedeutung haben. So macht es beispielsweise einen Unterschied, ob anerkennendes Feedback via E-mail oder aber in einem persönlichen Gesprächs gegeben wird, zu dem sich der Vorgesetzte extra Zeit nehmen muss. Reichhaltigere Medien vermitteln dabei mehr Hochachtung, Anerkennung und Respekt, da sie mehr Zeit und (Reise-)Kosten beanspruchen. Textbasierte Medien stehen eher für formelle Interaktion und können Mehrdeutigkeiten erzeugen, etwa um Machtpositionen zu stärken. Außerdem können textbasierte Medien dazu genutzt werden, Kommunikationspartner auf Distanz zu halten und unmittelbare Konfrontationen zu vermeiden, z. B. wenn man schlechte Nachrichten überbringen muss (vgl. Sussman & Sproull, 1999). Daft und Kollegen (1987) berichteten, dass Manager textbasierte Medien vorwiegend nutzten, um Autorität und Status auszudrücken. Komplexere Medien dagegen wurden eingesetzt, um den Teamgeist der Gruppe zu stärken und persönliches Interesse auszudrücken.

In neuerer Zeit werden allerdings auch E-mail oder Online-Chat-Systeme aufgrund ihrer leichten Verfügbarkeit zunehmend für informelle Kommunikation genutzt. Hierbei ist jedoch auch die jeweilige Organisationskultur zu berücksichtigen, die quasi den Kontext für die symbolische Wirkung von Medien bestimmt. In konservativen Unternehmen werden textbasierte Medien häufig bevorzugt, da sie Status und hierarchische Positionen verdeutlichen. In modernen Unternehmen dagegen werden eher elektronische Kommunikationsmedien genutzt, die schnell und wenig statusbetonend sind. In internationalen virtuellen Teams spielen zusätzlich kulturelle Unterschiede eine Rolle. So können sich Mitarbeiter aus verschiedenen Ländern z. B. stark in ihrem Bedürfnis unterscheiden, arbeitsbezogene Abläufe schriftlich zu regeln und zu dokumentieren (Stone et al., 2004).

Die bis hierher dargestellten Überlegungen und Empfehlungen für die Medienwahl haben vor allem die jeweiligen Inhalte der Kommunikation berücksichtigt. In der täglichen Arbeit spielen jedoch natürlich auch ganz pragmatische Faktoren eine Rolle. So hängt die Zahl der persönlichen Treffen eines Teams nicht nur von der Entfernung der Kommunikationspartner ab, sondern natürlich auch von den zur Verfügung stehenden finanziellen Ressourcen. Auch die Kosten und Übertragungsgeschwindigkeit elektronischer Kommunikationsmedien (Telefon, E-mail, Videokonferenz) können recht unterschiedlich an verschiedenen Standorten sein, insbesondere dann, wenn die Teammitglieder in verschiedenen Ländern oder Kontinenten arbeiten. In der Praxis bestimmen solche Fragen der Praktikabilität daher häufig stärker die Wahl der jeweiligen Kommunikationsmedien als die Passung zu den Kommunikationsinhalten.

Ein letzter Aspekt für die Wahl von Kommunikationsmedien betrifft interindividuelle Unterschiede in Form von Fähigkeiten, Routinen und persönlichen Präferenzen der Kommunikationspartner. So entwickeln Personen mit der Zeit einen individuellen „Medienstil" bzw. Abneigungen gegen bestimmte Kommunikationsformen, wie z. B. Computer- oder Telefonangst. In einer neueren Studie (Hertel, Schroer, Batinic, Konradt & Naumann, 2005) konnte darüber hinaus gezeigt werden, dass extravertierte und sozial sichere Personen stärker Kommunikationsformen vorziehen, bei denen sie im direkten Kontakt mit ihrem Kommunikationspartner stehen (z. B. face-to-face Gespräch). Im Vergleich dazu präferierten introvertierte und sozial ängstliche Personen stärker asynchrone Medien (E-mail), die einen gewissen Schutz vor einem direkten Schlagabtausch beinhalten und genügend Zeit bieten, Anliegen und Antworten in Ruhe vorzubereiten. Diese Unterschiede zeigten sich erwartungsgemäß besonders bei komplexeren Anlässen, wie z. B. bei persönlichen Konflikten, weniger dagegen bei Routineanlässen wie der Vereinbarung von Terminen etc.

Insgesamt zeigen diese Ergebnisse, dass sozial oder auch sprachlich unsichere Personen vom Einsatz asynchroner Medien profitieren können. Außerdem unterstreichen diese Befunde die oben ausgeführten Überlegungen, dass bei Konflikten persönliche Gespräche nicht immer die beste Lösung sind, sondern je nach Emotionalisierung, zeitversetzte Kommunikation für eine rationale Behandlung der Meinungsverschiedenheiten zunächst hilfreicher sein kann. Natürlich sind auch in solchen Fällen persönliche Gespräche in der weiteren Zusammenarbeit notwendig, um Vertrauen (wieder-)herzustellen.

Weitere konkrete Empfehlungen für die Medienwahl finden sich u. a. in Duarte und Snyder (2001), Haywood (1998) sowie Konradt und Hertel (2002). Die meisten dieser Empfehlungen basieren auf konzeptuellen Überlegungen bzw. Erfahrungsberichten und müssen noch systematisch überprüft werden. Darüber hinaus erweitert die anhaltende technologische Entwicklung das Spektrum der verfügbaren Kommunikationstechnologien fortlaufend, so dass jährlich neue Technologien und Software zur Verfügung stehen. Während diese Entwicklung für viele Technik-Enthusiasten faszinierend ist, kann sie für weniger technikinteressierte Personen belastend wirken, wenn man sich immer wieder in neue Tools, Prozesse und Softwaresysteme einarbeiten muss. Daher sollte bei jeder Erneuerung sorgfältig abgewogen werden, ob die Technologie wirklich eine sinnvolle und effiziente Ergänzung der bisherigen Arbeitsmittel darstellt. Wichtiger als exotische Zusatzoptionen ist bei der Beurteilung von Kommunikationsmedien vor allem, dass sie benutzerfreundlich, schnell und zuverlässig funktionieren. Außerdem sollte auch hier genügend Zeit eingeplant werden, dass sich die Mitglieder virtueller Teams mit den zusätzlichen Kommunikationsmedien vertraut machen und nicht nur die aufgabenbezogenen, funktionalen Möglichkeiten verstehen, sondern auch ihre sozialen Implikationen.

4.2.3 „Flaming" und Eskalation von Konflikten

Während sich aufgabenbezogene Aspekte der Kommunikation in virtuellen Teams vor allem auf die Vereinbarung von allgemeinen und spezifischen Kommunikationsregeln sowie auf die angemessene Wahl der jeweiligen Kommunikationsmedien beziehen, betreffen soziale Aspekte die Implikationen der größeren Anonymität der Kommunikation in virtuellen Teams auf die Beziehungen der Mitglieder untereinander. Zwei Aspekte sind hier von besonderer Bedeutung, einerseits die Gefahr der Eskalation von sozialen Konflikten aufgrund fehlender sozialer Normen (sog. „Flaming"), andererseits die Notwendigkeit, die fehlenden sozialen Kontakte durch gezielte Schaffung von (zusätzlichen) Möglichkeiten zur informellen, nicht-aufgabenbezogener Kommunikation.

In den 1980er Jahren wurde befürchtet, dass Telekommunikation und Telekooperation dazu beitragen könne, aufgrund der reduzierten Informationsübertragung (weniger Kommunikationskanäle, asynchrone Kommunikation, etc.), unkontrollierter, aggressiver und wenig an sozialen Normen orientiert zu sein (z. B. Kiesler, Siegel & McGuire, 1984). Erste empirische Nachweise solcher „Flaming"-Episoden basierten allerdings zumeist nur auf Interaktionen in sehr künstlichen, kurzzeitigen und anonymen Szenarien (Laborstudien, Internet Chats), in denen die Teilnehmer nur sehr begrenzte Möglichkeiten zur sozialen Einflussnahme hatten (Kiesler et al., 1984; Siegel, Dubrovsky, Kiesler & McGuire, 1986; vgl. Bordia, 1997; Kayany, 1998). Sobald die Teilnehmer eine längere Zusammenarbeit erwarteten, eine gemeinsame Teamidentität vorhanden war und soziale Konsequenzen für Normverletzungen drohten, verringerte sich die Zahl der Flaming-Episoden bzw. verschwand vollständig (Reinig, Briggs & Nunamaker, 1998; Walther, Anderson & Park, 1994). Daraus lässt sich schließen, dass aggressive Eskalationen der Kommunikation in organisationalen virtuellen Teams eher selten bis gar nicht zu befürchten sind. Auch entwickeln existierende virtuelle Teams häufig bereits spontan implizite oder sogar explizite Normen und Regeln der Kommunikation (s. o.), die durch Gruppendruck und soziale Sanktionen aufrechterhalten werden (Montoya-Weiss et al., 2001). Dies bedeutet natürlich nicht, dass Konflikte in virtuellen Teams seltener als in konventionellen Teams auftreten. Die Gründe dieser Konflikte liegen jedoch eher in Missverständnissen sowie fehlenden Informationen, und weniger in unkontrolliert eskalierenden Aggressionen.

4.2.4 Nicht-aufgabenbezogene Kommunikation

Eine bereits erwähnte Möglichkeit, die Konsequenzen von Anonymität bei virtueller Kooperation zu kompensieren, ist die Ermöglichung nicht-aufgabenbezogener informeller Kommunikation. Hofner-Saphiere (1996) konnte bereits relativ früh in einer Studie global agierender virtueller Teams in Wirtschaftsunternehmen zeigen, dass sich Mitglieder erfolgreicher Teams wesentlich häufiger auch über nicht-aufgabenbezogene Themen austauschten als Mitglieder weniger erfolgreicher Teams. In eigenen Feldstudien mit 50 geführten und selbststeuernden virtuellen Teams in Unternehmen bestätigten sich diese Befunde. Insbesondere bestand ein positiver Zusammenhang zwischen dem Ausmaß an informeller Kommunikation und Teamidentifikation sowie in der Zufriedenheit der Teammitglieder (Konradt & Hertel, 2005).

Aufgrund dieser korrelativen Ergebnisse sind allerdings noch keine Aussagen über die zugrundeliegenden Ursachen möglich. So kann nicht-aufgabenbezogene Kommunikation einerseits Vertrauen, Motivation und Zusammenhalt im Team erhöhen und dadurch die Teamleistung steigern. Andererseits kann aber die erfolgreiche Arbeit eines Teams auch zu mehr nicht-aufgabenbezogener Kommunikation führen, weil die Mitglieder aufgrund der Erfolge stolz auf ihr Team sind, die anderen Mitglieder sympathisch finden oder einfach mehr Zeit haben, da alles nach Plan läuft. Außerdem können weitere Faktoren eine Rolle spielen wie z. B. die Persönlichkeit oder der Führungsstil des Teammanagers. Dass ein höheres Maß nicht-aufgabenbezogener Kommunikation zumindest teilweise die Effektivität virtueller Teams *ursächlich* beeinflussen kann, lässt sich mit experimentellen Laborstudien belegen, in denen nicht-aufgabenbezogene Kommunikation tatsächlich höheres Vertrauen und höhere Kooperationsbereitschaft in computergestützten Gruppen ausgelöst hat (z. B. Bos et al., 2002; Moore et al., 1999; Rocco, 1998; Zheng et al., 2002).

Möglichkeiten zur Förderung nicht-aufgabenbezogener Kommunikation in virtuellen Teams bestehen zum einen in entsprechenden Treffen der Mitglieder zu Beginn („Kick-off" Veranstaltung) und auch während der Teamarbeit, z. B. in Form gemeinsamen Abendessens oder Freizeitaktivitäten vor oder im Anschluss an geschäftliche Besprechungen. Darüber hinaus kann nicht-aufgabenbezogene Kommunikation auch über elektronische Medien realisiert und

4.2 Kommunikation in virtuellen Teams

gefördert werden. Ein bereits genanntes Beispiel besteht in der Aufnahme persönlicher Interessen in Mitglieder-Profilen im Inter- bzw. Intranet. Weitere Möglichkeiten liegen in der zusätzlichen Anreicherung elektronischer Kommunikation durch sozio-emotionale Informationen, beispielsweise durch so genannte „Emoticons". Damit sind Zeichen gemeint, die über die Tastatur eingegeben werden können und Gesichtsausdrücke simulieren. „Smilies" stehen z. B. (um 90 Grad gedreht) für:

- lächeln :-)
- Trauer bzw. Enttäuschung :-(
- Schadenfreude :-p

Spezifische Abkürzungen und Akronyme können neben Zeitersparnis ebenfalls soziale Funktionen der Identifikation mit der Gruppe fördern (Konradt & Hertel, 2002). Beispiele hierfür sind:

- BRB: Be Right Back
- LOL: Laugh Out Loud
- BTDT: Been There Done That
- CU: See You
- ROFLOL: Rolling On the Floor Laughing
- KISS: Keep It Simple Stupid
- TANSTAAFL: There Ain't No Such Thing As A Free Lunch
- IITYWTMWYBMAD: If I Tell You What This Means Will You Buy Me A Drink?

Darüber hinaus können Zusatzzeichen Aktionsworte kennzeichnen und dadurch die Kommunikation ebenfalls anreichern (z. B. *grins* oder #Gewinn#). Durch Berücksichtigung dieser Ausdrucksformen in Trainingsmaßnahmen und über eine frühzeitige Absprache bestimmter Regeln, können solche Kommunikationsergänzungen zusätzlich unterstützend wirken.

Zusammenfassend lässt sich feststellen, dass die Kommunikation mit vorwiegend elektronischen Medien in virtuellen Teams im Vergleich zu Kommunikationsprozessen in konventionellen Teams nicht immer schwieriger ist und nicht nur Nachteile hat, sondern auch spezifische Vorzüge haben kann. Damit diese genutzt werden können, sollten Führungskräfte wie Mitglieder virtueller Teams entsprechend vorbereitet werden. Die Bereitstellung komplexer Kommunikationstechnologien garantiert noch nicht, dass diese Möglichkeiten auch intelligent und effizient genutzt werden. Die Mitglieder virtueller Teams müssen erst lernen, mit den neuen Kommunikationsmedien so umzugehen, dass nicht nur Sachinformationen zuverlässig ausgetauscht werden, sondern auch sozio-emotionale Prozesse für die Bildung und Aufrechterhaltung einer starken Teamidentität gefördert werden. Wenn solche Kommunikationsprozesse gezielt unterstützt werden, haben virtuelle Teams gute Chancen anfängliche Schwierigkeiten im Umgang mit elektronischen Medien zu überwinden und langfristig mindestens genauso effektiv zu kommunizieren wie konventionelle Teams mit überwiegender Ko-Präsenz der Mitglieder.

4.3 Motivation und Emotionen

Neben Problemen aufgrund ungewohnter Kommunikationsbedingungen bergen virtuelle Teams vor allem Risiken für die Motivation und das Engagement der Mitarbeiter. Eigene Interviewstudien mit Führungskräften virtueller Teams haben folgende typische Probleme ergeben:

- Teammitglieder an entfernten Standorten fühlen sich häufig isoliert und ausgeschlossen. Dadurch können die Arbeitsmotivation und das Commitment bezüglich der Teamziele sinken.
- Bei größerer Entfernung entstehen schnell Unklarheiten bezüglich der Teamziele, und Teammitglieder verfolgen unterschiedliche Ziele.
- Aufgrund der räumlichen Entfernung ist es schwieriger, die Teammitglieder zur regelmäßigen Überprüfung der Erreichung ihrer vereinbarten Teilziele zu motivieren. Dadurch wird die Bedeutung der einzelnen Teilbeiträge für das Gesamtziel undeutlicher.
- Partizipative Führung in virtuellen Teams setzt Vertrauen voraus, das wiederum aufgrund des geringeren persönlichen Kontakts schwieriger zu schaffen und aufrecht zu erhalten ist.
- Feedback ist bei größerer Entfernung schwieriger, so dass die einzelnen Mitglieder weniger Informationen über ihre Leistung sowie über die Zuverlässigkeit der anderen Teammitglieder erhalten.
- Informelle Kontakte werden nicht genügend gepflegt, so dass die Teammitglieder langsamer als Team zusammenfinden und sich weniger mit dem Team identifizieren.

Diese Schwierigkeiten lassen sich entsprechend der bisherigen Forschung in drei Bereiche unterteilen: Motivation und Vertrauen innerhalb des Teams, Teamidentifikation und Arbeitszufriedenheit. Dabei ist zu beachten, dass die Ausprägungen in diesen Aspekten zwischen den Mitgliedern eines virtuellen Teams beträchtlich variieren können, so dass in der Regel Mehrebenen-Analysen angezeigt sind (Kozlowski & Klein, 2000).

4.3.1 Motivation und Vertrauen

Generell ist es unter ortsverteilten Arbeitsstrukturen schwierig, gemeinsame Ziele zu verfolgen, Motivation und den Glauben an die eigene Kompetenz trotz relativer Anonymität, reduzierter sozialer Kontrolle und reduziertem Feedback aufrechtzuerhalten und gegenseitiges Vertrauen aufzubauen (Jarvenpaa & Leidner, 1999; Kirkman et al., 2004; Shapiro, Furst, Spreitzer & von Glinow, 2002). Um diese verschiedenen Einflussfaktoren auf die Motivation von Mitgliedern in virtuellen Teams in ein übersichtliches Problemlösungs- und Führungsinstrument zu integrieren, wurden auf der Basis sozialpsychologischer Theorien die Grundzüge eines Motivationsmanagementsystems entwickelt. In dem so genannten „VIST-Modell" (Hertel, 2002) werden einerseits neuere Forschungsarbeiten berücksichtigt, die neben Motivationsverlusten auch Motivationszuwächse bei Gruppenarbeit vorhersagen können (Hertel, Kerr & Messé, 2000; Hertel, Deter & Konradt, 2003). Zum anderen integriert das Modell Befunde aus der spieltheoretischen Forschung zu sozialen Dilemmata (z. B. Pruitt & Kimmel, 1977), denen zufolge bei reduziertem interpersonalen Kontakt vor allem Vertrauen für die Entwicklung und Aufrechterhaltung von Kooperation notwendig ist. Strukturell entspricht das VIST-Modell einem erweiterten Erwartungs x Wert Ansatz (Vroom, 1964; Karau & Williams,

4.3 Motivation und Emotionen

2001) und spezifiziert eine Wert- und drei Erwartungskomponenten als Prädiktoren für die Vorhersage der Motivation von Teammitgliedern. Die Anfangsbuchstaben dieser vier Faktoren bilden den Namen des Modells (Hertel, 2002):

Die Wertkomponente *Valenz* bezeichnet die subjektive Bewertung der Gruppenziele durch das jeweilige Teammitglied. Dem Modell zufolge reduziert sich das Engagement der Teammitglieder deutlich, wenn sie die Gruppenziele nicht wichtig nehmen. Die Beachtung der Valenzkomponente ist vor allem deshalb bedeutend, weil Mitglieder virtueller Teams in der Regel mehrere Ziele gleichzeitig verfolgen. Neben gruppenbezogenen Zielen spielen häufig auch Verpflichtungen zu anderen Arbeitseinheiten oder Teams eine Rolle, die mit den Zielen des virtuellen Teams in Konflikt stehen können. Darüber hinaus verfolgt jedes Teammitglied natürlich auch persönliche Interessen (Karriere, Freizeit, etc.), die mit den Teamzielen in Einklang gebracht werden müssen. Einen positiven Einfluss auf die Bewertung der Teamziele hat dagegen die Identifikation mit dem virtuellen Team. Bei hoher Teamidentifikation übernimmt das jeweilige Mitglied die Teamziele als persönliche Ziele (Wiesenfeld et al., 1999; s. u.).

Wichtige Fragen für die *Diagnose* der Valenzkomponente lauten z. B. ob die Ziele des Teams für alle Mitarbeiter klar formuliert sind, ob es Konflikte zwischen den Zielen der einzelnen Teammitglieder gibt oder ob die Entlohnung und Anerkennung für die einzelnen Mitglieder als angemessen angesehen werden. Entsprechend lassen sich bei negativer Beantwortung einiger dieser Fragen korrektive *Interventionen* ableiten, wie z. B. eine Neudefinition' und Abstimmung der Teamziele mit den anderen Arbeitsverpflichtungen des jeweiligen Teammitglieds, eine bessere Verknüpfung der Teamziele mit den persönlichen Interessen und Bedürfnissen der Mitglieder oder einer Anpassung der Incentive-Gestaltung für das Team.

Die erste Erwartungskomponente *Instrumentalität* bezeichnet die wahrgenommene Bedeutung bzw. Unverzichtbarkeit des persönlichen Beitrags für den Teamerfolg. Wenn Teammitglieder den Eindruck haben, dass ihr Beitrag für den Teamerfolg keine Rolle spielt, werden sie selbst dann ihre Anstrengungen reduzieren, wenn sie die Teamziele sehr wichtig finden. Dieser so genannte „Trittbrettfahrer-Effekt" basiert an sich auf rationalen Überlegungen, nämlich Ressourcen und Energie einzusparen, wenn die eigene Arbeit nicht notwendig ist. Jedoch hat dieses Verhalten fatale Folgen, sofern der eigene Beitrag entgegen der eigenen Einschätzung doch wichtig ist oder aber das Trittbrettfahren Einzelner zu Ungerechtigkeit im Team führt.

Wichtige Fragen für die *Diagnose* der Instrumentalitätskomponente beziehen sich u. a. darauf, ob die einzelnen Teammitglieder von der Bedeutsamkeit ihres persönlichen Beitrags für den Teamerfolg überzeugt sind, ob es Unklarheiten bezüglich der Aufgabenverteilung gibt oder ob ausreichend Feedback über die jeweiligen Arbeitsschritte vermittelt wird. Entsprechende korrektive *Interventionen* lauten z. B. stärker Feedback für die Teammitglieder unter Berücksichtigung der Bedeutung ihrer persönlichen Beiträge für den Teamerfolg zu geben, die Erreichung der Ziele auch auf Teamebene transparent zu machen sowie die Arbeitsaufgaben klarer zu strukturieren und die einzelnen Rollen im Team eindeutiger zu verteilen.

Die zweite Erwartungskomponente *Selbstwirksamkeit* bezeichnet im Sinne der Arbeiten von Bandura (1990) das Selbstvertrauen, den individuell notwendigen Beitrag für die Erreichung der Teamziele auch tatsächlich leisten zu können. Dieses Selbstvertrauen kann sich dabei sowohl auf persönliche Fähigkeiten beziehen als auch auf Fähigkeiten des gesamten Teams. Beeinflusst wird die Selbstwirksamkeit von den tatsächlichen beruflichen Fähigkeiten (Ausbildung, Weiterbildung, Trainings, Berufserfahrung) in Abhängigkeit der jeweiligen Aufgabe, von Rückmeldungen durch Kollegen und Vorgesetzte, aber auch durch generelle persönlichkeitsstabile Überzeugungen.

Wichtige Fragen für die *Diagnose* der Selbstwirksamkeitskomponente lauten z. B. ob sich die Teammitglieder den einzelnen Aufgaben gewachsen fühlen, ob es auch genügend positive Rückmeldung über Erfolge des Teams gibt und ob die Teammitglieder insgesamt an den Erfolg des Teams glauben. Korrektive *Interventionen* können z. B. darin bestehen, häufiger Feedback an die Teammitglieder zu geben, v. a. bei positiven Ergebnissen, positives Feedback auch auf Teamebene zu geben, um den Glauben des Teams an sich selbst zu unterstützen und Trainingsmaßnahmen unter besonderer Berücksichtigung virtueller Arbeitsbedingungen (Zeitmanagement, Eigenmotivation, etc.) anzubieten.

Die dritte Erwartungskomponente *Teamvertrauen* beinhaltet das gegenseitige Vertrauen der Teammitglieder untereinander, dass die jeweiligen Partner ebenfalls ihren Beitrag zur Erreichung der Teamziele leisten und niemanden ausnutzen. Neben entsprechender Information über die Leistung der anderen Teammitglieder ist der Aufbau von Vertrauen abhängig vom Ausmaß einer offenen und persönlichen Kommunikation der Teammitglieder untereinander sowie vom Erleben von Kompetenz, Zuverlässigkeit, Erwartungstreue und Fairness innerhalb des Teams. Neben dem interpersonalen Vertrauen kann zusätzlich noch systembezogenes Vertrauen berücksichtigt werden, also die Erwartung, dass sowohl das technologische Equipment (Groupware, Kommunikationsmedien, etc.) als auch die Strukturen und Arbeitsroutinen des Teams (Einhalten von Terminen, regelmäßiger Abruf von E-mails, etc.) zuverlässig funktionieren. Hier spielt nicht zuletzt auch die wahrgenommene materielle Unterstützung des virtuellen Teams durch Vorgesetzte und durch die Gesamtorganisation eine entscheidende Rolle.

Wichtige Fragen für die *Diagnose* der Teamvertrauenskomponente beziehen sich u. a. darauf, ob genügend Möglichkeiten für ein informelles Kennen lernen im Team gegeben sind, ob auch während der laufenden Arbeit Möglichkeiten zu nicht-aufgabenbezogener informeller Kommunikation gegeben sind, ob es klare Regeln und Normen für die Arbeitsabläufe gibt, ob diese eingehalten werden, und ob die technologische Ausstattung zuverlässig und nutzerfreundlich läuft. Entsprechende korrektive *Interventionen* können hier lauten, ausreichende Chancen zum persönlichen Kennen lernen zu bieten, persönliche Kommunikation zu fördern, auch wenn sie nicht direkt aufgabenbezogen ist, frühzeitig spezifische Regeln für die Zusammenarbeit im virtuellen Team zu vereinbaren (s. o.) sowie ausreichende Technik und technische Unterstützung bereitzustellen.

Empirische Unterstützung für das VIST-Modell in virtuellen Teams kann zum einen für einzelne Komponenten gefunden werden. Von den vier VIST-Komponenten wurde Teamvertrauen bislang am häufigsten in der Literatur thematisiert (Lipnack & Stamps, 1997; Duarte & Snyder, 2001; Haywood, 1998). Laborstudien mit computergestützten Arbeitsgruppen konnten zeigen, dass Vertrauen die Kooperationsbereitschaft der Mitglieder signifikant steigert (Jensen, Farnham, Drucker & Kollock, 2000; Rocco, 1998; Zheng et al., 2002). Längsschnittstudien zeigten darüber hinaus, dass Vertrauen in frühen Stadien virtueller Teamarbeit vor allem durch soziale Faktoren bestimmt wird (Kommunikation, gegenseitige Unterstützung), während zu späteren

4.3 Motivation und Emotionen

Zeitpunkten hauptsächlich prozess- und aufgabenbezogene Aspekte, wie Zuverlässigkeit und Vorhersagbarkeit der einzelnen Leistungen entscheidend sind (Jarvenpaa & Leidner, 1999). Hier stehen allerdings noch weitere Feldstudien aus, die insbesondere unterschiedliche Zeitperspektiven sowie Zusammensetzungen virtueller Teams berücksichtigen.

Empirische Belege für die Bedeutung der Valenzkomponente kann bislang nur von Erfahrungsberichten abgeleitet werden (z. B. Lipnack & Stamps, 1997). Belege für die Bedeutung der Instrumentalitätskomponente kann dagegen in neueren Experimentalstudien computergestützter Zusammenarbeit gefunden werden (Hertel, Deter & Konradt, 2003), in denen signifikante Motivationsgewinne im Vergleich zu Einzelarbeit nachgewiesen wurden, sobald die Teammitglieder sahen, dass ihr persönlicher Beitrag aufgrund der Aufgabenstruktur das Teamergebnis entscheidend bestimmt. Die Bedeutung der Selbstwirksamkeitskomponente schließlich wurde in einer Feldstudie mit 376 Telearbeitern aus verschiedenen Unternehmen gezeigt (Staples, Hulland & Higgins, 1999). In dieser Studie korrelierten die Selbstwirksamkeitsangaben der Teilnehmer positiv sowohl mit den (eigenen) Angaben ihrer Produktivität als auch mit den Angaben zur Arbeitszufriedenheit. Prädiktoren für eine hohe Selbstwirksamkeit waren vor allem Erfahrung und Training bezüglich virtueller Arbeit und des Umgangs mit Informations- und Kommunikationstechnologien sowie geringer Ängstlichkeit im Umgang mit Computern. Ähnlich positive Korrelationen zwischen Selbstwirksamkeit und subjektiven Leistungseinschätzungen konnten in einer Studie zu virtuellen Softwareprojekten gefunden werden (Hertel, Niedner & Herrmann, 2003). Einschränkend muss hier allerdings darauf hingewiesen werden, dass der kausale Einfluss hoher Selbstwirksamkeit überschätzt werden kann, insbesondere wenn Selbstwirksamkeits- und Leistungseinschätzungen von derselben Person stammen (z. B. Richard, Diefendoff & Martin, 2006).

Bislang sind vier Feldstudien durchgeführt worden, die das gesamte VIST-Modell überprüfen (Hertel, Konradt & Orlikowski, 2004; Hertel et al., 2002; Hertel, Niedner & Herrmann, 2003; Konradt, Andressen & Ellwart, 2006). Die Validität des Modells konnte dabei insgesamt bestätigt werden. Die einzelnen VIST Komponenten korrelierten nur moderat untereinander. Bezogen auf Führungsstrategien für virtuelle Teams konnten die VIST-Komponenten wichtige vermittelnde Prozesse zwischen verschiedenen Führungsansätzen (Management by Objectives, Aufgabeninterdependenz, teambasierte Incentives, Selbstführung) und der Team- bzw. Individualleistung erklären. Erwartungsgemäß spielte dabei vor allem die Einschätzung der Bedeutsamkeit persönlicher Beiträge durch die Teammitglieder eine entscheidende Rolle (Hertel, Konradt & Orlikowski, 2004). Zudem vermittelte die subjektive Bedeutsamkeit persönlicher Beiträge zusammen mit der wahrgenommenen Selbstwirksamkeit (partiell) den positiven Zusammenhang zwischen Selbstführung und Leistung der Teammitglieder (Konradt et al., 2005).

Vor dem Hintergrund dieser Befunde ist das VIST-Modell für das Motivationsmanagement in virtuellen Teams insgesamt als vielversprechend zu bewerten. Neben den bereits genannten Anwendungsaspekten der Diagnose und Interventionsplanung können die VIST Komponenten auch im Rahmen von Feedbacksystemen eingesetzt werden, um Teammanagern als auch Teammitgliedern regelmäßige und zuverlässige Informationen über den Status Quo im Team zu vermitteln (Geister et al., 2006). Ein solches Feedback ermöglicht nicht nur rechtzeitige Interventionen bei Schwierigkeiten, sondern stärkt vor allem auch die Selbststeuerungskapazitäten des Teams.

Quasi in Erweiterung der dargestellten Forschung individueller motivationaler Prozesse in virtuellen Teams beschäftigte sich eine neuere Studie von Kirkman et al. (2004) mit motivationalen Prozessen auf Teamebene. Unter sog. „Team Empowerment" verstehen die Autoren eine Kombination aus teambezogenen Indikatoren für Valenz, Instrumentalität und Selbstwirksamkeit zusammen mit Maßen der Teamautonomie. Dieses Team Empowerment korrelierte in ihrer Feldstudie signifikant mit Prozessverbesserungen und der Kundenzufriedenheit von 35 virtuellen Teams, die IT-Dienstleistungen für Reisebüros zur Verfügung stellten. Interessanterweise nahm diese Korrelation zu, je höher die Virtualität der Teams ausfiel. Team Empowerment scheint demzufolge besonders für virtuelle Teams mit niedrigem Ausmaß an face-to-face Kontakten bedeutsam zu sein.

4.3.2 Teamidentifikation

Fragen der Identifikation mit dem virtuellen Team und der Entwicklung eines „Teamgeistes" bilden eine zweite Gruppe motivationaler Prozessfaktoren, die für das Engagement der Mitglieder virtueller Teams bedeutsam sind. Teamidentifikation steht dabei einerseits in enger Beziehung zu motivationalen Prozessen. So ist z. B. bei einer hohen Teamidentifikation eines Mitglieds auch von einer hohen Bewertung der Teamziele auszugehen. Gleichzeitig aber sind zusätzlich auch kognitive Prozesse betroffen, wie z. B. die Übernahme und Orientierung an Normen und Rollen des jeweiligen Teams mit dem man sich identifiziert. Ähnlich wie die Aufrechterhaltung hoher Arbeitsmotivation ist auch die Entwicklung von Teamidentifikation in virtuellen Teams aufgrund der räumlichen Verteilung der Mitglieder erschwert. Maße der Teamidentifikation zeigen üblicherweise in virtuellen oder computergestützten Teams niedrigere Werte als in konventionellen face-to-face Gruppen sowohl im Labor (Bouas & Arrow, 1996; McGrath & Hollingshead, 1994; Warkentin et al., 1997) als auch in Feldstudien (Fjermestad & Hiltz, 2000). Häufig fehlt den Mitgliedern sogar eine mentale Repräsentation des Teams („Team Awareness"; Weissband, 2002).

Gleichzeitig ist die Identifikation mit einem virtuellen Team ein zentraler Faktor für den Teamerfolg. Hohe Identifikation kann wichtige Gruppenprozesse unterstützen und dazu beitragen, dass sich die Teammitglieder gegenseitig helfen, länger im Team bleiben und Managementaufgaben selbst übernehmen (Wiesenfeld et al., 1999). Gewissermaßen wird bei hoher Teamidentifikation die Notwendigkeit externer Kontrolle mittels Vorgesetzter durch interne Kontrollmechanismen ersetzt (Walther, Anderson & Park, 1994). In Feldstudien existierender virtueller Teams korrelierte entsprechend die mittlere Identifikation der Mitglieder mit ihrem Team signifikant mit der Leistungsbeurteilung des Teams durch den Teammanager (Geister, 2005). In ähnlicher Weise wird der Teamzusammenhalt (Kohäsion) als positiver Auslöser für wichtige Prozesse in virtuellen Teams angesehen, wie gesteigerte Motivation, bessere Entscheidungsfindung, offenere Kommunikation und höhere Zufriedenheit der Mitglieder (Bouas & Arrow, 1996; Warkentin & Beranek, 1999).

Möglichkeiten der Unterstützung der Teamidentifikation in virtuellen Teams bestehen neben der Durchführung von gemeinsamen Aktionen und Events vor allem auch in der Einrichtung einer Homepage des Teams. Dabei ist es wichtig, das Team selbst zu repräsentieren, um es für alle Beteiligten sichtbarer zu machen. Dies kann z. B. durch eine eigene Homepage im Intranet geschehen, auf der alle wichtigen Informationen zum virtuellen Team zu finden sind, inklusive des Namens des Teams sowie Kontaktadressen und geographischer Lokalisation. Außerdem können auf dieser Teamseite verschiedene Teile der Prozessdokumentation abgelegt werden, wobei im Einzelnen zu klären ist, welche Teile nur von Mitgliedern des virtuellen Teams und welche Teile auch für Außenstehende zugänglich sein sollen.

4.3.3 Arbeitszufriedenheit

Ein weiterer Bereich motivationaler und emotionaler Schwierigkeiten in virtuellen Teams betrifft die Arbeitszufriedenheit der Mitglieder. Ähnlich wie Fragen der Motivation und Identifikation haben auch Maße der Zufriedenheit durchgängig niedrigere Werte in computergestützten Teams im Vergleich zu face-to-face Teams gezeigt (Baltes et al., 2002; Bordia, 1997; Hollingshead & McGrath, 1995; Warkentin et al., 1997). Dieser Unterschied verringert sich allerdings deutlich, sobald man den virtuellen Teams ausreichend Gelegenheit gibt, sich an die oft zunächst ungewohnte Arbeitsumgebung zu gewöhnen (Bordia, 1997; Chidambaram, 1996; Hollingshead & McGrath, 1995; Walther, 2002). Entsprechend wurden in Feldstudien existierender virtueller Teams deutlich höhere Zufriedenheitswerte gefunden als in Laborstudien (Fjermestad & Hiltz, 1998, 2000).

Die Arbeitszufriedenheit der Mitglieder virtueller Teams ist ebenfalls ein wichtiger Indikator für das Management, nicht zuletzt weil Arbeitszufriedenheit in der Regel mit Motivation, Vertrauen, und Teamidentifikation korreliert. Hohe Zufriedenheit der Teammitglieder zeigt an, dass ihre motivationalen Bedürfnisse erfüllt werden. Darüber hinaus kann hohe Arbeitszufriedenheit zu einer Steigerung des Commitments und der Identifikation mit dem virtuellen Team führen. Hohe Arbeitszufriedenheit ist zudem eine wichtige Bedingung, damit Teammitglieder bereit sind, zusätzliche Leistungen für das Team zu erbringen, die nicht direkt aufgabenbezogen sind und zu denen sie vertraglich nicht verpflichtet sind. Erste Feldstudien mit existierenden virtuellen Teams (Hertel, Konradt & Orlikowski, 2004) zeigten, dass eine hohe Zufriedenheit der Mitglieder einherging mit hoher Qualität des Management by Objectives, relativ viel nicht-aufgabenbezogener informeller Kommunikation sowie konstruktivem Konfliktmanagement durch die Teammanager. Darüber hinaus korrelierten die Zufriedenheitswerte der Mitglieder deutlich mit der Einschätzung der Teameffektivität durch die Teammanager. Hohe Effektivität der virtuellen Teams stand demnach nicht im Konflikt mit der Arbeitszufriedenheit der Mitglieder. Trotz dieser ersten Ergebnisse sind in diesem Bereich sicher noch mehr Studien wünschenswert, nicht zuletzt um genauere Aussagen zu Steigerungsmöglichkeiten der Mitgliederzufriedenheit in virtuellen Teams zu ermöglichen.

Zusammengefasst bestehen hinsichtlich motivationaler und emotionaler Prozesse in virtuellen Teams zusätzliche Handicaps aufgrund der größeren räumlichen bzw. zeitlichen Distanz der Teammitglieder. So ist die Aufrechterhaltung von Motivation und Vertrauen schwieriger, die Entwicklung einer hohen Teamidentifikation und eines „Teamgeists" erschwert und auch die Zufriedenheit der Teammitglieder leidet. Gleichzeitig sind diese Prozesse von hoher Bedeutung für das erfolgreiche Arbeiten virtueller Teams und benötigen daher zusätzliche Aufmerksamkeit und Führungsaktivitäten.

4.4 Informationsverarbeitung

Der vierte Bereich zentraler Prozesse in virtueller Kooperation betrifft die Informationsverarbeitung in virtuellen Teams. Ähnlich wie in konventionellen Teams kann diese Informationsverarbeitung in fünf verschiedene Phasen unterteilt werden (Hinzs et al., 1997; s. a. Hertel & Scholl, 2006), die teilweise aufeinander folgen: Produktion von neuen Informationen, Beschaffung vorhandener Informationen, Speicherung von Informationen, Evaluation und Kombination der Informationen, um bspw. Entscheidungen zu treffen und schließlich die Anwendung und Umsetzung der getroffenen Entscheidungen (vgl. Tabelle 4.2). Alle diese Phasen besitzen spezifische Risiken für Fehler bzw. „Pathologien". Räumlich/zeitliche Distanz und elektronische Kommunikation in virtuellen Teams verstärken einerseits die Risiken dieser Fehler der Informationsverarbeitung. So kann es z. B. zu zusätzlichen Schwierigkeiten bei der Koordination des Wissensmanagements geben. Auf der anderen Seite kann ortsverteilte Arbeit und elektronische Kommunikation auch konkrete Vorteile bieten, wie z. B. elektronische Brainstorming-Tools, die typische Probleme herkömmlichen Brainstormings vermeiden. Die folgenden Ausführungen in diesem Abschnitt sind anhand der fünf genannten Phasen geordnet. Da diese Systematik im Bereich virtueller Teams noch neu ist, handelt es sich häufig um konzeptionelle Überlegungen, deren empirische Überprüfung noch aussteht.

Informationsverarbeitungsprozesse	Risiken	Unterstützungsmöglichkeiten
Produktion von Informationen: Ideen generieren	• Produktionsblockaden • Bewertungsängste • Social loafing	• Electronic Brainstorming • Trennung von Generierung und Bewertung
Beschaffung von Informationen	• Confirmation Bias • Fokus auf geteiltem Wissen	• Elektronische Tools zur Systematisierung von Entscheidungen • „Advocatus diabolus"
Speicherung von Informationen: Wissensmanagement	• Vergessen von Informationen	• Elektronische Speichermedien, z. B. „Wikis" • Entwickeln eines „transaktiven Gedächtnisses"
Evaluation und *Kombination*	• Machtausübung • Groupthink • Konformitätsdruck	• Elektronische Entscheidungshilfen • Offener Diskussionsstil • Moderation
Anwendung verfügbarer Informationen	• Koordinationsprobleme • Fehlendes Commitment einzelner Mitglieder	• Elektronische Prozess- und Ergebnisdokumentation

Tabelle 4.2: Prozesse, Risiken und Unterstützungsmöglichkeiten der Informationsverarbeitung in virtuellen Teams (nach Hertel & Scholl, 2006)

4.4.1 Produktion von neuen Informationen: Ideen generieren

Ein Informationsverarbeitungsprozess, der bereits relativ häufig mittels computergestützter Gruppen im Labor untersucht wurde, ist die Generierung neuer Ideen beim sogenannten „Brainstorming". Forschungsarbeiten mit konventionellen face-to-face Gruppen hatten gezeigt, dass die Generierung von Ideen einer Reihe von Schwierigkeiten unterliegt, die die potenzielle Leistung einer Gruppe schmälern (z. B. Diehl & Stroebe, 1987). Zu den Hauptschwierigkeiten gehören Bewertungsängste, soziales Trittbrett fahren und Produktionsblockaden durch die Ideen(-äußerungen) der anderen Teammitglieder. In virtuellen Teams ist zwar einerseits davon auszugehen, dass Trittbrett fahren aufgrund der höheren Anonymität noch stärker auftreten könnte, gleichzeitig sollten Bewertungsängste jedoch aus demselben Grund geringer sein (Nunamaker, Briggs, Mittleman, Vogel & Balthazard, 1996/7; Warkentin & Beranek, 1999). Produktionsblockaden als wichtigste Einschränkung der Ideengenerierung in Gruppen kann sehr effektiv durch elektronische Brainstorming-Tools vermieden werden (z. B. Valacich, Dennis & Nunamaker, 1992; Valacich & Schwenk, 1995). Mit Hilfe dieser Tools können die Teammitglieder selbst entscheiden, ob sie ungestört Ideen produzieren wollen oder aber sich durch Ideen anderer Teammitglieder zusätzlich anregen lassen und dadurch das Ideenpotenzial des Teams nutzen. Empirische Untersuchungen haben in der Tat bestätigt, dass solche elektronischen Hilfsmittel zu einer besseren Leistung von Teams führen (Valacich et al., 1992; Valacich & Schwenk, 1995). Darüber hinaus ist es hilfreich, ähnlich wie in konventionellen Teams auch in virtuellen Teams die Generierung von Ideen und ihre Bewertung nach Kriterien der Originalität, Machbarkeit, etc. zu trennen. Die besten Ergebnisse bei der Entwicklung neuer Ideen werden dann erreicht, wenn die Teammitglieder zunächst einzeln möglichst viele Ideen sammeln und diese erst danach in einem zweiten Schritt im Team austauschen. Auch hier können virtuelle Teams durchaus Vorteile haben, da die Mitglieder von vornherein stärker gewohnt sind, einzelne Teilaufgaben unabhängig zu erledigen.

4.4.2 Beschaffung vorhandener Informationen

Ein zweiter wichtiger Informationsverarbeitungsprozess in Teams besteht im Zusammentragen der verschiedenen Kenntnisse und des Wissens der einzelnen Mitglieder. Gerade in virtuellen Teams, die häufig gebildet werden, um Know-how aus verschiedenen Unternehmensbereichen zu bündeln, gehört dies zu den Kernaufgaben. Klassische Probleme in diesem Teilprozess sind die einseitige Berücksichtigung von Informationen, die bereits gebildete Überzeugungen bestätigen (sog. „Confirmation Bias"; z. B. Schulz-Hardt et al., 2000) sowie die Fokussierung auf solche Informationen, die allen Teammitgliedern bekannt sind (sog. geteilte Information; z. B. Stasser & Titus, 1987).

Virtuelle Teams haben hier den potenziellen Nachteil, dass aufgrund der reduzierten persönlichen Kontakte stärker die Zuordnung der einzelnen Mitglieder zu unterschiedlichen Organisationseinheiten wahrgenommen wird. Dies kann zu einer stärkeren Akzentuierung von Intergruppenvergleichen und Konkurrenz zwischen Abteilungen führen, die einen objektiven Vergleich von verfügbaren Informationen erschweren (vgl. van Knippenberg, de Dreu & Homans, 2004). Vorteile virtueller Teams bestehen dagegen in der häufig besseren medialen Dokumentation und asynchronen Verarbeitung der zusammengetragenen Informationen (z. B.

per E-mail), die eine stärkere Objektivierung und Systematisierung im Vergleich zur konventionellen Gruppendiskussion gewährleisten, somit einen geringeren Gruppendruck entstehen lassen und als Folge eine höhere Berücksichtigung von ungeteilten Informationen zulassen (Griffith & Neale, 2001). Darüber hinaus können entsprechend gestaltete Entscheidungstools eine systematische Herangehensweise unterstützen, indem ähnlich einer moderierten Diskussion die Vor- und Nachteile verschiedener Handlungsoptionen aufgelistet werden (vgl. Kap. 3.2.2). Selbst wenn solche systematischeren Entscheidungsroutinen zunächst zeitaufwendiger und anstrengender sein können als konventionelle Teamdiskussionen, so kann die bessere Qualität der getroffenen Entscheidungen diesen Mehraufwand nachträglich rechtfertigen. Bisherige Vergleiche von Entscheidungsprozessen in computerunterstützten und face-to-face Teams (zur Übersicht Fjermestad & Hiltz, 1998) kommen auf der Basis experimenteller Studien zwar eher zu einem skeptischen Ergebnis, doch stehen hier noch entsprechende Studien aus, in denen die Mitglieder computergestützter Entscheidungsgruppen ausreichend Zeit hatten, sich mit der neuen Technologie vertraut zu machen.

Neben einer stärkeren Systematisierung des Zusammentragens der verschiedenen in einem Team verfügbaren Informationen sind in virtuellen Teams auch Unterstützungsmöglichkeiten anwendbar, die sich bereits in konventionellen Teams bewährt haben. Hierzu zählt vor allem die explizite Zuweisung bestimmter Rollen, wie die des „Advocatus Diabolus", der gezielt versucht, vorherrschende Meinungen zu hinterfragen, um so konfirmatorische Tendenzen, die nur auf die Bestätigung von bereits bestehenden Auffassungen ausgerichtet sind, zu kompensieren.

4.4.3 Speicherung von Informationen: Wissensmanagement

Wenn Informationen einmal generiert, neue Ideen entwickelt und im Team zusammengetragen wurden, dann besteht eine weitere Aufgabe darin, dieses Wissen auch längerfristig zu sichern. Dies ist nicht nur für die eigene zukünftige Teamarbeit nützlich, sondern möglichst auch für andere Teams. Ein Hauptproblem insbesondere kurzzeitiger virtueller Projektteams ist die fehlende Übersicht bzw. das „Vergessen", was bereits in der Organisation zu dem jeweiligen Thema bzw. zu ganz ähnlichen Projekten erarbeitet wurde. Hier gibt es generell zwei Möglichkeiten, die Speicherung bzw. das Wissensmanagement zu betreiben (Brauner & Becker, 2004).

Zum einen kann versucht werden, die Mitglieder des Teams, die über wichtiges Wissen oder Erfahrungen verfügen (sog. „Wissensträger"), dazu zu bringen, dieses Wissen aufzuzeichnen und über verschiedene Trägersysteme (z. B. im Intranet) verfügbar zu machen. Virtuelle Teams haben hier den Vorteil, dass sie stärker als konventionelle Teams an eine elektronische Dokumentation der Informationen gewohnt sind. Gleichzeitig stellen sich hier Fragen nach der Fähigkeit und der Motivation der Teammitglieder. So sind Personen nicht immer in der Lage, ihre berufliche Erfahrung und ihr Wissen auch schriftlich auszudrücken und niederzuschreiben. Darüber hinaus bedeutet eine solche ausführliche Dokumentation von Wissen und Erfahrungen einen nicht unerheblichen Aufwand für den Einzelnen, der in der Regel nur bei entsprechender Honorierung gezeigt wird. Möglichkeiten einer solchen Honorierung bestehen

4.4 Informationsverarbeitung

neben finanzieller oder arbeitszeitbezogener Kompensation auch in zusätzlicher Anerkennung durch Vorgesetzte und Kollegen. Leichter wird es natürlich, wenn bereits ein Grundstamm an interessanten Informationen im Wissensmanagementsystem enthalten ist. Dadurch können die einzelnen Personen den Nutzen direkt erfahren, und werden im Sinne von Reziprozitätsprozessen zusätzlich motiviert, Informationen beizutragen und das System immer wieder zu aktualisieren. Von entscheidender Bedeutung ist dabei allerdings das Vertrauen der Teammitglieder, dass sie sich durch die Dokumentation ihres Wissens nicht selbst überflüssig machen und langfristig ihren Job verlieren.

Der zweite Aspekt der Speicherung von Wissen in virtuellen Teams ist der Aufbau eines „transaktiven Gedächtnisses" (Brauner & Becker, 2004). Im Gegensatz zur Speicherung expliziter Wissensdokumentationen besteht dieser Weg darin, dass die Teammitglieder eine mentale Repräsentation der verschiedenen Wissensträger im Team und ihre jeweiligen Kompetenzen entwickeln („Wer weiß was in unserem Team?"; Hollingshead, Fulk & Monge, 2002). Forschungsarbeiten mit konventionellen Teams haben gezeigt, dass die Entwicklung eines solchen transaktiven Gedächtnisses zu klaren Produktivitätsvorteilen führen kann (zur Übersicht s. Brauner & Becker, 2004). In virtuellen Teams ist die Entwicklung transaktiver Gedächtnissysteme einerseits aufgrund der reduzierten face-to-face Kommunikation und oftmals fehlender Informationen über die einzelnen Teammitglieder und ihrer Arbeitskontexte erschwert (Axtell et al., 2004; Cramton, 2002; Griffith & Neale, 2001). Andererseits kann gerade dies aber auch zu einer objektiveren Nutzung der verschiedenen Informationen führen (Griffith & Neale, 2001). Sowohl eine verbesserte Information über die jeweils anderen Teammitglieder und ihrer Arbeitsbedingungen (gemeinsame Trainings und Aktivitäten, gute Dokumentation der Expertise in Mitgliederprofilen, etc.) als auch eine gezielte Nutzung elektronischer Kommunikationstechnologien zur optimalen Verteilung von Wissen und systematischer Informationsverarbeitung sind geeignet, das Wissensmanagement in virtuellen Teams zu optimieren.

In einer laborexperimentellen Studie mit studentischen 3-Personen-Gruppen wurden die Zusammenhänge zwischen transaktiven Wissenssystemen (Spezialisierung, Glaubwürdigkeit und Koordination von Teamwissen) und Wissenskoordination (Kenntnisse zur Wissensverteilung, der Bedarf an zusätzlichem Wissen, die gegenseitige Wissensunterstützung) in Bezug auf fachliches Vertrauen und Teamzufriedenheit in computergestützten Gruppen untersucht (Ellwart & Konradt, in Druck). Auswertungen mittels Hierarchisch Linearer Modelle ergaben eine hypothesenkonforme positive Beziehung zwischen der auf Gruppenebene wahrgenommenen Glaubwürdigkeit in das Wissen der Teammitglieder und dem Vertrauen einerseits sowie der Teamzufriedenheit andererseits. Darüber hinaus ergaben sich Zusammenhänge der Wissenskoordination (u. a. des Wissensmangels und des Wissensaustausches) mit fachlichem Vertrauen der einzelnen Teammitglieder und der Teamzufriedenheit. Die Befunde unterstreichen die Beziehung der Wissenskonstrukte mit einstellungsbezogenen Ergebnisvariablen.

4.4.4 Evaluation und Kombination von Informationen

Nachdem Informationen generiert, erinnert oder anderweitig zusammengetragen wurden, besteht eine weitere wichtige Aufgabe in der Bewertung und Integration der Informationen. Hier haben Teams im Vergleich zu Einzelpersonen grundsätzlich das Potenzial, aufgrund multipler Perspektiven und vielfältiger Meinungen der verschiedenen Mitglieder, eine objektivere Bewertung und bessere Integration der Informationen zu realisieren. Die Nutzung dieses Potenzials ist jedoch davon abhängig, dass die Teammitglieder motiviert und fähig sind, die verschiedenen Informationen möglichst sachlich zu prüfen, und dass die folgenden Entscheidungsprozesse frei von verzerrenden sozialen Einflüssen sind (van Knippenberg et al, 2004). Zu nennen sind hier vor allem die Ausübung von Macht und Gruppendruck, die eine objektive Entscheidung und damit die Nutzung des optimalen Potenzials eines Teams unterwandern. Eines der anschaulichsten Beispiele im Bereich konventioneller Teams sind die klassischen Arbeiten von Janis zum „Groupthink" Phänomen (Janis, 1982).

Die beschriebenen Prozesse sozialer Einflussnahme sind zumeist in face-to-face Gruppen stärker, so dass für virtuelle Teams aufgrund der stärkeren Nutzung elektronisch vermittelter Kommunikation eine sachlichere Bewertung und bessere Kombination verfügbarer Informationen zu erwarten wäre. Probleme virtueller Teams bestehen jedoch in möglichen Zeitverzögerungen aufgrund der eingesetzten Kommunikationsmedien. Der eher skeptischen Bewertung der Entscheidungsgüte in computerunterstützten Gruppen und virtuellen Teams (z. B. Fjermestad & Hiltz, 1998, 2000) folgen wir auch hier nur eingeschränkt, da die entsprechenden Untersuchungen meist zu kurzfristig angelegt waren und typische Schwierigkeiten, wie z. B. Gruppendruck oder die Fokussierung auf geteilte Informationen, nicht berücksichtigt wurden.

Neben der Nutzung von elektronischen Tools zur Unterstützung eines systematischen Vorgehens bei der Bewertung und Kombination von Wissen sind in virtuellen Teams natürlich auch Strategien sinnvoll, die in konventionellen Teams die Qualität von Entscheidungen verbessern helfen, wie z. B. ein offener und fairer Diskussionsstil oder der Einsatz eines neutralen Moderators.

4.4.5 Anwendung und Umsetzung von Entscheidungen

Der letzte hier diskutierte Prozess der Informationsverarbeitung betrifft die Anwendung und Umsetzung der getroffenen Entscheidungen. Klassische Probleme sowohl in virtuellen als auch in konventionellen Teams sind vor allem Schwierigkeiten in der Koordination und des Commitments der Mitglieder aufgrund widerstrebender eigener Interessen. Diese Schwierigkeiten können insb. in virtuellen Teams aufgrund der oft unterschiedlichen organisationalen Zuordnung der Teammitglieder entstehen. Neben entsprechender Zielklärung und Überzeugungsarbeit ist hier nicht zuletzt eine gute Prozess- und Ergebnisdokumentation hilfreich, um auch über räumliche Entfernung hinweg die Umsetzung von Entscheidungen und entsprechenden Teilschritten abzusichern und um Engpässe in der Kommunikation zu überbrücken. Eine solche Dokumentation dient nicht nur der Ergebniskontrolle, sondern erfüllt auch wichtige Aufgaben der Arbeitskoordination, des Feedbacks sowie der Motivation der Teammitglieder. Eigene Studien mit existierenden virtuellen Teams haben entsprechend gezeigt, dass Teams mit ausführlicher Prozess- und Ergebnisdokumentation insgesamt erfolgreicher arbeiteten als virtuelle Teams ohne eine solche Dokumentation.

4.4 Informationsverarbeitung

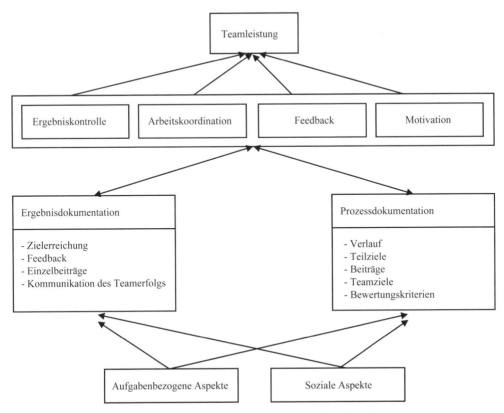

Abbildung 4.3 Prozess- und Ergebnisdokumentation in virtuellen Teams

Die *Prozessdokumentation* spezifiziert dabei den genaueren Verlauf der Teamarbeit und beinhaltet neben den jeweiligen Teilzielen (z. B. Implementierung eines Software-Tools) möglichst detailliert die notwendigen Beiträge zur Erreichung der Teamziele (wer soll was leisten, wo kommen die notwendigen Ressourcen her, Budget, Deadlines, etc.). Am Ende werden das Ergebnis der Teamarbeit und Kriterien der Bewertung festgehalten (Erwartungen und Spezifikationen der Aufraggeber, aber auch der Teammitglieder; ausführlicher z. B. Henry & Harzler, 1999, S. 36 ff.). Neben aufgabenbezogenen Indikatoren, wie beispielsweise die Einhaltung von Deadlines und Budgets, können hier auch soziale Aspekte eine Rolle spielen wie z. B. das Arbeitsklima oder die Motivation und das Vertrauen der Teammitglieder (Geister & Scherm, 2004).

Die *Ergebnisdokumentation* kann dann als Teil der Prozessdokumentation und/oder als zusätzliches Tool separat geführt werden. Durch die Ergebnisdokumentation wird nicht nur gezeigt, was das Team erreicht hat, sondern sie erfüllt auch, ähnlich wie die Prozessdokumentation, wichtige Aufgaben des Feedbacks sowohl auf der Ebene der einzelnen Mitglieder als auch auf der Teamebene. Beide Dokumentationsformen tragen damit wesentlich zum Commitment der Teammitglieder bei. Insbesondere kann die Bedeutsamkeit der jeweiligen Einzelbeiträge durch diese Dokumentation verdeutlicht werden. Zusätzlich unterstützt werden kann die Dokumentation darüber hinaus durch entsprechende Konsequenzen, z. B. durch Incentives auf Teamebene (vgl. Hertel, Konradt & Orlikowski, 2004) oder durch Zitate von Kundenreaktionen. Insgesamt ist es wichtig, nicht nur aus Fehlern zu lernen, sondern vor allem auch Erfolge des Teams zu kommunizieren, da dadurch das Vertrauen in die eigenen Fähigkeiten und denen des Gesamtteams für die zukünftige Zusammenarbeit gesteigert wird. Neben aufgabenbezogenen Ergebniskriterien können auch hier soziale Indikatoren wie z. B. die Zufriedenheit der Mitglieder integriert werden.

Ob die genannten Aspekte der Dokumentation bereits in existierenden Projektmanagement-Systemen bzw. der genutzten Groupware realisiert sind, muss im Einzelfall geprüft werden. Dabei können die verschiedenen Aspekte der Dokumentation auf getrennten Seiten oder aber auf dergleichen Seite im Intranet realisiert sein. Oberste Maxime ist auch hier, dass die Dokumentation dauerhaft (online) verfügbar ist und möglichst übersichtlich und transparent gestaltet wird.

4.5 Konfliktmanagement

Der letzte Bereich prozessorientierter Merkmale virtueller Kooperation beschäftigt sich mit dem Auftreten von und dem Umgang mit Konflikten in virtuellen Teams. Unsere bisherigen Ausführungen zu den Arbeitsbedingungen in virtuellen Teams haben gezeigt, dass höhere räumliche Distanz eine Reihe zusätzlicher Quellen für Konflikte entstehen lässt. Allein die neuartige Arbeitsform virtueller Kooperation kann bereits für zusätzliche Reibungspunkte sorgen, da viele Arbeitsprozesse erst neu entwickelt werden müssen (Griffith, Mannix & Neale, 2003; Konradt et al., 2000). Die Befürchtung, dass elektronische Kommunikation aufgrund ihrer höheren Anonymität soziale Normen außer Kraft setzt und Kommunikation unkontrolliert eskalieren lässt (sog. „Flaming" ; Kiesler et al., 1984), wurde in neueren Studien virtueller Teams zwar nicht bestätigt; zumindest dann nicht, wenn die Teams länger zusammenarbeiten, eine gemeinsame Teamidentität entwickeln und soziale Sanktionen möglich sind (Reinig, Briggs & Nunamaker, 1998; Walther, Anderson & Park, 1994). Demgegenüber steigt aber bei vorwiegender Nutzung elektronischer Kommunikationsmedien das Potenzial von Missverständnissen, schlechter Abstimmung und Fehlinformationen. Darüber hinaus fehlen Mitgliedern virtueller Teams häufig wichtige Informationen über den Arbeitskontext ihrer Teamkollegen, so dass auftretende Schwierigkeiten weitaus schneller auf die jeweilige Person und nicht auf aktuell schwierige Rahmenbedingungen zurückgeführt werden (Cramton, 2002). So fällt zum Beispiel der Ärger über das Nichteinhalten einer Deadline niedriger aus, wenn störende Bauarbeiten, Hardwareprobleme oder aber lokale Feiertage am anderen Standort anstelle einer generellen Unzuverlässigkeit des Teammitglieds dafür verantwortlich gemacht werden können. Eine weitere Schwierigkeit in virtuellen Teams ist die rechtzeitige Entdeckung von Konflikten, da durch die räumliche bzw. zeitliche Distanz interpersonale Wahrnehmungen erschwert werden. Die frühe Entdeckung von Konflikten ist jedoch eine zentrale Voraussetzung für konstruktive Auseinandersetzungen und die Nutzung des positiven Veränderungspotenzials. Hier können elektronische Feedbacksysteme (z. B. Geister & Scherm, 2004) eine wichtige Ergänzung bieten.

Auf der anderen Seite bieten virtuelle Teams aber auch das Potenzial für eine konfliktfreiere Zusammenarbeit. So zeigen eine Reihe von Studien, dass computergestützte Zusammenarbeit im Vergleich zu face-to-face Kooperation stärker sachorientiert verläuft und Emotionen wie Ärger oder Freude weniger stark ausfallen (z. B. Rhoades & O´Connor, 1996). Während der stärkere Aufgabenfokus Schwierigkeiten bei der Entwicklung sozio-emotionaler Teamprozesse (Identifikation, Teamgeist, etc.) mit sich bringt, ist die Wahrscheinlichkeit sozialer Konflikte ebenfalls reduziert. Manche Personen schätzen Telekooperation sogar genau aus diesem Grund, da sie mit unterschiedlichsten Personen zusammenarbeiten können, ohne sich mit persönlichen Sympathien oder Antipathien auseinandersetzen zu müssen. Im Zweifelsfall treffen sie die andere Person nur selten persönlich. Virtuelle Kooperation kann daher besonders für Aufgaben geeignet zu sein, in denen eine sachliche, emotionslose Bearbeitung angeraten ist. Darüber hinaus kann asynchrone elektronische Kommunikation bei bereits eskalierten Konflikten eine geschützte Möglichkeit darstellen, zunächst in Ruhe die verschiedenen Sichtweisen auszutauschen, bevor man sich wieder aufeinander zu bewegt.

Generell wird der Erfolg virtueller Teams durch die Einführung eines effektiven Konfliktmanagement-Systems gesteigert, das auf die spezifischen Herausforderungen virtueller Kooperationsformen abgestimmt ist. Während die vorangegangenen beiden Themenbereiche Motivation und Emotion sowie Informationsverarbeitung relativ eindeutig den sozio-emotionalen bzw. aufgabenbezogenen Aspekten unseres Rahmenmodells zuzuordnen waren, beinhaltet der Merkmalsbereich Konfliktmanagement wieder beide Aspekte gleichermaßen. Im Folgenden werden wir zunächst die wichtige Differenzierung zwischen aufgaben-, prozess- und beziehungsbezogenen Konflikten ausführen. Danach werden wir konkrete Strategien für das Konfliktmanagement in virtuellen Teams darstellen, die sowohl die Prävention von Konflikten als auch korrektive Maßnahmen einschließen.

4.5.1 Aufgaben-, prozess- und beziehungsbezogene Konflikte

Konflikte sind generell unangenehm und mit zusätzlichem Aufwand verbunden. Gleichzeitig sind Konflikte während der Teamarbeit oft nicht zu vermeiden. Unter bestimmten Bedingungen kann ein gewisses Maß an Auseinandersetzungen und Meinungsverschiedenheiten sogar notwendig sein, um innovative Prozesse und Weiterentwicklungen zu stimulieren (z. B. Schulz-Hardt, Jochims & Frey, 2002). Dies gilt insbesondere für virtuelle Teams, die zumindest heute häufig noch auf wenige bewährte Verfahren und Routinen zurückgreifen können (Griffith et al., 2003). Anstatt Konflikte um jeden Preis zu vermeiden, ist es daher auch in virtuellen Teams wichtiger, einen konstruktiven Umgang mit Meinungsverschiedenheiten zu üben und zu pflegen.

Konflikte in Teams bezeichnen die Wahrnehmung unterschiedlicher Interessen, Bedürfnisse oder Meinungen durch zumindest einige der Mitglieder (z. B. Glasl, 1998). Eine zentrale Differenzierung besteht in der Unterscheidung, ob es sich um aufgaben-, prozess- oder beziehungsbezogene Konflikte handelt (Jehn, 1995; Griffith et al., 2003).

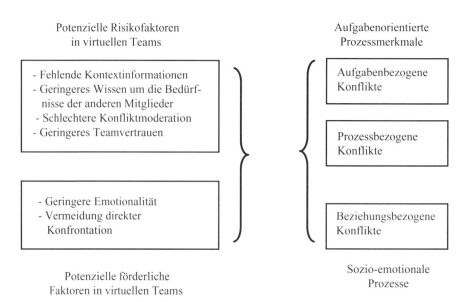

Abbildung 4.4 Eskalierende und hemmende Faktoren bei der Entstehung von Konflikten in virtuellen Teams

Aufgabenbezogene Konflikte basieren dabei auf unterschiedlichen Sichtweisen bezüglich der Teamaufgabe, z. B. was die Hauptziele des Teams in den nächsten Monaten sein sollen. Prozessbezogene Konflikte basieren demgegenüber auf unterschiedlichen Meinungen und Überzeugungen, *wie* die jeweiligen Ziele umgesetzt werden sollen, z. B. welches Mitglied welche Teilaufgaben übernimmt oder wie die verfügbaren Ressourcen eingesetzt werden sollen. Sowohl aufgaben- als auch prozessbezogene Konflikte lassen sich in unserem Rahmenmodell den aufgabenorientierten Prozessmerkmalen zuordnen. Für konventionelle Teams konnte in einigen Untersuchungen gezeigt werden, dass ein moderates Maß an aufgaben- und prozessbezogenen Konflikten die Teamleistung positiv beeinflussen kann, u. a. weil dadurch die Aufgaben besser durchdacht werden (z. B. Schulz-Hardt et al., 2002). Allerdings treten solche positiven Effekte nicht automatisch auf, sondern sind von einer Reihe zusätzlicher Voraussetzungen abhängig, wie z. B. Vertrauen und Toleranz im Team, Normen der gegenseitigen Offenheit, kooperative Ziele sowie generelle Fähigkeiten der Teammitglieder, offen und konstruktiv miteinander umzugehen (De Dreu & Weingart, 2003). Ähnliches lässt sich auch für virtuelle Teams erwarten (Griffith et al., 2003).

Beziehungskonflikte lassen sich demgegenüber sozio-emotionalen Prozessen zuordnen. Sie beinhalten generelle Differenzen zwischen Teammitgliedern und können zu persönlichen Auseinandersetzungen, Feindseligkeiten und Antipathie führen. Ungelöste Beziehungskonflikte belasten langfristig die Zusammenarbeit in Teams, indem die Teammitglieder von ihren eigentlichen Aufgaben abgelenkt werden und die Kooperations- und Einsatzbereitschaft leidet. Darüber hinaus werden in Teams häufig aufgaben- und prozessbezogene Konflikte einerseits und Beziehungskonflikte andererseits vermischt. So kann eine Personalisierung von Sachkon-

4.5 Konfliktmanagement

flikten aus ursprünglich konstruktiven Auseinandersetzungen unproduktive, persönliche Streitigkeiten machen.

Die Gefahr solcher unproduktiven Personalisierungen von Konflikten kann durch eine Reihe von Faktoren verstärkt werden, die wiederum eng mit virtuellen Arbeitsbedingungen korrelieren. Einer dieser Faktoren ist die häufig *fehlende Kontextinformation* zu Problemen und Störungen der entfernt arbeitenden KollegInnen, so dass auftretende Schwierigkeiten schnell auf personenspezifische Ursachen (fehlendes Commitment, geringe Motivation, etc.) anstatt auf situative Faktoren zurück geführt werden (s.o.). Ein zweiter Faktor bzw. Moderator ist das *Wissen um die Bedürfnisse der anderen Personen*. Dieses Wissen kann helfen, die unterschiedlichen Ansichten besser nachzuvollziehen und gemeinsame Lösungen zu finden (vgl. Cramton, 2002). Auch dieser Faktor ist in virtuellen Teams eher stärker ausgeprägt und kann daher zu einer schnelleren Personalisierung von Konflikten beitragen. Ein weiterer Faktor ist die *Qualität der Konfliktmoderation*. Dies betrifft entweder institutionalisierte Konfliktmanagementroutinen oder aber Interventionen durch eine Führungskraft bzw. andere Teammitglieder. Je schlechter oder weniger ausgeprägt diese Konfliktmoderation ausfällt, umso eher verschieben sich Sachkonflikte auf die persönliche Ebene. In virtuellen Teams ist die Moderation von Konflikten aufgrund der räumlichen und zeitlichen Distanz generell schwieriger. Ein vierter Faktor ist das *Vertrauen im Team* (Simons & Peterson, 2000). Je stärker dieses Vertrauen ausgeprägt ist, desto mehr Sachkonflikte kann ein Team „aushalten", ohne dass aus diesen Sachkonflikten persönliche Konflikte werden. Auch bezüglich der Entwicklung von Vertrauen ist die Situation in virtuellen Teams tendenziell eher schwieriger (s. o.).

Während die genannten Faktoren eher für erschwerte Bedingungen bzw. eine höhere Wahrscheinlichkeit der Personalisierung und Eskalation von Konflikten in virtuellen Teams sprechen, lassen die folgenden Faktoren eine eher positive Prognose für virtuelle Teams zu. So ist ein fünfter potenzieller Moderator der Personalisierung von Konflikten die *Emotionalität* der Kommunikation. Emotional stärkere Auseinandersetzungen sollten generell schneller zu persönlichen Animositäten und Beziehungskonflikten führen, während sachlich gehaltene Auseinandersetzungen eher den Fokus auf die inhaltlichen Fragen gerichtet halten. Hier sollten aufgrund der stärkeren sachlichen Orientierung elektronischer Kommunikation virtuelle Teams einen Vorteil haben (vgl. Griffith et al., 2003). Ein sechster Faktor schließlich, der ebenfalls für Vorteile virtueller Teams spricht, ist die *Möglichkeit, den Konfliktgegnern aus dem Weg gehen zu können* und dadurch unproduktive Konflikte zu vermeiden.

Empirische Untersuchungen, die diese Überlegungen systematischer überprüfen, sind bislang noch selten. In einer ersten Feldstudie mit 28 Teams eines Softwareunternehmens (Griffith et al., 2003), von denen 15 Teams virtuell arbeiteten (mindestens ein Mitglied arbeitete entfernt von den anderen), konnten die Autoren beobachten, dass sich virtuelle und konventionelle Teams vor allem hinsichtlich der Häufigkeit von prozessorientierten Konflikten unterschieden. Diese traten in virtuellen Teams deutlich häufiger auf. Aufgaben- und beziehungsbezogene Konflikte waren dagegen unabhängig vom Ausmaß der Virtualität. Das vielleicht überraschenste Ergebnis dieser Studie war, dass Mitglieder virtueller Teams eine höhere Sensitivität für Konflikte berichteten als Mitglieder von Teams, die am selben Ort arbeiteten. Die Autoren interpretieren diesen Befund dahingehend, dass die erhöhte Sensitivität eine Konsequenz der erschwerten Arbeitsbedingungen in virtuellen Teams sei, quasi im Sinne von

Lernprozessen. Ob sich dieses Ergebnis in weiteren Studien bestätigt, muss sich noch zeigen. Auch ist noch unklar, ob eine solche erhöhte Sensitivität nur Ausdruck einer größeren Verunsicherung ist oder aber auch mit rechtzeitigen konstruktiven Konfliktmanagementmaßnahmen einhergeht. Im Folgenden stellen wir konkrete Möglichkeiten des Umgangs mit Konflikten in virtuellen Teams dar.

4.5.2 Strategien des Konfliktmanagements

Das von uns empfohlene Konfliktmanagement-System basiert im Wesentlichen auf einer doppelten Strategie (vgl. Konradt & Hertel, 2002). Zum einen soll das Auftreten unnötiger und unproduktiver Konflikte durch *Präventionsmaßnahmen* reduziert werden. Zum Anderen sollten im Sinne einer *korrektiven Strategie* verschiedene Konfliktmanagement-Tools bereitgestellt werden, die in Abhängigkeit der Eskalation auch von den beteiligten Personen selbstständig eingesetzt werden können. Bei stärkerer Eskalation empfiehlt sich dagegen der Rückgriff auf professionell geschulte Berater. Die konkrete Zusammenstellung der einzelnen Module hängt von verschiedenen Kenngrößen, wie zeitliche Befristung, Art der Aufgabe, Reifegrad und Ausbildung der Teammitglieder sowie Gegebenheiten in der umgebenden Organisation ab.

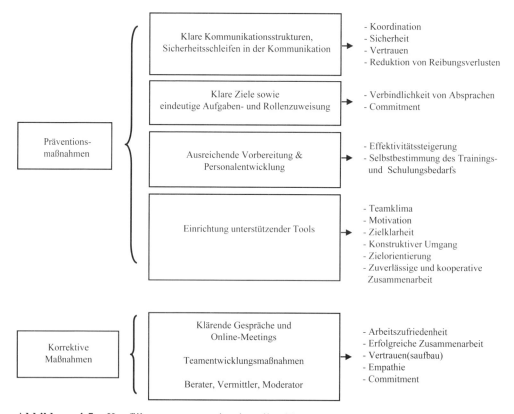

Abbildung 4.5 Konfliktmanagement in virtuellen Teams

4.5 Konfliktmanagement

Zu den *präventiv ausgerichteten Maßnahmen* gehören die Schaffung klarer Kommunikationsstrukturen, klarer Ziele und die eindeutige Zuweisung von Aufgaben und Rollen, eine entsprechend den Anforderungen virtueller Kooperation angemessene Auswahl, Vorbereitung und Schulung der Teammitglieder sowie die Einrichtung von unterstützenden Tools wie z. B. Feedbacksysteme, die auftretende Konflikte rechtzeitig anzeigen. *Klare Kommunikationsstrukturen* sind von zentraler Bedeutung, um Missverständnisse und Fehlinformationen zu vermeiden (s. o.). Teil solcher Kommunikationsstrukturen sind u. a. klare Regeln und Vereinbarungen über den Umgang mit den verschiedenen Kommunikationsmedien. Diese Regeln koordinieren die Interaktion und geben den Mitgliedern Sicherheit und Vertrauen, um schwierige Teamphasen zu bewältigen und konstruktiv mit Auseinandersetzungen umzugehen. Darüber hinaus reduzieren sie unnötige Reibungsverluste. *Sicherheitsschleifen in der Kommunikation* sind ebenfalls geeignet, Missverständnisse und Fehlinformationen zu vermeiden und zusätzliche Sicherheit zu vermitteln. So sollte der Erhalt wichtiger Nachrichten immer vom Empfänger bestätigt werden, damit Informationen nicht im „Cyberspace" verloren gehen bzw. missverstanden werden. Darüber hinaus können automatisierte Verteilersysteme dafür sorgen, dass alle Teammitglieder gleichberechtigt auf dem neusten Stand gehalten werden.

Klare Ziele und eindeutige Zuweisung von Aufgaben und Rollen bereits im Vorfeld erspart viele Kompetenzstreitigkeiten im weiteren Verlauf der Teamarbeit. Die Beteiligung möglichst aller Teammitglieder bei diesen Vereinbarungen sichert eine hohe Verbindlichkeit der Absprachen und ein hohes Commitment. Darüber hinaus können später auftretende Konflikte frühzeitig thematisiert und entschärft werden. Diese für konventionelle Teams gut bestätigten Zusammenhänge treffen für virtuelle Teams im besonderen Maße zu, da räumliche/zeitliche Distanz Gefühle des Ausgeschlossenseins noch schneller auftreten lassen. Außerdem sollten mögliche Ziel- und/oder Loyalitätskonflikte vorweggenommen und frühzeitig besprochen werden.

Ausreichende Vorbereitung und Personalentwicklung der Teammitglieder auf die Anforderungen virtueller Kooperation ist ebenfalls ein Instrument der Konfliktprävention. Dies beginnt mit der Berücksichtigung der spezifischen Anforderungen von Telekooperation bereits bei der Zusammenstellung virtueller Teams (Hertel, Konradt & Voss, 2006). Durch entsprechende Trainings (z. B. Hertel, Orlikowski, Jokisch, Haardt & Schöckel, 2004) können zusätzlich Überforderungen vermieden und Konfliktmanagement-Skills unter virtuellen Arbeitsbedingungen rechtzeitig eingeübt werden. Eigene Studien haben gezeigt, dass solche Vorbereitungen nicht nur die Effektivität der Teammanager, sondern auch die der übrigen Teammitglieder des virtuellen Teams deutlich steigert. Zusätzlich unterstützend können hier Intranet-basierte Employer-Self-Service Systeme (Schäffer-Külz, 2004), bei denen die Teammitglieder ihren Trainings- und Schulungsbedarf selbst angeben können, angewendet werden. Langfristig können dadurch die Inhalte der Trainings und Personalentwicklungsmaßnahmen an die wechselnden Bedarfe angepasst werden.

Eine letzte präventive Maßnahme ist die *Einrichtung von unterstützenden elektronischen Tools*, die sowohl aufgabenbezogene wie auch sozio-emotionale Prozesse unterstützen. Hierzu gehören, z. B. *Online Feedbacksysteme* (z. B. Geister et al., 2006), die im Sinne eines „Frühwarnsystems" regelmäßig (z. B. einmal in der Woche) zentrale Werte wie das Teamklima, die

Motivation der Mitarbeiter oder aber die Klarheit der Ziele laufend erfassen und valide zurückmelden. Auftretende Konflikte und Handlungsbedarfe können so zeitiger erkannt und somit gegebenenfalls gegengesteuert werden.

Ein weiteres Beispiel ist die *Einrichtung übergeordneter Plattformen*, z. B. in Form einer Mailing-Liste oder eines „Wikis" (Jäger et al., 2005), in der Probleme der Teamarbeit diskutiert und Lösungen erarbeitet werden. Der Vorteil solcher übergeordneten Plattformen für den Austausch besteht darin, dass wichtige Diskussionen nicht in der Alltagskommunikation untergehen und sich die Teilnehmer in Abhängigkeit ihres sonstigen Terminplans individuell Zeit nehmen können. Ebenfalls präventiv können *unterstützende Entscheidungs-Tools* wirken, durch die Sachkonflikte online vorstrukturiert werden und so ein konstruktiver Umgang vorbereitet wird. So können z. B. Verhandlungen zielorientierter durchgeführt werden. Teilweise sind solche Tools bereits in Projektmanagement-Systemen enthalten. Ein letztes Beispiel für unterstützende Maßnahmen, die insbesondere bei relativ kurzfristigen, organisationsübergreifenden Teams relevant sein können, sind *gegenseitige Ratings der Zuverlässigkeit* der einzelnen Parteien nach Abschluss eines Projekts. Das Ziel solcher Ratings ist es, langfristig ein überdauerndes Reputationssystem zu entwickeln, das für zukünftige Partner verfügbar ist und als zusätzlicher Anreiz für zuverlässige und kooperative Zusammenarbeit wirkt.

Korrektive Maßnahmen des Konfliktmanagements in virtuellen Teams greifen dann, wenn es trotz der genannten Präventionen zu Konflikten kommen sollte. Neben *direkten, klärenden Gesprächen der betroffenen Personen* (per Telefon oder bei einem persönlichen Treffen) gehören hierzu u. a. Online Meetings, Teamentwicklungsmaßnahmen sowie die Hinzuziehung neutraler Berater oder Vermittler. *Online Meetings* sind bei sich ankündigenden Krisen eine relativ schnell durchführbare Intervention, bei der das gesamte Team erreicht werden kann. Indikatoren hierfür sind z. B. ein deutliches Absinken der Zufriedenheit einzelner Teammitglieder. In Form von Video- oder Telefonkonferenzen können Konfliktpunkte frühzeitig geklärt werden. Trotz der kurzfristigen Einberufung sollten solche Online Meetings gut vorbereitet werden, damit alle Beteiligten möglichst die gleichen Informationen haben und die zur Verfügung stehende Zeit optimal genutzt werden kann (vgl. Duarte & Snyder, 2001; Konradt & Hertel, 2002). Sie schließen in der Regel mit einer konkreten Entscheidung ab bzw. können bei fehlender Einigung auch mit einem neutralen Moderator wiederholt werden.

Begleitende *Teamentwicklungsmaßnahmen* sind eine weitere Möglichkeit, entstandene Konflikte und Unstimmigkeiten im Team anzusprechen und aufzuarbeiten (Raabe & Schmitz, 2004). Im Unterschied zu Online-Meetings sind solche Trainings oder „Retreats" weniger auf konkrete Alltagsprobleme bezogen, sondern thematisieren stärker generelle Fragen, wie z. B. die Hauptziele des Teams für die nächsten Jahre, die Beziehungen der Teammitglieder untereinander, Veränderungen in der Teamstruktur u. ä. Solche wichtigen Prozesse entscheiden wesentlich über die weitere erfolgreiche Zusammenarbeit und sollten daher gerade auch in virtuellen Teams möglichst in Form 2-3-tägiger Workshops außerhalb der normalen Arbeitsumgebung durchgeführt werden (z. B. Hertel, Orlikowski, Jokisch, Schöckel & Haardt, 2004).

Für schwerere Konflikte empfiehlt es sich schließlich, *unabhängige Moderatoren* hinzuzuziehen, die den Konflikt vermitteln. Da es sich hier oftmals bereits um personalisierte Konflikte handelt ist, wie auch bei Teamentwicklungsmaßnahmen, ein face-to-face Treffen am sinnvollsten. Durch persönliche Begegnungen können am effektivsten Missverständnisse ausgeräumt werden und Vertrauen erneut geschaffen werden. Außerdem werden face-to-face Treffen der Komplexität der Problematik am ehesten gerecht und werden auch von Personen für diesen Zweck am stärksten präferiert (Hertel, Schroer, Naumann, Batinic & Konradt, 2005). Unterstützend können und sollten solche Treffen jedoch durch entsprechende elektronische Tools begleitet werden. So ist es beispielsweise sinnvoll, vor einem persönlichen Treffen die verschiedenen Sichtweisen schriftlich z. B. per E-mail auszutauschen. Hilfreich kann dabei auch sein, die jeweiligen Parteien aufzufordern, den Konflikt und die zugrunde liegenden Interessen auch einmal aus Sicht der gegnerischen Partei zu beschreiben. Durch solche vorbereitenden Maßnahmen können erste Missverständnisse relativ einfach behoben und Empathie für die andere Partei geweckt werden. Nach einem Treffen können außerdem schriftliche Zusammenfassungen der Erkenntnisse, Vereinbarungen und weiteren Schritte erstellt werden, die die erarbeiteten Lösungen absichern und das Commitment der Beteiligten zur Umsetzung konstruktiver Lösungen steigern.

4.6 Zusammenfassung

Die Darstellung der verschiedenen Forschungsbefunde zu prozessorientierten Merkmalen der Telekooperation hat einerseits gezeigt, dass Unterschiede zu konventioneller face-to-face Zusammenarbeit vor allem gradueller Natur sind. Die Arbeit in virtuellen Teams führt nicht zu grundsätzlich anderen Prozessen als die Arbeit in anderen Formen von Gruppenarbeit. Entsprechend sind bewährte Konzepte aus dem Bereich konventioneller Teamarbeit, wie z. B. das Vereinbaren herausfordernder Ziele oder regelmäßiges Feedback, auch für das Management virtueller Kooperationsformen relevant. Andererseits ist aber auch deutlich geworden, dass vernetzte und elektronisch vermittelte Zusammenarbeit zu einer anderen Gewichtung verschiedener Teilprozesse führt. So spielen beispielsweise bei der Führung netzbasierter Zusammenarbeit delegative Strategien und sogenanntes „Empowerment" der Mitarbeiter eine stärkere Rolle, die Kommunikation innerhalb telekooperativer Strukturen muss stärker bewusst und aktiv gestaltet werden und setzt entsprechende Fachkenntnisse zu Kommunikationsprozessen voraus, Sicherheitsschleifen zur Vermeidung von Missverständnissen und Fehlkommunikation sind wichtiger als bei konventioneller Zusammenarbeit, die Aufrechterhaltung von Arbeitsmotivation und Identifikation/Commitment erfordert zusätzliche Anstrengungen, und das Konfliktmanagement ist stärker durch präventive Strategien geprägt, da korrektive Maßnahmen in telekooperativen Systemen deutlich aufwendiger sind als in konventionellen Arbeitsumgebungen. Diese Verlagerung der Bedeutung verschiedener Teilprozesse wird umso stärker, je höher der Grad der Virtualität der Arbeitsformen ausfällt.

Der Umstand, dass die zentralen Prozesse netzbasierter Kooperation denen der konventioneller Zusammenarbeit ähneln, kann dazu führen, dass die Notwendigkeit der gezielten Vorbereitung und Begleitung sowohl der Führungskräfte als auch der Mitarbeiter virtueller Teams unterschätzt wird. Gerade die graduelle Natur der Unterschiede macht eine solche Vorbereitung und Begleitung jedoch notwendig, da ansonsten notwendige Anpassungen des Managements übersehen werden.

Im letzten Kapitel stellen wir diese Anpassungen noch einmal übersichtsartig dar. Dabei orientieren wir uns an einem heuristischen Rahmenmodell, das den zeitlichen Verlauf des Managements netzbasierter Zusammenarbeit in fünf verschiedene Phasen unterteilt.

5 Phasen des Managements netzbasierter Kooperation

Das folgende Rahmenmodell basiert auf der Grundlage des Lebenszyklus virtueller Kooperationsformen, und beschreibt die notwendigen Aufgaben und Ressourcen für die Steuerung netzbasierter Zusammenarbeit orientiert am zeitlichen Ablauf (vgl. Hertel, Geister & Konradt, 2005; Konradt & Hertel, 2002). Dabei werden fünf zentrale Phasen netzbasierter Zusammenarbeit unterschieden: Aufbau und Konfiguration, Initiierung, Aufrechterhaltung und Regulation der Zusammenarbeit, Optimierung und Korrektur, sowie Beendigung und Auflösung der Kooperation (s. Abbildung 5.1). Zu beachten ist dabei, dass dieses Phasenmodell eine konzeptuelle Vereinfachung darstellt, und die einzelnen Phasen in der Praxis nicht immer linear nacheinander ablaufen müssen. Vielmehr können sich in der Praxis existierender virtueller Kooperationen Zyklen aus bestimmten Phasen wiederholen, wie zum Beispiel Regulations- und Optimierungsphasen in längerfristigen Teamentwicklungsmaßnahmen. Bei Veränderungen der Rahmenbedingungen, beispielsweise durch Zusammenlegung verschiedener virtueller Teams, kann vorzeitig eine neue Initiierungsphase notwendig werden. Und schließlich können im selben Team unterschiedliche Phasen parallel zueinander bestehen, wenn zum Beispiel verschiedene Arbeitsziele mit unterschiedlichen Abschlußterminen bestehen (Marks, Mathieu & Zaccaro, 2001). Darüber hinaus sind die verschiedenen Phasen durch Feedbackmechanismen miteinander verknüpft, so dass zum Beispiel Erfahrungen aus der Beendigungsphase Auswirkungen auf die Aufbau- und Iniitierungsphasen späterer Kooperationen haben können. Das hier präsentierte Modell hat daher weniger eine deskriptive oder normative Bedeutung, sondern vor allem eine strukturierende Funktion im Sinne einer übergreifenden Heuristik.

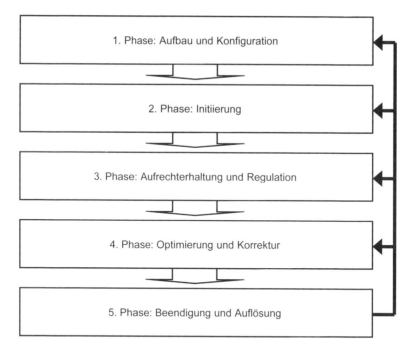

Abbildung 5.1 Phasenmodell netzbasierter Kooperation

5.1 Aufbau und Konfiguration

Die erste Phase des Modells beinhaltet im Wesentlichen Aufgaben der Planung und Vorbereitung. Dabei werden die strukturellen Rahmenbedingungen der netzbasierten Kooperation bzw. des virtuellen Teams festgelegt. Entsprechend korrespondieren die zentralen Aufgaben vor allem mit den Themen des dritten Kapitels dieses Buchs: Gestaltung bzw. Einordnung der Aufgabenstruktur (Aufgabenverteilung, Interdependenz, etc.; vgl. Kap. 3.1), Identifizierung und Bereitstellung der notwendigen Kommunikationsmedien und Kooperationsplattformen (vgl. Kap. 3.2), personelle Zusammenstellung der Teams (vgl. Kap. 3.3) sowie Auswahl der Mitarbeiter und Führungskräfte (vgl. Kap. 3.4), sowie Bereitstellung materieller und weiterer personeller Ressourcen und Gestaltung des Entlohnungssystems (vgl. Kap. 3.5).

Eine der wichtigen Herausforderungen ist dabei die möglichst konkrete Festlegung der Hauptziele des virtuellen Teams. Dies ist nicht nur für Aufgabengestaltung und Auswahl der Mitarbeiter leitend, sondern erleichtert später auch die Delegation wichtiger Steuerungsaufgaben an das Team. Die Orientierung an den Hauptzielen der Zusammenarbeit sollte jedoch nicht dazu führen, dass nur fachspezifische Kriterien und Kompetenzen berücksichtigt werden. Wie die vorangegangenen Abschnitte gezeigt haben, sind grade in netzbasierten Kooperationsformen extrafunktionale Fähigkeiten wie Kommunikations-Skills und interpersonale Fähigkeiten von Bedeutung. Darüber hinaus ist die Einplanung konkreter Möglichkeiten zum Kennenlernen und zu nicht-aufgabenbezogener Kommunikation der beteiligten Personen essentiell. Und schließlich sollten die verschiedenen Schnittstellen eines virtuellen Teams mit anderen organisationalen Einheiten (Top Management, Experten, anderen Teams, dem Controlling, etc.) sowie externen Partnern (Kunden, Zulieferern, etc.) möglichst sorgfältig im Vorfeld durchdacht und geplant werden, um dem Team von Beginn an gute Rahmenbedingungen zu gewährleisten.

Die Effizienz netzbasierter Kooperation sollte dabei generell mit dem Umfang an Planungs- und Entscheidungsbefugnissen der beteiligten Personen steigen, vorausgesetzt es bestehen keine Kompetenzkonflikte mit vor- oder nachgelagerten Einheiten. In einem konkreten Fall aus unserer Beratungspraxis konnten zum Beispiel virtuelle Teams, die den Materialeinkauf für ein großes Produktionsunternehmen international bündeln sollten, erst dann erfolgreich eigenverantwortlich arbeiten, nachdem Kompetenzkonflikte mit den direkten Linienvorgesetzten der verschiedenen Teammitglieder aus den unterschiedlichen Produktionsbereichen beseitigt worden sind. Generell können solche Konflikte vor allem vermieden werden, wenn im Sinne eines Workflow-Ansatzes (Gadatsch, 2001) Autonomie nur in klar abgrenzbaren Prozessen eingeräumt wird.

5.2 Initiierung

Die Phase der Iniitierung beinhaltet den eigentlichen Start der netzbasierten Zusammenarbeit bzw. des virtuellen Teams. Dies geschieht häufig im Rahmen sogenannter Kick-off Veranstaltungen. Solche Veranstaltungen sollten möglichst als Präsenz-Workshops über 1-2 Tage stattfinden, und dienen vor allem der Klärung bzw. Vereinbarung der Hauptziele der Zusammenarbeit. Je klarer und einvernehmlicher diese Hauptziele sind, umso stärker können sie im Sinne einer gemeinsamen „Mission" im weiteren Verlauf Selbststeuerungsprozesse ermöglichen und begleiten. Ein hoher Grad an Partizipation der beteiligten Personen steigert darüber hinaus die Bindung und das Commitment an diese Hauptziele. Im Zusammenhang mit den Hauptzielen erfolgt dann die Aufgaben- und Rollenverteilung.

Eine weitere wichtige Aufgabe dieser Phase ist das gegenseitige Kennenlernen möglichst aller Personen, die in die netzbasierten Zusammenarbeit involviert sein werden. Im Unterschied zu konventioneller Zusammenarbeit, bei der sich die beteiligten Personen aufgrund häufiger direkter Kontakte zumeist automatisch kennen lernen, benötigt netzbasierte Zusammenarbeit eine bewußte und gezielte Planung solcher persönlichen Kontakte, die nicht zuletzt für die Entwicklung von gegenseitigem Vertrauen wichtig sind. Kick-off Veranstaltungen bieten hierzu gute Möglichkeiten, die jedoch aufgrund der begrenzten Zeit sorgfältig vorbereitet und gegebenenfalls durch erfahrene Berater oder Trainer unterstützt werden sollten.

Eine dritte wichtige Aufgabe der Initiierungsphase ist die gemeinsame Vereinbarung von Regeln für die Zusammenarbeit sowie entsprechender Sanktionen bei Verletzung dieser Regeln. Diese Regeln und Vereinbarungen bilden eine wichtige Säule der Konfliktprävention und können verschiedene Bereiche betreffen, von einfachen Kommunikationsregeln bis hin zum Umgang mit interpersonalen Auseinandersetzungen (vgl. Kap. 4.2). Umfang und Ausführlichkeit der jeweiligen Vereinbarungen sollten dabei den Aufgaben und dem Reifegrad der Teammitglieder angepasst sein. Personen mit viel Erfahrung in netzbasierter Zusammenarbeit und/oder klarem Aufgabenzuschnitt benötigen beispielsweise weniger explizite Vereinbarungen als Personen mit wenig Erfahrung und/oder unklarem Aufgabenzuschnitt. Zusätzlich sollten Pflichten schriftlich bzw. vertraglich geregelt werden, wenn die Risiken, die aus individuellen Fehlern entstehen können, vergleichsweise hoch sind. Insgesamt sollten möglichst alle Personen, die in der netzbasierten Kooperation involviert sind, bei der Entwicklung der Regeln und Vereinbarungen beteiligt werden, um ein möglichst hohes Commitment zu erreichen und die praktische Umsetzung der Regeln zu fördern (näheres zum Verfahren siehe Konradt & Hertel, 2002). Eine entsprechend gestaltete Kick-off Veranstaltung bietet sich hierzu an. Zu beachten ist allerdings dabei, dass genügend Zeit (mind. ein halber Tag) hierfür zur Verfügung steht.

5.3 Aufrechterhaltung und Regulation

Im Unterschied zur ersten Phase beziehen sich die Aufgaben der dritten Phase vorwiegend auf prozessbezogene Aspekte netzbasierter Zusammenarbeit. Hierzu gehören Fragen der Führung (vgl. Kap. 4.1), der Gestaltung sowohl der aufgabenbezogenenen als auch der nicht-aufgabenbezogenen Kommunikation mit elektronischen Medien (vgl. Kap. 4.2), der Entwicklung und Aufrechterhaltung hoher Motivation und positiver Emotionen bezogen auf die virtuelle Zusammenarbeit (Identifikation, Kohäsion, etc.; vgl. Kap. 4.3), der Steuerung und Regulation der Informationsverarbeitungsprozesse innerhalb der virtuellen Teams (Initiierung kreativer Prozesse, Wissensmanagement, rationale Entscheidungsprozesse; vgl. Kap. 4.4) sowie ein angemessenes, sensibles und frühzeitiges Konfliktmanagement (vgl. 4.5).

Wie die bisherigen Forschungsergebnisse gezeigt haben, sind für die Steuerung netzbasierter Kooperationen delegative Strategien wie Management by Objectives wesentlich viel versprechender als direktiv-kontrollierende Konzepte (z. B. Hertel et al., 2005). Entsprechend zeichnen sich neuere Führungskonzeptionen für virtuelle Kooperation durch eine Kombination von Elementen der interaktionalen, strukturellen und der Selbstführung aus. Die Effektivität delegativer Strategien hängt jedoch wesentlich von der Klarheit der Hauptziele, von der Widerspruchsfreiheit der unterschiedlichen Teilziele, von der Angemessenheit der Zielhöhe sowie von der regelmäßigen Überprüfung und Anpassung der Ziele ab. Darüber hinaus dürfen delegative Ansätze für die Steuerung netzbasierter Zusammenarbeit nicht dahingehend missverstanden werden, dass sie lediglich ein „Weniger" an Aufwand und Ressourcen bedeuten, im Gegenteil. Neben einer ausreichenden Vorbereitung und ausreichendem Training der Mitarbeiter ist die angemessene Unterstützung durch materielle und informationsbezogene Ressourcen für den Erfolg selbststeuernder netzbasierter Teams unabdingbar. Außerdem sollte die höhere Eigenverantwortung und Übernahme von Führungsaufgaben durch die Mitarbeiter angemessen gewürdigt werden, um Gefühle der Ungerechtigkeit im Vergleich zu Mitarbeitern in anderen Arbeitsformen zu vermeiden. Eine solche Würdigung kann neben finanziellen Anpassungen auch durch nichtmaterielle Formen realisiert werden, wie z. B. lobende Berichte über die Arbeit der virtuellen Teams im Unternehmen, zusätzliche Karriereperspektivn für die Mitarbeiter oder aber größere Flexibilität bei der Arbeitszeitgestaltung.

Ähnlich wie bei konventioneller Teamarbeit korreliert auch bei virtueller Teamarbeit die Zufriedenheit der Mitarbeiter zumeist positiv mit der Effektivität der Teams. Erfolgreiche Arbeit und zufriedene Teammitglieder schließen sich dem zufolge nicht aus, im Gegenteil. Insbesondere bei delegativen Steuerungskonzepten ist ein hohes Commitment der Mitarbeiter von zentraler Bedeutung, welches wiederum deutlich von der wahrgenommenen Fairness der Arbeitsbedingungen sowie dem generellen Arbeitsklima abhängt. Entsprechend beinhaltet die Steuerung netzbasierter Zusammenarbeit im Vergleich zu konventioneller Kooperation noch stärker Aufgaben des Coachings und des Beziehungsmanagements der beteiligten Personen, um ein entsprechend förderliches Arbeitsumfeld zu schaffen und aufrechtzuerhalten. Von hoher Bedeutung ist dabei nicht zuletzt die frühe Wahrnehmung von Fehlentwicklungen und Konflikten, um rechtzeitig gegensteuern zu können. Obwohl netzbasierte Zusammenarbeit aufgrund der geringen Ko-Präsenz der Mitarbeiter einerseits erschwerende Bedingungen mit sich bringen, können durch die höhere Affinität zu elektronischen Medien gleichzeitig bessere Möglichkeiten der Kompensation dieser Nachteile bestehen, wie sie beispielsweise im Zusammenhang mit netzbasierten Feedbacktools (z. B. Geister, Konradt & Hertel, 2006; vgl. Kap. 4.1.2 und 4.3.1) beschrieben wurden.

Die konkreten Maßnahmen für die Optimierung und Korrektur von Fehlentwicklungen netzbasierter Zusammenarbeit sind der nächsten Phase zugeordnet, auch wenn sie in der Praxis häufig eng mit Steuerungsaufgaben zusammenhängen und zeitlich verschränkt sein können.

5.4 Optimierung und Korrektur

Die vierte Phase beinhaltet Aufgaben der Prozessoptimierung netzbasierter Zusammenarbeit. Diese sind vor allem der Personal- und Teamentwicklung zuzuordnen (vgl. Kap. 3.5.4 und 4.1.5). Die Diskussion der Anforderungen netzbasierter Zusammenarbeit (vgl. Kap. 2.4 und 3.4.1) hat gezeigt, dass virtuelle Kooperation eine hoch qualifizierte Tätigkeitsform ist, die neben fachlichen und allgemein berufsbezogenen Qualifikationen noch eine Reihe zusätzlicher Fähigkeiten erfordert (Hertel, Konradt & Voss, 2006; Rosen et al., 2006). Hierzu zählen neben ausreichenden Skills hinsichtlich elektronisch vermittelter Kommunikation vor allem Fähigkeiten im Bereich des Zeit- und Selbstmanagements.

Netzbasiertes Arbeiten bietet zwar im Vergleich zu traditionellen Arbeitsformen größere Gestaltungsspielräume und Flexibilität, um verschiedene arbeits- und nichtarbeitsbezogene Aufgaben (familiäre Pflichten etc.) besser zu koordinieren. In der Tat zeigen aktuelle Befunde auf der Basis einer Stichprobe von 756 Teilnehmern, dass der relative Grad an Virtualität von Arbeit signifikant *negativ* mit berufsbezogenem Stress ($r = -.13$) sowie Konflikten zwischen arbeits- und nicht arbeitsbezogenen Aufgaben ($r = -.18$) korreliert (Raghuram & Wiesenfeld, 2004). Allerdings fallen die absoluten Werte dieser durchschnittlichen Zusammenhänge nicht sehr hoch aus. Gleichzeitig gehört das Verschwimmen zeitlicher Strukturen zu den am häufigsten berichteten Schwierigkeiten netzbasierter Arbeit (z. B. Konradt, Hertel, Schmook & Wilms, 2000), in dessen Folge die Aufteilung der Zeit und Energie zwischen verschiedenen arbeitsbezogenen Aufgaben und Projekten, sowie auch die Abgrenzung von Arbeitszeit und

Freizeit für einzelne Mitarbeiter schwierig werden kann. Maßnahmen zur Unterstützung können zum einen an der Gestaltung der Arbeitsbedingungen ansetzen, indem klare Ziele und Bewertungskriterien vereinbart werden und die ortsverteilt arbeitenden Mitarbeiter bewusst in organisationsinterne Prozesse eingebunden werden (Konradt et al., 2003; Raghuram & Wiesenfeld, 2004). Darüber hinaus kann eine detaillierte Dokumentation der verschiedenen Tätigkeiten sinnvoll sein, die durch die selbstverständliche Nutzung elektronischer Medien bei netzbasierter Zusammenarbeit relativ einfach durchführbar sein sollte. Zum anderen aber kann und sollte auch bei der Vorbereitung der Mitarbeiter angesetzt werden, indem neben Kommunikationsskills vor allem auch Techniken des Selbst- und Zeitmanagements unter Bedingungen netzbasierter Arbeit vermittelt werden.

Eine weitere zentrale Herausforderung netzbasierter Zusammenarbeit besteht in der rechtzeitigen Erkennung von Korrektur- und Optimierungsbedarf. So können Missverständnisse bei vorwiegend elektronisch vermittelter Kommunikation wesentlich schneller eskalieren als bei face-to-face Kommunikation. Gleichzeitig ist es für Führungskräfte schwerer, bei netzbasierter Arbeit klimatische Faktoren wie Motivation und Kohäsion der Mitarbeiter im Blick zu behalten. Das dargestellte VIST-Modell kann hier zur Diagnose und Ableitung von Personal- und Teamentwicklungsmaßnahmen eingesetzt werden (vgl. Kap. 4.3.1). Neben elektronischen Feedbacksystemen ist außerdem eine höhere Eigenständigkeit und Mündigkeit der Mitarbeiter („Empowerment") erstrebenswert, damit sie selbstständig korrektive Maßnahmen (Teammeetings, Feedbackprozesse, etc.) einleiten oder im Sinne von netzbasierten Employer Self-Service Systemen eigene Fortbildungsbedarfe anmelden können (vgl. Kap. 4.5.2).

Die individuelle Vorbereitung der Mitarbeiter auf die spezifischen Anforderungen netzbasierter Arbeit ist eine wichtige Voraussetzung für das Gelingen von Telekooperation. Ergänzt wird dies durch Maßnahmen, die das virtuelle Team bzw. Projekt als Gesamtes im Fokus haben. Trotz steigendem Einsatz netzbasierter Arbeitsformen sind allerdings systematische Strategien der Teamentwicklung für netzbasierte Zusammenarbeit bislang erst selten entwickelt und systematisch geprüft worden (Rosen et al., 2006), auch wenn erste Ansätze recht viel versprechend sind (vgl. Hertel, Orlikowski, Jokisch, Schöckel & Haardt, 2004). Offene Fragen bestehen beispielsweise noch hinsichtlich der relativen Gewichtung von Präsenztrainings und netzbasierten Lerneinheiten. Der Beratungsmarkt bewegt sich mehr und mehr in Richtung hybrider Modelle („blended Trainings"), in denen eine Mischung aus konventionellen Seminareinheiten, computerbasierten Lernmodulen (auf Datenträger oder netzbasiert) sowie interaktiven Übungen unter virtuellen Bedingungen zusammengestellt wird (Raabe & Schmitz, 2004). Neben ausführlicheren Evaluationsstudien fehlen bislang explizitere Kontingenzmodelle, die spezifizieren, für welche Trainingsziele welche didaktischen Verfahren am sinnvollsten sind, und wie diese Abstimmung wiederum von der Art der Aufgaben eines virtuellen Teams bestimmt wird. Vor dem Hintergrund der in Kapitel 4.1.5 berichteten Ergebnissen einer aktuellen Befragungsstudie (Rosen et al., 2006), denen zufolge nur 7 Prozent von 440 befragten Personalmanagern die in ihrem Unternehmen durchgeführten Trainings für virtuelle Teams als effektiv einstufen, besteht hier noch großes Entwicklungspotenzial.

Eine letzte wichtige Aufgabe dieser vierten Phase besteht in der Entwicklung eines konstruktiven und vor allem rechtzeitigen Konfliktmanagementsystems für netzbasierte Zusammenarbeit. Ähnlich wie im Bereich der Trainingsmaßnahmen steht hier systematische Forschung noch aus. Generell aber deuten die in Kapitel 4.5 präsentierten Befunde darauf hin, dass bei netzbasierter im Vergleich zu konventioneller Zusammenarbeit der Fokus stärker auf einer präventiven und prospektiven Orientierung liegen sollte, um Konflikte und Missverständnisse bereits im Vorfeld zu reduzieren. Korrektive Maßnahmen sind in virtuellen Arbeitskontexten dagegen mit wesentlich mehr Aufwand verbunden.

5.5 Beendigung und Auflösung

Die Beendigung virtueller Kooperation wurde – ähnlich wie bei konventioneller Teamarbeit – bislang sowohl in theoretischen Konzeptionen als auch in empirischen Untersuchungen fast völlig vernachlässigt (Hertel, Geister & Konradt, 2005; Ilgen, Hollenbeck, Johnson & Jundt, 2005). Gerade netzbasierte Zusammenarbeit findet jedoch häufig in Form zeitbegrenzter Projekte statt, bei der Teammitglieder nur wenige Monate zusammenarbeiten und sich nach Beendigung eines Projekts immer wieder neu aus einem bestehenden Mitarbeiterpool zusammensetzen (z. B. Scherm & Süß, 2000). Innerhalb dieses Mitarbeiterpools ist die Entwicklung eines allgemeinen Klimas wichtig, das durch hohe Motivation und Grundvertrauen („swift trust"; vgl. Jarvenpaa & Leidner, 1999) geprägt ist, um den Start netzbasierter Zusammenarbeit auch mit relativ unbekannten Partnern zu erleichtern. Die konstruktive Auflösung früherer Projekte ist dabei von hoher Bedeutung, da sie die Erwartungen der Mitarbeiter bezüglich zukünftiger Ergebnisse prägt. Eine angemessene Würdigung von Erfolgen netzbasierter Kooperationen versteht sich somit nicht nur als positives Feedback und Dank für das Engagement der aktuellen Mitarbeiter, sondern kann auch eine wertvolle Investition für den erfolgreichen Verlauf zukünftiger Projekte sein.

Weitere wichtige Aufgaben dieser letzten Phase bestehen im konstruktiven Umgang mit möglicherweise nicht erreichten Teamzielen. Neben einer respektvollen Ursachenklärung ohne schnelle Schuldzuweisungen sollte das explizite und implizite Wissen der Gruppe gerade auch bezüglich des vermeintlichen Scheiterns und seiner Ursachen verarbeitet und im Wissensmanagementsystem gesichert und weitergegeben werden (z. B. Maznewski & Athanassiou, 2003).

Schließlich kann die Re-Integration der Teammitglieder in die Organisation eine zentrale Aufgabe dieser letzten Phase sein. Besondere Herausforderungen sind hierbei häufig der Umgang mit den gewachsenen Erwartungen und Ansprüchen der Mitarbeiter hinsichtlich zeitlicher und aufgabenbezogener Selbstständigkeit, die möglicherweise in konventionellen Arbeitsformen nicht realisiert werden kann. Darüber hinaus ist die zusätzlich erworbene Qualifikation der Mitarbeiter nicht immer auch in anderen Arbeitskontexten einsetzbar. Eine langfristige Karriereplanung und entsprechendes Coaching kann hier demotivierende Erlebnisse vermeiden helfen.

5.6 Zusammenfassung

Während zu Beginn netzbasierter Kooperationsformen zunächst vorwiegend technische Fragen im Vordergrund standen, wendet sich die Forschung mittlerweile auch personalwirtschaftlichen Fragestellungen zu, insbesondere Themen der Arbeitsgestaltung, des Managements und der Personalentwicklung. Konsens besteht mittlerweile darüber, dass bei netzbasierte Zusammenarbeit nicht auf bewusste Steuerung verzichten kann, sondern dass den veränderten Arbeitsbedingungen durch entsprechend angepasste Managementkonzepte Rechnung getragen werden muss. Hierbei scheinen Formen delegativer Steuerung, bei denen Managementaufgaben teilweise von den Mitarbeitern selbst übernommen werden, theoretisch wie auch empirisch besser geeignet zu sein als Konzepte direktiver Führung.

Zukünftige Entwicklungen in diesem Bereich müssen sicherlich noch stärker die spezifischen Charakteristika der virtuellen Teams, ihre Aufgaben sowie moderierende Kontextmerkmale berücksichtigen (Bell & Kozlowski, 2002). So arbeiten beispielsweise virtuelle Produktentwicklungsteams kürzere Zeit zusammen als virtuelle Teams im Dienstleistungsbereich. Die Aufgaben virtueller Managementteams erfordern aufgrund ihrer Komplexität und geringer Zielklarheit häufigere face-to-face Treffen als Aufgaben virtueller Produktionsteams (Goecke, 1997). Gleichzeitig ist jedoch auch deutlich geworden, dass ortsverteilte Zusammenarbeit nicht völlig neuartige Managementkonzepte erfordern, sondern dass Instrumente, die sich bei herkömmlicher Teamarbeit bereits bewährt haben (Management by Objectives, teambasierte Incentives, etc.) auch bei netzbasierter Zusammenarbeit nach entsprechender Anpassung anwendbar sind (vgl. Hertel, Konradt & Orlikowski, 2004).

Die Forschung zum Management netzbasierter Zusammenarbeit steht sicherlich noch in den Kinderschuhen. Zum Schluss dieses Abschnitts sollen daher einige zentrale Fragen für die weitere Forschung exemplarisch dargestellt werden (vgl. Hertel & Konradt, 2004).

Differenzierung statt Kontrastierung. Zu Beginn der Erforschung netzbasierter bzw. virtueller Kooperation stand die Kontrastierung zu nicht-virtueller Kooperation im Mittelpunkt, worunter in der Regel synchrone Zusammenarbeit am selben Ort verstanden wurde. Obwohl diese Gegenüberstellung aus didaktischen Gründen nach wie vor sinnvoll sein kann (und häufig auch in diesem Buch eingesetzt wurde), so soll dabei nicht übersehen werden, dass virtuelle Kooperation in „Reinform" genausowenig in der Realität zu finden ist wie ihr Gegenteil. Die meisten existierenden Teams und Projektgruppen stellen eher eine Mischform dar und können hinsichtlich ihrer relativen Virtualität eingestuft werden. Auch wenn zur Zeit noch kein konsensuales Maß dieser relativen Virtualität existiert, so gibt es doch bereits eine Reihe brauchbarer Kandidaten (vgl. Hertel, Geister & Konradt, 2005; Kirkman & Mathieu, 2005; vgl. Kap. 3.3.1). Zukünftige Forschung sollte vor allem auch moderierende Effekte der relativen Virtualität beachten, ähnlich wie moderierende Effekte anderer Rahmenbedingungen wie Teamgröße oder Heterogenität der Mitglieder, anstelle Virtualität als dichotomes Merkmal zu verstehen. Um zu begreifen, welche Auswirkungen hohe Virtualität von Arbeitsbedingungen auf die Zusammenarbeit hat, braucht es den Vergleich unterschiedlicher Ausprägungen dieses Merkmals.

5.6 Zusammenfassung

Kurzfristigkeit und Amortisationszyklen. Mehr noch als bei konventioneller Zusammenarbeit benötigen Mitarbeiter bei netzbasierter Kooperation ausreichend Zeit, um Commitment, Identifikation und Vertrauen zu entwickeln. Gleichzeitig aber werden virtuelle Teams aus strategischen Gründen häufig für zeitlich befristete Projekte eingesetzt, in denen Experten aus verschiedenen Teilen einer Organisation zusammengefasst werden. Hier ist Forschung notwendig, wie die Anlaufzeit virtueller Teams verkürzt werden kann. Neben der Schaffung einer durch Vertrauen bestimmten Kooperationskultur ist die explizite Einrichtung eines Pools untereinander bekannter, erprobter und vertrauenswürdiger Personen möglich, aus dem dann die Projektmitarbeiter nach fachlichen Kriterien ausgewählt werden (z. B. Scherm & Süß, 2000).

Inkompatibilität zwischen Team- und Unternehmensgrundsätzen. Durch die häufig hohe Isolierung virtueller Teams kann ein teaminternes Normen- und Wertesystem entstehen, das sich von dem des organisationalen Umfeldes unterscheidet. Darüber hinaus können Wertkonflikte entstehen, wenn Mitglieder virtueller Teams zur gleichen Zeit in verschiedenen Teams bzw. in anderen Unternehmensbereichen tätig sind. Die Integration dieser unterschiedlichen „Kulturen" und rechtzeitiges Konfliktmanagement sind wichtige Führungsaufgaben in diesem Bereich.

Change Management. Bei der Implementierung netzbasierter Zusammenarbeit haben Führungspersonen wichtige Vorbildfunktionen. Darüber hinaus begleiten und fördern sie die Planung und Umsetzung der neuen Strukturen. Vor dem Hintergrund von Grundsätzen der symbolischen Führung (Neuberger, 1989) sollte hier auf eine entsprechende Passung von Werten und Arbeitsweisen der Führungskräfte geachtet werden. Ein zweiter Aspekt betrifft ein verändertes Rollenverständnis der Führungskräfte. In explorativen Studien werden immer wieder erhebliche Widerstände der Linienvorgesetzten bei der Einführung netzbasierter Arbeit berichtet (Korte, Flüter-Hoffmann & Kowitz, 2000; Reichwald & Bastian, 1999), die möglicherweise mit einem drohenden Machtverlust erklärt werden können (Wiesenfeld, Raghuram & Garud, 1999). Führungskräfte können außerdem durch die stärkere Betonung delegativer und partizipativer Prinzipien bei netzbasierter Kooperation in Rollenkonflikte geraten, da sie einerseits die Teammitglieder im Sinne eines Coachings begleiten sollen, andererseits aber dennoch als Vorgesetzte auch manchmal unangenehme Entscheidungen treffen müssen. Diese Problematiken unterstreichen noch einmal die Notwendigkeit gezielter und möglichst frühzeitiger Vorbereitung der Führungskräfte auf die veränderten Aufgaben durch Maßnahmen der Personalentwicklung (Raabe & Schmitz, 2004).

Netzbasierte Zusammenarbeit bzw. Telekooperation ist eine innovative und anspruchsvolle Arbeitsform, die alle Beteiligten vor spannende neue Anforderungen stellt. Die Integration von Instrumenten der operativen und strategischen Führung mit Prinzipien der Selbststeuerung können dabei nicht zuletzt ein verändertes Rollenverständnis der beteiligten Mitarbeiter und Führungskräfte fördern, und längerfristig dazu beitragen, Eigenverantwortlichkeit, Innovation, Flexibilität und organisationale Lernprozesse in der Gesamtorganisationen positiv zu beeinflussen.

Glossar

Die nachfolgend beschriebenen Fachbegriffe werden im Folgenden hinsichtlich ihrer Bedeutung im Bereich telekooperativer Arbeit erläutert. Die Begriffe können in anderen Bereichen auch andere Bedeutungen besitzen.

Alternierende Telearbeit: Telearbeit, die abwechselnd an betrieblichen und außerbetrieblichen Arbeitsstätten verrichtet wird. Oft findet ein schrittweiser Übergang von ortsgebundener zur alternierender Telearbeit statt, so dass die sozialen Bindungen zum Unternehmen bestehen bleiben.

Aufgabenindependenz: Interdependenz von Aufgaben beschreibt den Grad der Interaktion, den die Teammitglieder untereinander realisieren müssen, um eine Gruppenaufgabe zu bearbeiten. Inhaltlich bezieht sich Interdependenz auf den Austausch von Informationen zur Ausführung von arbeitsteiligen Aufgaben, von Koordinations- und Steuerungsprozessen sowie bei Optimierungsprozessen.

Brainstorming: Methode zur Entwicklung neuer und kreativer Ideen durch Gruppenarbeit. Die Grundregeln der Ideenfindungsphase lauten dabei, eigene Ideen nicht zu bewerten und auch keine Kritik an anderen Beiträgen zu üben, freie Ideenäußerung aller Beteiligten zu ermöglichen, auf den Ideen anderer Teilnehmer aufzubauen sowie generell möglichst viele Ideen zu generieren (Quantität als Voraussetzung für Qualität). Systematische Untersuchungen zeigen allerdings wiederholt, dass Brainstorming in Gruppen sowohl quantitiv als auch qualitativ zu schlechteren Ergebnissen führt als wenn dieselbe Anzahl an Personen Ideen in Einzelarbeit generiert, und diese dann kombiniert werden.

Bulletin board: Diskussionsforum in einem Computernetzwerk (Inter- oder Intranet) auf dem Beiträge von verschiedenen Teilnehmern chronologisch und nach Themen geordnet dargestellt werden.

Coaching: Im Kontext von Führung in virtuellen Arbeitsstrukturen bezeichnet Coaching die Moderation von Kommunikations- und Entscheidungsprozessen sowie die Förderung sozialer Arbeitsbeziehungen mit dem Ziel, das Leistungsniveau von Mitarbeitern zu fördern, Lernprozesse und Potentiale anzuregen und bei beruflichen Problemen zu unterstützen.

CSCW: Computer Supported Cooperative Work. Ein interdisziplinäres Forschungsfeld, in welchem die personelle, soziale und technische Unterstützung der Kommunikations-, Kooperations- und Koordinationsprozesse für eine effektive und effiziente Telekooperation untersucht wird.

Electronic Performance Monitoring: Kontrolle und Überwachung der Leistung von Mitarbeitern mittels elektronischer Medien. Medien (z. B. Leistungsaufzeichnungen durch das jeweilige Computersystem, Log-in Zeiten der Mitarbeiter, oder telefonische Arbeitsproben).

E-mail: Textbasierte Nachrichten, die über elektronische Computernetzwerke (z. B. das Internet) an einen oder mehrere Empfänger übermittelt werden (elektronische Post). Die einzelnen Nachrichten können durch zusätzlich angehängte Datendateien, sog. „Attachments" die Dokumente, Grafiken, Audio- oder Videodaten enthalten, ergänzt werden.

Emoticon: Zeichen, die über eine Computertastatur eingegeben werden können und in textbasierten Nachrichten Gesichtsausdrücke simulieren, die aktuelle Emotionen des Senders ausdrücken.

Employer Self-Service-Systeme: Netzbasierte Möglichkeiten für Mitarbeiter und Führungskräfte der eigenverantwortlichen Bearbeitung der eigenen personalwirtschaftlichen Daten.

Empowerment: Managementstrategien zur Steigerung der Eigenverantwortlichkeit und Selbstbestimmung von Mitarbeitern bzw. Arbeitsgruppen („Team empowerment").

Feedback: Rückmeldung zu aufgabenbezogenen und psychosozialen Konsequenzen einer Tätigkeit. Diese Rückmeldung kann sich sowohl auf die Ergebnisse einer Tätigkeit (z. B. produzierte Güter, Dienstleistungen) als auch auf Aspekte der Tätigkeit selbst beziehen (z. B. Qualiät der Kommunikation und Entscheidungen), und sich sowohl an Einzelpersonen als auch an größere (Arbeits-)gruppen und Organisationen richten.

Flaming: Eskalierende (unkontrollierte, aggressive) Kommunikation mit elektronischen Medien aufgrund reduzierter Informationsübertragung (weniger Kommunikationskanäle, asynchrone Kommunikation, etc.) und fehlender Präsenz sozialer Normen.

Group Communication Support Systems (GCSS): GCSS bezeichnet Software, die zur Kommunikation innerhalb eines Teams verwendet wird.

Group Decision Support Systems (GDSS): GDSS bezeichnet Software, die einen strukturierten Entscheidungsprozess unterstützt und fördert.

Group External Support Systems (GXSS): GCSS bezeichnet Software zur Unterstützung der Kommunikation der Gruppe mit der Außenwelt.

Group Information Support Systems (GISS): Software für spezifische Projektmanagementbereiche, die nicht durch GPSS abgedeckt sind, wie Tools zum Entscheidungsmanagement und zur Risikoanalyse, zu Kostenschätzung und zum Controlling.

Group Performance Support Systems (GPSS): Software zur Unterstützung der aufgaben- und produktbezogenen Leistungsprozesse in Teams.

Groupware: Oberbegriff für Software zur Unterstützung von Arbeitsprozessen in Teams.

Interdependenz: Intedependenz kann in vier qualitative Muster unterteilt werden: Zusammengefasste Interdependenz. Die Aufgabe wird arbeitsteilig und ohne Austausch zwischen den Mitarbeitern durchgeführt („pooled"). Es entsteht keine oder nur eine sehr geringe Interdependenz. Sequentielle Interdependenz liegt vor, wenn Arbeitsergebnisse oder Tätigkeiten zwischen Teammitgliedern weitergegeben werden. Da der Verlauf unidirektional bzw. sequentiell ist, liegt eine geringe Form der Interdependenz vor. Reziproke Interdependenz liegt vor, wenn Arbeitsergebnisse oder Tätigkeiten zwischen Teammitgliedern wechselseitig ausgetauscht werden. Intensive Interdependenz liegt vor, wenn Arbeitsergebnisse oder Tätigkeiten ein interaktives Muster aufweisen.

Internet: Weltweite elektronische Vernetzung von Rechnern (Servern) zum Austausch von Daten zwischen einzelnen Computern. Das World Wide Web ist wohl der bekannteste Dienst des Internets.

Intranet: Elektronisches Netzwerk aus Computern, das mit ähnlichen Techniken wie das Internet arbeitet, zu dem jedoch nur bestimmte Teilnehmer (zumeist aus einer Organisation) Zugang haben.

Kick-off-Veranstaltung: Workshop zu Beginn eines Projekts oder Teams zur Klärung der gemeinsamen Ziele und Arbeitsweise, sowie zum gegenseitigen Kennenlernen der beteiligten Personen.

Kooperative Arbeit: Zusammenarbeit mehrerer Personen, Organisationseinheiten oder Organisationen, die zielorientiert bestimmte Einzelleistungen erbringen.

Management by Objectives: Konzept der Mitarbeiterführung anhand von Zielvereinbarungen mit besonderer Betonung von Partizipation und Feedback.

Mobile Telearbeit: Telearbeit, die über Mobilfunk oder mobile Computer von wechselnden Arbeitsorten (u. a. von Kunden, aus Hotels, von einer Baustelle oder aus einem Verkehrsmittel) verrichtet wird.

Online Chat Systeme: Textbasierte Kommunikationssysteme, bei denen über das Internet kurze Nachrichten mit anderen Teilnehmern ausgetauscht werden. Im Unterschied zu E-mails ist die Kommunikation in Online Chat Systemen in der Regel direkter bzw. synchroner, da während der Eingabe einer Nachricht zeitgleich die Antworten von Kommunikationspartnern auf frühere Nachrichten erscheinen und gelesen werden können. Neben textbasierten Chatsystemen gibt es mittlerweile auch Audio- und Videochatsysteme, bei denen ein Audio- und/oder Videokanal hinzukommt.

Online Feedback System: Netzbasierte Dokumentation und Aggregation von subjektiven Maßen und Indikatoren bezüglich der Qualität von Zusammenarbeit.

Personalentwicklung: Geplante Maßnahmen zur Unterstützung und Weiterbildung von Mitarbeitern, Teams und Organisationen, damit diese ihre Arbeitsaufgaben erfolgreich und effizient bewältigen. Neben der theoretisch fundierten Planung und professionellen Umsetzung von Personalentwicklungsmaßnahmen sollten diese auch systematisch evaluiert werden.

Team awareness: Mentale Repräsentation des Teams und der Prozesse innerhalb des Teams bei den einzelnen Mitgliedern. Team awareness kann insb. bei ortsverteilten Gruppen durch entsprechende Feedbackmaßnahmen unterstützt werden.

Telearbeit: Eine Arbeitstätigkeit, die räumlich entfernt vom Auftraggeber unter Nutzung von Informations- und Kommunikationstechnik verrichtet wird, wobei der Telearbeiter elektronisch mit der zentralen Betriebsstätte verbunden ist.

Telearbeit in Zentren: Arbeitsplatz ist ein Büro in Wohnortnähe des Beschäftigten, das allein von der eigenen Firma (Satellitenbüro) oder – wenngleich selten – gleichzeitig von mehreren Firmen (Nachbarschaftsbüro) betrieben wird.

Teleheimarbeit: Telearbeit, die ausschließlich zu Hause verrichtet wird, entweder mit einem regulären Beschäftigungsvertrag, nach dem Heimarbeitsgesetz oder als selbständige Arbeit.

Telekooperative Arbeit: Unter kooperativer Arbeit wird die Zusammenarbeit mehrerer Personen, Organisationseinheiten oder Organisationen verstanden, die zum Erreichen eines oder mehrerer in der Regel von Außen vorgegebener Ziele bestimmte Einzelleistungen erbringen.

Videokonferenz: Audiovisuelles Kommunikationsverfahren zwischen zwei oder mehreren Standorten, bei denen die Kommunikationhandlungen der Teilnehmer an den verschiedenen Standorten durch Kameras und Mikrofone aufgezeichnet und – heute in der Regel über das Internet – synchron übertragen werden.

Virtuelle Funktionsteams: Diese Teams sind auf langfristige Zusammenarbeit ausgelegt und umfassen eine Anzahl von langfristig zugehörigen Mitgliedern.

Virtuelle Gemeinschaften: Telekooperative Gruppen von in der Regel über 50 Mitgliedern, die ein gemeinsames, in der Regel ein nicht-kommerzielles Interesse teilen.

Virtuelle Projektteams: Diese Teams sind auf kurzfristige Zusammenarbeit von fest umschriebenen Mitgliedern ausgelegt. Sie besitzen einen zeitlich klar umrissenen Zeitraum und lösen sich auf, wenn der Arbeitsauftrag erfüllt ist.

Virtuelles Team: Flexible Gruppen, bestehend aus standortverteilten und ortsunabhängigen Mitarbeitern, die in Anlehnung an Arbeitsaufträge zusammengesetzt und informationstechnisch vernetzt sind.

Virtuelles Unternehmen: Ein virtuelles Unternehmen ist ein Netzwerk von kooperierenden Unternehmen oder Organisationseinheiten, die ihre Kernkompetenzen für die Dauer der Erreichung eines bestimmten gemeinsamen Geschäftszwecks unter Einsatz elektronischer Kommunikationsmedien einbringen.

Voice mail: Sprachbasierte Nachrichten die ähnlich einer E-mail über elektronische Computernetzwerke (z. B. das Internet) an einen oder mehrere Empfänger übermittelt werden.

Wiki: Ein Wiki ist eine Sammlung von Webseiten mit Informationen im Inter- oder Intranet, die von Benutzern nicht nur gelesen, sondern auch direkt geändert oder neu angelegt werden können. Der Name leitet sich vom hawaiianischen Wort für „schnell" ab. Das wahrscheinlich bekannteste Beispiel eines solchen Wiki ist die Online Enzyklopädie Wikipedia: http://de.wikipedia.org/

Wissensmanagement: Strategische Managementmaßnahme für Arbeitsorganisationen oder Teams, bei der alle Daten und Informationen, die zur Lösung der jeweiligen Aufgaben benötigt werden, systematisch gesammelt und (z. B. über das Intranet) nutzbar gemacht werden sollen.

Literatur

Aiello, J.R. & Kolb, K.J. (1995). Electronic performance monitoring and social context: Impact on productivity and stress. *Journal of Applied Psychology, 80*, 339–353.

Antoni, C.H. (1996). *Gruppenarbeit in Unternehmen. Konzepte, Erfahrungen, Perspektiven.* Weinheim: Beltz.

Axtell, C.M., Fleck, S.J. & Turner, N. (2004). Virtual teams: Collaborating across distance. In C.L. Cooper & I.T. Robertson (Eds.), *International Review of Industrial and Organizational Psychology* (pp. 205–248). Chichester: Wiley.

Bailey, D.E. & Kurland, N.B. (2002). A review of telework research: Findings, new directions, and lessons for the study of modern work. *Journal of Organizational Behavior, 23*, 383–400.

Baltes, B.B., Dickson, M.W., Sherman, M.P., Bauer, C.C. & LaGanke, J.S. (2002). Computer-mediated communication and group decision-making: A meta-analysis. *Organizational Behavior & Human Decision Processes, 87*, 156–180.

Bandura, A. (1990). Self-regulation of motivation through anticipatory and self-reactive mechanisms. In R. Dienstbier (Ed.), *Nebraska symposium on motivation (Vol. 38*, pp. 69–164). Lincoln: University of Nebraska Press.

Barr, A., Cohen, P.R. & Feigenbaum, E.A. (1981–1989). *The Handbook of artificial intelligence.* Vol. I–III: Los Altos: Kaufmann, Vol. IV, Reading: Addison-Wesley.

Bartsch-Beuerlein, S. & Klee, O. (2001). *Projektmanagement mit dem Internet.* München: Hanser.

Baruch, Y. (2001). The status of research on teleworking and an agenda for future research. *International Journal of Management Reviews, 3*, 113–129.

Bass, B.M. (1985). *Leadership and performance beyond expectations.* New York: Free Press.

Bell, B.S. & Kozlowski, S.W.J. (2002). A typology of virtual teams: Implications for effective leadership. *Group & Organization Management, 27*, 14–49.

Benbasat, I. & Lim, L.H. (1993). The effects of group, task, context and technology variables on the usefulness of group support systems: A meta-analysis of experimental studies. *Small Group Research, 24*, 430–462.

Benbasat, I. & DeSanctis, G. (2001). Communication challenges: a value network perspective. In G.W. Dickson & G. DeSanctis (Eds), *Information technology and the future enterprise: New models for managers* (pp. 144–162). Upper Saddle River, NJ: Prentice-Hall.

Beranek, P.M. (2000). Effects of virtual team communication and trust development. *The Hawaiian International Conference on Systems Sciences*, January 4-7, 2000.

Berger, A. (2001). Sicherheit von Daten und Kommunikation. In G. Schwabe (Hrsg.), CSCW-*Kompendium: Lehr- und Handbuch zum computerunterstützten kooperativen Arbeiten* (S. 99–109). Berlin.

Bieber, M.P., Engelbart, D., Furuta, R., Hiltz, S.R., Noll, J., Preece, J., Stohr, E.A., Turoff, M. & VandeWalle, B. (2002). Toward virtual community knowledge evolution. *Journal of Management Information Systems, 18*, 11–36.

Birbaumer, N. & Schmidt, R. (2002). *Biologische Psychologie*. Berlin: Springer.

Bordia, P. (1997). Face-to-face versus computer-mediated communication: A synthesis of the experimental literature. *Journal of Business Communication, 34*, 99–121.

Borghoff, U.M. & Schlichter, J.H. (1998): Rechnergestützte Gruppenarbeit – Eine Einführung in Verteilte Anwendungen. Berlin: Springer.

Borghoff, U.M. & Schlichter, J.H. (2000). *Computer supported cooperative work, introduction to distributed applications*. Berlin: Springer.

Bos, N., Olson, J.S., Gergle, D., Olson, G.M. & Wright, Z. (2002). Effects of four computer-mediated communications channels on trust development. *Proceedings of SIGCHI: ACM special interest group on computer-human interaction* (S. 135–140). ACM Press: New York.

Bouas, K.S. & Arrow, H. (1996). The development of group identity in cmputer and fce-to-fce goups with mmbership cange. *Computer Supported Cooperative Work, 4,* 153–178.

Bowers, C.A., Pharmer, J.A. & Salas, E. (2000). When member homogeneity is needed in work teams: A meta-analysis. *Small Group Research, 31*, 305–327.

Brauner, E. & Becker, A. (2004). Wissensmangement und organisationales Lernen: Personalentwicklung und Lernen durch transaktive Wissenssysteme. In G. Hertel & U. Konradt (Hrsg.), *Human Resource Management im Inter- und Intranet* (S. 235-252). Göttingen: Hogrefe.

Burke, K. & Chidambaram, L. (1999). An assessment of change in behavioral dynamics among computer-supported groups: Different factors change at different rates. *Industrial Management and Data Systems, 99*, 288–295.

Büssing, A. (1998). Teleworking and quality of life. In P. Jackson & J. van der Wielen (Eds.), *Teleworking: International perspectives. From telecommuting to the virtual organization* (pp. 144–165). London: Routledge.

Büssing, A. (1999). Telearbeit aus psychologischer Sicht. *Themenheft der Zeitschrift für Arbeits- und Organisationspsychologie, 43*, 119–175.

Büssing, A. & Aumann, S. (1996b). Telearbeit im Spannungsfeld der Interessen betrieblicher Akteure: Implikationen für das Personalmanagement. *Zeitschrift für Personalforschung, 10*, 223–239.

Büssing, A. & Konradt, U. (2006). Telekooperation. In B. Zimolong & U. Konradt (Hrsg), Ingenieurpsychologie. *Enzyklopädie der Psychologie* (Bd. D-III-2) (S. 871–898). Göttingen, Hogrefe.

Canney Davidson, S.C. & Ekelund, B.Z. (2004). Effective team processes for global teams. In H. W. Lane, M. L. Maznevski, M. E. Mendenhall & J. McNett (Eds.), *The Blackwell Handbook of Global Management* (pp. 227–249). Oxford: Blackwell.

Chapman, A.J., Sheehy, N.P., Heywood, S., Dooley, B. & Collins, S.C. (1995). The organizational implications of teleworking. In C.L. Cooper & I.T. Robertson (Eds.), *International review of industrial and organizational psychology* (pp. 229–248). Chichester: Wiley.

Chatman, J.A. & Flynn, F.J. (2001). The influence of demographic composition on the emergence and consequences of cooperative norms in work teams. *Academy of Management Journal, 44*, 956–974

Chidambaram, L. (1996). Relational development in computer-supported groups. *MIS Quarterly, 20*, 143–163.

Chidambaram, L. & Bostrom, R.P. (1997). Group development (II): Implications for GSS research and practice. *Group Decision and Negotiation, 6*, 231–254.

Clawson, V.K., Bostrom, R.P. & Anson, R. (1993) The role of the facilitator in computer supported meetings. *Small Group Research, 24*, 547–565.

Cohen, S.G. & Bailey, D.E. (1997). What makes teams work: group effectiveness research from the shop floor to the executive suite. *Journal of Management 23*, 239–290.

Conger, J.A. & Kanungo, R.N. (1988). The empowerment process: Integrating theory and practice. *Academy of Management Review, 13*, 471–483.

Connolly, T. (1997). Electronic brain storming: Science meets technology in the group meeting room. In S. Kiesler (Ed), *Culture of the internet* (pp. 263-276). Mahwah, NJ: Lawrence Erlbaum.

Connolly, T., Jessup, L.M. & Valacich, J.S. (1990). Effects of anonymity and evaluative tone on idea generation in computer-mediated groups. *Management Science, 36*, 689–703.

Coppola, N.W., Hiltz, S.R. & Rotter, N.G. (2004). Building trust in virtual teams. *IEEE Transactions on Professional Communication, 47*, 95–105.

Cramton, C.D. (2002). Finding common ground in dispersed collaboration. *Organizational Dynamics, 30*, 356–367.

Cummings, A., Schlosser, A. & Arrow, H. (1996). Developing complex group products: idea combination in computer-mediated and face-to-face groups. *Computer Supported Cooperative Work, 4*, 229–251.

Daft, R.L. & Lengel, R.H. (1986). Organizational information requirements, media richness and structural design. *Management Science, 32*, 554–571.

Daft, R.L., Lengel, R.H. & Trevino, L.K. (1987). Message equivocality, media selection, and performance: implications for information systems. *Management Information Systems Quarterly, 11*, 355–368.

Daniels, K., Lamond, D.A. & Standen, P. (2000). *Managing telework. Perspectives from human resource management and work psychology.* London: Thomson Learning

Davidow, W.H. & Malone, M.S. (1992). *The virtual corporation.* New York: Harper Business.

Davidson, R. & Henderson, R. (2000). Electronic performance monitoring: a laboratory investigation of the influence of monitoring and difficulty on task performance, mood state, and self-reported stress levels. *Journal of Applied Social Psychology, 30*, 906–920.

De Croon, E.M., Sluiter, J.K., Kuijer, P., Paul, F.M. & Frings-Dresen, M.H.W. (2005). The effect of office concepts on worker health and performance: a systematic review of the literature. *Ergonomics, 48*, 119–135.

De Dreu, C.K.W. & Weingart, L.R. (2003). Task versus relationship conflict, team performance and team member satisfaction: A meta-analysis. *Journal of Applied Psychology, 88*, 741–749.

DeMatteo, J.S., Eby, L.T. & Sundstrom, E. (1998). Team-based rewards: Current empirical evidence and directions for further research. *Research in Organizational Behavior, 20*, 141–183.

Denison, D.R., Hooijberg, R. & Quinn, R.E. (1995). Paradox and performance: Toward a theory of behavioral complexity in managerial leadership. *Organization Science, 6*, 524–540.

Dennis, A.R. & Valacich, J.S (1993). Computer brainstorms: More heads are better than one. *Journal of Applied Psychology, 78*, 531–537.

Dennis, A.R. & Valacich, J.S. (1999). *Rethinking media richness: Toward a theory of media synchronicity.* Proceedings of the HICSS.

Dennis, A.R. & Wixom, B.H. (2001). Investigating the moderators of the group support systems use with meta-analysis. *Journal of Management Information Systems, 18*, 235–258.

DeSanctis, G. & Jackson, B.M. (1994). Coordination of information technology management: team-based structures and computer-based communication systems. *Journal of Management Information Systems, 10*, 85–110.

DeSanctis, G. & Monge, P. (1999). Communication processes for virtual organizations. *Organization Science, 10*, 693–703.

DeSanctis, G. & Poole, M.S. (1994). Capturing the complexity in advanced technology use: Adaptive structuration theory. *Organization Science, 5*, 121–147.

DeSanctis, G., Dickson, G.W. & Price, R.M. (2001). Information technology management: Perspective, focus, and change in the 21st century. In G.W. Dickson & G. DeSanctis (Eds), *Information technology and the future enterprise: new models for managers* (pp. 1–24). Upper Saddle River, NJ: Prentice-Hall.

Diehl, M. & Stroebe, W. (1987). Productivity loss in brainstorming groups: Toward the solution of a riddle. *Journal of Personality and Social Psychology, 53*, 497–509.

Di Martino, V. & Wirth, L. (1990). Telework: An overview. *Conditions of Work Digest, 9*, 3–42.

Döring, N. (1999). Sozialpsychologie des Internet: die Bedeutung des Internet für Kommunikationsprozesse, Identitäten, soziale Beziehungen und Gruppen. Göttingen: Hogrefe.

Druskat, V.U. & Wolff, S.B. (1999). Effects and timing of developmental peer appraisals in self-managing work groups. Journal *of Applied Psychology, 84*, 58–74.

Duarte, D.L. & Snyder, N.T. (2001). Mastering virtual teams (2nd ed.). San Francisco: Jossey-Bass.

Dworatschek, S. & Hayek, A. (1992). *Marktspiegel Projektmanagement-Software: Kriterienkatalog und Leistungsprofile*. Köln: TÜV Rheinland.

Ellingson, J.E. & Wiethoff, C. (2002). From traditional to virtual: staffing the organization of the future today. In R. Heneman & D. Greenberger (Eds*.), HRM in virtual organizations* (pp. 141–178). Connecticut: Information Age.

Ellwart, T. & Konradt, U. (in Druck). Wissensverteilung und Wissenskoordination in Gruppen – Überprüfung deutschsprachiger Skalen unter computergestützter Gruppenarbeit. *Zeitschrift für Arbeits- und Organisationspsychologie*.

Engel, A., Kaiser, S., Kern, A. & Mayer, A. (2001). Einführung und Betrieb. In G. Schwabe, N. Streitz & R. Unland (Hrsg.), *CSCW – Ein Kompendium. Lehr- und Handbuch zum computerunterstützten kooperativen Arbeiten* (S. 395–408), Berlin u. a.: Springer.

Filk, C., Hoffmann, N. & Schwabe, G. (2002/2003). *Kollaborative Wissensmedien: Grundlagen – Ansätze – Werkzeuge – Empfehlungen*. München, Wien: Oldenbourg.

Finholt, T.A. (2002). Collaboratories. Annual Review of Information Science and Technology, 36, 73–107.

Finholt, T.A. & Olson, G.M. (1997). From laboratories to collaboratories: A new organizational form for scientific collaboration. *Psychological Science, 8*, 28–36.

Finholt, T., Sproull, L. & Kiesler, S. (1990). Communication and performance in ad hoc task groups. In J. Galegher, R.E. Kraut & C. Egido (Eds.), *Intellectual teamwork: social and technological foundations of cooperative work* (pp. 291–325). Hillsdale: Lawrence Erlbaum Associates.

Fiore, S.M., Salas, E. & Cannon-Bowers, J.A. (2001). Group dynamics and shared mental model development. In M. London (Ed.), *How people evaluate others in organizations* (pp. 309–336). Mahwah, NJ: Erlbaum.

Fjermestad, J. & Hiltz, S.R. (1998). An assessment of group support systems experimental research: Methodology and results. *Journal of Management Information Systems, 15*, 7–150.

Fjermestad, J. & Hiltz, S.R. (2000). Group support systems: A descriptive evaluation of case and field studies. *Journal of Management Information Systems, 17*, 115–160.

Fjermestad, J. (2004). An analysis of communication mode in group support systems research. *Decision Support Systems, 37*, 239–263.

Gallupe, R.B., Cooper, W.H., Grisé, M.L. & Bastionutti, L.M. (1994). Blockingelectronic brainstorms. *Journal of Applied Psychology, 79*, 77–86

Gareis, K. (2003). The intensity of telework in 2002 in the EU, Switzerland and the USA. Empirica: Bonn. Als PDF-Dokument verfügbar unter: http://www.empirica.com [04.09.2003].

Gareis, K. & Kordey, N. (2001). Wirtschaftlichkeit. In G. Schwabe, N. Streitz & R. Unland (Hrsg.), *CSCW-Kompendium: Lehr- und Handbuch zum computerunter-stützten kooperativen Arbeiten* (S. 484–501). Berlin: Springer.

Gebert, D. (2002). *Führung und Innovation*. Stuttgart: Kohlhammer.

Geister, S. (2005). *Feedback in virtuellen Teams. Entwicklung und Evaluation eines Online-Feedback-Systems*. Wiesbaden: Deutscher Universitats-Verlag.

Geister, S., Konradt, U. & Hertel, G. (2006). Effects of process feedback on motivation, satisfaction and performance in virtual teams. *Small Group Research, 37*, 459–489.

Geister, S. & Scherm, M. (2004). Online-Feedback Systeme: Die Einsatzfelder „virtuelle Teamarbeit" und „360-Grad-Feedback". In G. Hertel & U. Konradt (Hrsg.), *Human Resource Management im Inter- und Intranet* (S. 148–168). Göttingen: Hogrefe.

Gerpott, T.J. & Böhm, S. (2000). Strategisches Management in virtuellen Unternehmen. *Zeitschrift für Betriebswirtschaft, 2*, 13–36.

Gersick, C.J.G. (1991). Revolutionary change theories: A multilevel exploration of the punctuated equilibrium paradigm. *Academy of Management Review, 16*, 10–36.

Gibson, C.B. & Cohen, S.G. (2003). *Virtual teams that work: Creating conditions for virtual team effectiveness*. San Francisco: Jossey-Bass.

Glasl, F. (1998). *Konfliktmanagement. Ein Handbuch für Führungskräfte und Berater (4. Auflage)*. Bern: Haupt.

Griffith, T.L. & Neale, M.A. (2001). Information processing in traditional, hybrid, and virtual teams: from nascent knowledge to transactive memory. *Research in Organizational Behavior (Vol 23*, pp. 379–421). Amsterdam: Jai-Elsevier Science.

Griffith, T.L. & Northcraft, G.B. (1994). Distinguishing the forest and the trees: Media, features and methodology in electronic communication research. *Organization Science, 5*, 272–285.

Griffith, T.L., Fuller, M. & Northcraft, G.B. (1998). Facilitator influence in group support systems. *Information Systems Research, 9*, 20–36.

Griffith, T.L., Mannix, E.A. & Neale, M.A. (2003). Conflict and virtual teams. In C. B. Gibson & S.G. Cohen (Eds.), *Virtual teams that work: Creating conditions for effective virtual teams* (pp. 335–352). San Francisco: Jossey-Bass.

Gross, T. & Koch, M. (2007). *Computer Supported Cooperative Work*. München: Oldenbourg Wissenschaftsverlag.

Grudin, J. & Palen, L. (1995). Why groupware succeeds: Discretion or mandate? *Proceedings of the ECSCW'95* (pp. 263–278). Dordrecht, The Netherlands.

Hackman, J.R. & Wageman, R. (2005). A theory of team coaching. *Academy of Management Review, 30*, 269–287.

Hauschildt, J. (1997). *Innovationsmanagement*, München: Vahlen.

Haywood, M. (1998). *Managing virtual teams: practical techniques for high-technology project managers*. Boston: Artech House.

Henry, J.E. & Hartzler, M. (1999). *Tools for virtual teams. A team fitness companion*. Milwaukee, Wisconsin: ASQ Quality Press.

Herczeg, M. (2005). *Software-Ergonomie. Grundlagen der Mensch-Computer-Kommunikation*. München: Oldenbourg Wissenschaftsverlag.

Hertel, G. (2002). Management virtueller Teams auf der Basis sozialpsychologischer Theorien: Das VIST Modell. In E.H. Witte (Hrsg.), *Sozialpsychologie wirtschaftlicher Prozesse* (S. 172–202). Lengerich: Pabst Verlag

Hertel, G., Bretz, E. & Moser, K. (2000). Freiwilliges Arbeitsengagement: Begriffsklärung und Forschungsstand. *Gruppendynamik und Organisationsberatung, 31*, 121–140.

Hertel, G., Deter, C. & Konradt, U. (2003). Motivation gains in computer-mediated work groups. *Journal of Applied Social Psychology, 33*, 2080–2105.

Hertel, G., Geister, S. & Konradt, U. (2005). Managing virtual teams: A review of current empirical research. *Human Resource Management Review, 15*, 69–95.

Hertel, G., Kerr, N.L. & Messé, L.A. (2000). Motivation gains in performance groups: Paradigmatic and theoretical developments on the Köhler effect. *Journal of Personality and Social Psychology, 79*, 580–601.

Hertel, G. & Konradt, U. (2004). Führung aus der Distanz: Steuerung und Motivierung bei ortsverteilter Zusammenarbeit. In G. Hertel & U. Konradt (Hrsg.), *Human Resource Management im Inter- und Intranet*, S. 169–186. Göttingen: Hogrefe.

Hertel, G., Konradt, U. & Orlikowski, B. (2004). Managing distance by interdependence: Goal setting, task interdependence, and team-based rewards in virtual teams. *European Journal of Work and Organizational Psychology, 13*, 1–28.

Hertel, G., Konradt, U. & Voss, K. (2006). Competencies for virtual teamwork: Development and validation of a web-based selection tool for members of distributed teams. *European Journal of Work and Organizational Psychology, 15*, 477–504.

Hertel, G., Niedner, S. & Herrmann, S. (2003). Motivation of software developers in Open Source projects: An internet-based survey of contributors to the Linux kernel. *Research Policy, 32*, 1159–1177.

Hertel, G., Orlikowski, B. & Konradt, U. (2001). Virtuelle Teams erfolgreich managen. *Wirtschaftspsychologie, 4*, 28–34.

Hertel, G., Orlikowski, B., Jokisch, W., Schöckel, D. & Haardt, C. (2004). Entwicklung, Durchführung und Evaluation eines Basistrainings für virtuelle Teams bei der Siemens AG. In G. Hertel & U. Konradt (Hrsg*.), Human Resource Management im Inter- und Intranet* (S. 313–325). Göttingen: Hogrefe.

Hertel, G. & Scholl, W. (2006). Grundlagen der Gruppenarbeit in Organisationen. In B. Zimolong & U. Konradt (Hrsg.), Ingenieurpsychologie. *Enzyklopädie der Psychologie* (Bd. D-III-2) (S. 181–208). Göttingen, Hogrefe.

Hertel, G., Schroer, J., Batinic, B., Konradt, U. & Naumann, S. (2005). Kommunizieren schüchterne Menschen lieber per E-mail? Einflüsse der Persönlichkeit auf die Präferenz von Kommunikationsmedien. In K.-H. Renner, A. Schütz & F. Machilek (Hrsg.), *Internet und Persönlichkeit* (S. 134–147). Göttingen: Hogrefe.

Hinds, P. & Kiesler, S. (2002*). Distributed work: New research on working across distance using.* Technology. Cambridge: MIT Press.

Hinsz, V.B., Tindale, R.S. & Vollrath, D.A. (1997). The emerging conceptualization of groups as information processes. *Psychological Bulletin, 121*, 43–64.

Hofner Saphiere, D.M. (1996). Productive behviors of global business teams. *International Journal of Intercultural Relations, 20*, 227–259.

Hollingshead, A.B., Fulk, J. & Monge, P. (2002). Fostering intranet knowledge sharing: an integration of transactive memory and public goods approaches. In P. Hinds & S. Kiesler (Eds.), *Distributed work* (pp. 335–356). Cambridge, MA: MIT Press.

Hollingshead, A.B. & McGrath, J.E. (1995). Computer-assisted groups: A critical review of the empirical research. In R.A. Guzzo, E. Salas & Associates (Eds.), *Eam effectiveness and decision-making in organizations* (pp. 46–78).San Francisio: Jossey-Bass Publishers.

Hollingshead, A.G. & McGrath, J.E. (1995). The whole is less than the sum of its parts: A critical review of research on computer-assisted groups. In R.A. Guzzo & E. Salas (Eds.), *Team decisions and team performance in organizations* (pp. 46–78). San Francisco, CA: Jossey-Bass.

Hollingshead, A.B. & Contractor, N.S. (2002). New media and organizing at the group level. In S. Livingstone & L. Lievrouw (Eds.), *Handbook of new media* (pp. 221–235). London: Sage.

Houghton, J.D. & Neck, C.P. (2002). The revised self-leadership questionnaire: Testing a hierarchical factor structure for self-leadership. *Journal of Managerial Psychology, 17,* 672–691.

House, R.J. (1995). Leadership in the twenty-first century; A spectacular inquiry. In A. Howard (Ed.), *The changing nature of work* (pp. 411–450). San Francisco: Jossey-Bass.

Howard, A. (1995). Rethinking the Psychology of Work. In A. Howard (Ed.), *The changing nature of work* (pp. 513–555). San Francisco: Jossey-Bass.

Ilgen, D.R., Hollenbeck, J.R., Johnson, M. & Jundt, D. (2005). Teams in organizations: From input-process-output models to IMOI models. *Annual Review of Psychology, 56,* 517–543.

Ilgen, D.R. & Pulakos, E. (1999). *The changing nature of performance: Implications for staffing, motivation, and development.* San Francisco: Jossey-Bass.

Jäger, D., Schroer, J., Sauer, N., Pfeiffer, E. & Hertel, G. (2005). Wikipedia: Motivation für freiwillige Mitarbeit an einer offenen webbasierten Enzyklopädie. Beitrag auf der *4. Tagung der Fachgruppe Arbeits- und Organisationspsychologie der Deutschen Gesellschaft für Psychologie,* Bonn.

Jang, C.-Y., Steinfield, C. & Pfaff, B. (2002). Virtual team awareness and groupware support: an evaluation of the TeamSCOPE system. *International Journal of Human-Computer Studies, 56,* 109–126.

Janis, I.L. (1982). *Victims of groupthink: A psychological study of foreign policy decisions and fiascoes* (2nd ed.). Boston: Houghton-Mifflin.

Janssens, M. & Brett, J.M. (1997). Meaningful Participation in Transnational Teams. *European Journal of Work and Organizational Psychology, 6,* 153–168

Jarvenpaa, S., Knoll, K. & Leidner, D. (1998). Is anybody out there? Antecedents of trust in global virtual teams. *Journal of Management Information Systems, 14,* 29–64.

Jarvenpaa, S.L. & Leidner, D.E. (1999). Communication and trust in global virtual teams. *Organization Science, 1,* 791–815.

Jehn, K. (1995). A multimethod examination of the benefits and detriments of intragroup conflict. *Administrative Science Quarterly, 40,* 256–282.

Jensen, C., Farnham, S.D., Drucker, S.M. & Kollock, P. (2000). The effect of communication modality on cooperation in online environments. *Proceedings of CHI 2000.* The Hague, Netherlands, April 2000.

Joyce, W.F., McGee, V.E. & Slocum, J.W. (1997). Designing lateral organizations: An analysis of the benefits, costs, and enablers of nonhierarchical organizational forms. *Decision Sciences, 28,* 1–25.

Kahai, S.S., Sosik, J.J. & Avolio, B.J. (1997). Effects of leadership style and problem structure on work group process and outcomes in an electronic meeting system environment. *Personnel Psychology, 50,* 121–146.

Karau, S.J. & Williams, K.D. (2001). Understanding individual motivation in groups: the collective effort modell. In M.E. Turner (Ed.), *Groups at work: advances in theory an research* (pp. 113–141). Mahwah, NJ: Erlbaum.

Kayany, J.M. (1998). Contexts of uninhibited online behavior: flaming in social newsgroups on usenet. *Journal of the American Society for Information Science, 49,* 1135–1141.

Kayworth, T.R. & Leidner, D.E. (2001). Leadership effectiveness in global virtual teams. *Journal of Management Information Systems, 18,* 7–40.

Kies, J.K., Williges, R.C. & Rosson, M.B. (1998). Coordinating computer-supported cooperative work: A review of research issues and strategies. *Journal of the American Society for Information Science, 49,* 776–791.

Kiesler, S., Siegel, J. & McGuire, T.W. (1984). Social psychological aspects of computer-mediated communication. *American Psychologist, 39,* 1123–1134.

Kirkman, B. & Mathieu, J.E. (2005). The dimensions and antecedents of team virtuality. *Journal of Management, 31,* 700–718.

Kirkman, B.L., Rosen, B., Gibson, C.B., Tesluk, P.E. & McPherson, S.O. (2002). Five challenges to virtual team success: Lessons from Sabre, Inc. *Academy of Management Executive, 16,* 67–79.

Kirkman, B.L., Rosen, B., Tesluk, P.E. & Gibson, C.B. (2004). The impact of team empowerment on virtual team performance: The moderating role of face-to-face interaction. *Academy of Management Journal, 47,* 175–192.

Kirkman, B.L., Tesluk, P.E. & Rosen, B. (2004). The impact of demographic heterogeneity and team leader-team member demographic fit on team empowerment and effectiveness. *Group & Organization Management, 29,* 334–368.

Klimoski, R. & Mohammed, S. (1994). Team mental model: construct or metaphor. *Journal of Management, 20,* 403–437.

Kluger, A.N. & DeNisi, A. (1996). The effects of feedback interventions on performance: a historical review, a meta-analysis, and a preliminary feedback intervention theory. *Psychological Bulletin, 119,* 254–284.

Koch, M. (2001). Community-Support-Systeme. In G. Schwabe, N. Streitz & R. Unland (Hrsg.), *CSCW-Kompendium, Lehr- und Handbuch zum computerunterstützten kooperativen Arbeiten* (S. 286–296). Berlin: Springer.

Kock, N. (2000). Benefits for virtual organizations from distributed groups. *Communications of the ACM, 43(11),* 107–112.

Kolb, K.J. & Aiello, J.R. (1996). The effects of electronic performance monitoring on stress: locus of control as a moderator variable. *Computers in Human Behavior, 12,* 407–423.

Konradt, U. (2000). Virtualität als Strukturelement neuer Organisationsformen. In R. Wieland & K. Scherrer (Hrsg.), A*rbeitswelten von morgen* (S. 158–168). Wiesbaden: Westdeutscher Verlag.

Konradt, U. (2004). Anforderungen an das Personal und veränderte Karrieren unter vernetzter Arbeit. In G. Hertel & U. Konradt (Hrsg.), *Human Resource Management im Inter- und Intranet* (S. 16–32). Göttingen: Hogrefe.

Konradt, U. & Hoch, J. (2007). Work roles and leadership functions of managers in virtual teams. *International Journal of e-Collaboration*, 3(2), 16-35.

Konradt, U. & Halbe, M. (1999). Fallstudien zu virtuellen Unternehmen. In U. Konradt (Hrsg.), *Berichte des Lehrstuhls für Arbeits-, Organisations- und Marktpsychologie, Nr. 4.* Universität Kiel.

Konradt, U. & Hertel, G. (2002). *Management virtueller Teams.* Weinheim: Beltz-Verlag.

Konradt, U., Hertel, G. & Schmook, R. (2003). Quality of management by objectives, task-related stressors and non-task-related stressors as predictors of stress and job satisfaction among teleworkers. *European Journal of Work and Organizational Psychology, 12,* 61–80.

Konradt, U., Schmook, R. & Mälecke, M. (2000). Implementation of telework and impacts on individuals, organizations, and families: A critical review of the literature. In C.L. Cooper & I.T. Robertson (Eds.), *International review of industrial and organizational psychology* (Vol 15, pp. 63–99). Chichester: Wiley.

Konradt, U., Andressen, P. & Ellwart, T. (2006). *Self-leadership and performance in teams: A multilevel analysis of moderators and mediators.* Unpublished Data.

Konradt, U. & Hertel, G. (2005). Antezedenzen und Folgen der Kommunikation in organisationalen virtuellen Teams. *Vortrag auf der 4. Fachtagung für Arbeits- und Organisationspsychologie,* 19.–21. September 2005, Bonn.

Konradt, U. & Ellwart, T. (in Druck). Virtuelle Unternehmen. In H. Schuler & K.H. Sonntag (Hrsg.), *Arbeits-und Organisationspsychologie. Handbuch der Psychologie*. Göttingen: Hogrefe.

Kozlowski, S.W.J. & Klein, K.J. (2000). A multilevel approach to theory and research in organizations: contextual, temporal, and emergent processes. In K.J. Klein (Ed.), *Multilevel theory, research, and methods in organization: foundations, extensions, and new directions* (pp. 3–90). San Francisco: Jossey-Bass.

Krausz, M. (1996). Technological and psychological telework. In P. Jackson & J. van der Wielen (Eds.), *New international perspectives on telework: From telecommuting to the virtual organization* (pp. 222–230). Tilburg: Tilburg University Press.

Kraut, R.M. & Galegher, J. (1990). Patterns of contact and communication in scientific research collaboration. In J. Galegher, R.M. Krauss & C. Egido (Eds.), *Intellectual teamwork: social and technological foundations of cooperative work* (pp. 149–171). Hillsdale, N.J.: Lawrence Erlbaum Associates

Kraut, R., Patterson, M., Lundmark, V., Kiesler, S., Mukhopadhyay, T. & Scherlis, W. (1998). Internet paradox: A social technology that reduces social involvement and psychological well-being? *American Psychologist, 53*, 1017–1031.

Kraut, R., Kiesler, S., Boneva, B., Cummings, J.N., Helgeson, V. & Crawford, A.M. (2002). Internet paradox revisited. *Journal of Social Issues, 58*, 49–74.

Lawler III, E.E. (2003). Pay systems for virtual teams. In C.B. Gibson & S.G. Cohen (Eds.), *Virtual teams that work. Creating conditions for virtual team effectiveness* (S. 121–144). San Francisco: Jossey-Bass.

Lerner, J. & Tirole, J. (2002). Some simple economics of open source. *The Journal of Industrial Economics, L(2)*, 197–234.

Lipnack, J. & Stamps, J.(1997). *Virtual teams.* New York: John Wiley and Sons, Inc.

Lord, R.G. & Smith, W.G. (1999). Leadership and the changing nature of performance. In D. Ilgen & E. Pulakos (Eds.), *The changing nature of performance: Implications for staffing, motivation, and development* (pp. 192–239). San Francisco: Jossey-Bass.

Losada, M., Sanchez, P. & Noble, E. (1990) Collaborative technology and group process feedback: their impact on interactive sequences in meetings. *Proceedings of the Conference on Computer-Supported Cooperative Work CSCW'90* (pp. 53–64). New York: ACM.

Luczak, H. & Eversheim, W. (1999). Telekooperation, Industrielle Anwendungen in der Produktentwicklung. Berlin: Springer.

Lund, J. (1992). Electronic performance monitoring: a review of research issues. *Applied Ergonomics, 23*, 54–58.

Malone, T.W. & Crowstone, K. (1994). The Interdisciplinary study of coordination. *ACM Computing Surveys, 26*, 87–119.

Malone, T. & Laubacher, R. (1998). The dawn of the e-lance economy. *Harvard Business Review, 76*, 145–152.

Marcus, B., Funke, U. & Schuler, H. (1997). Integrity Tests als spezielle Gruppe eignungsdiagnostischer Verfahren: Literaturüberblick und metaanalytische Befunde zur Konstruktvalidität. *Zeitschrift für Arbeits- und Organisationspsychologie, 41*, 2–15.

Maruping, L.M. & Agarwal, R. (2004). Managing team interpersonal processes through technology: A task-technology fit perspective. *Journal of Applied Psychology, 89*, 975–990.

Maznevski, M.L. & Chudoba, K.M. (2000). Bridging space over time: global virtual team dynamics and effectiveness. *Organization Science, 11*, 473–492.

McGrath, J.E. (1984). *Groups: Interaction and performance.* Englewood Cliffs, New Jersey: Prentice-Hall.

McGrath, J.E. (1991). Time, interaction, and performance (TIP). A Theory of Groups. *Small Group Research, 22,* 147–174.

McGrath, J.E. & Berdahl, J.L. (1998). Groups, technology, and time. In R.S. Tindale u. a. (Eds.), *Theory and research on small groups* (pp. 205–228). New York: Plenum Press.

McGrath, J.E. & Hollingshead, A.B. (1994). *Groups interacting with technology: Ideas, evidence, issues, and an agenda.* Thousand Oaks, CA: Sage.

Montoya-Weiss, M.M., Massey, A.P. & Song, M. (2001). Getting it together: temporal coordination and conflict management in global virtual teams. *Academy of Management Journal, 44,* 1251–1262.

Moore, D., Kurtzberg, T., Thompson, L. & Morris, M. (1999). Long and short routes to success in electronically-mediated negotiations: Group affiliations and good vibrations. *Organization Behavior & Human Decision Processes, 77,* 22–43.

Morgan, B., Salas, E. & Glickman, A. (1993). An analysis of team evolution and maturation. *Journal of General Psychology, 120,* 277–291.

Mückschel, C. & Nieschulze, J. (2004). Editorial: Datenmanagament in interdisziplinären Umwelt-Forschungsprojekten. *Zeitschrift für Agrarinformatik, 12,* 68.

Mumford, M.D., Zaccaro, S.J, Connelly, M.S. & Marks, M.A (2000). Leadership skills: conclusions and future directions. *Leadership Quarterly, 11,* 155–170.

Munkvold, B.E. (2005). Experiences from global E-Collaboration: Contextual influences on technology adoption and use. *IEEE Transactions on Professional Communication, 48,* 78–86.

Murphy, P.R. & Jackson, S.E. (1999). Managing work role performance: Challenges for twenty-first-century organizations and their employees. In D.R. Ilgen & E.D. Pulakos (Eds.), *The changing nature of performance: Implications for staffing, motivation, and development* (pp. 325–365). San Francisco: Jossey-Bass.

Neck, C.P. & Manz, C.C. (1992). Thought self-leadership: The influence of self-talk and mental imagery on performance. *Journal of Organizational Behavior, 13,* 681–699.

Niederman, F., Beise, C.M. & Beranek, P.M. (1996). Issues and Concerns about computer supported meetings: The facilitator's role. *MIS Quarterly, 20,* 1–22.

Nunamaker, J.F., Briggs, R.O., Mittleman, D.D., Vogel, D.R. & Balthazard, P.A. (1996/97). Lessons from a dozen years of group support systems research: a discussion of lab and field findings. *Journal of Management Information Systems, 13,* 163–207.

Oberquelle, H. (1991). *Kooperative Arbeit und Computerunterstützung: Stand und Perspektiven.* Göttingen: Verlag für Angewandte Psychologie.

Ocker, R.J. (2002): The mediating effect of group development on satisfaction in a virtual and mixed-mode environment. *Proceedings of the Thirty-fifth Annual Hawaii International Conference on System Science.*

Odiorne, G.S. (1986). *MbO II: a system of managerial leadership for the 80s.* Belmont, CA: Pitman.

O'Hara-Devereaux, M. & Johansen, R. (1994). Global work. *Bridging distance, culture and time.* San Francisco, CA: Jossey-Bass.

Ones, D.S., Viswesvaran, C. & Schmidt, F.L. (1993). Comprehensive meta-analysis of integrity test validities: Findings and implications for personnel selection and theories of job performance. *Journal of Applied Psychology Monograph, 78,* 679–703.

Picot, A., Dietl, H. & Franck, E. (1997). *Organisation – Eine ökonomische Perspektive.* Stuttgart: Schäffer-Poeschel.

Picot, A., Dietl, H. & Franck, E. (1999). *Organisation. Eine ökonomische Analyse.* Stuttgart: Schäffer-Poeschel.

Picot, A. & Reichwald, R. (1987). *Bürokommunikation – Leitsätze für den Anwender.* Hallbergmoos: Angewandte Informations-Technik-Verlag

Picot, A., Reichwald, R. & Wigand, R.T. (2003). *Die grenzenlose Unternehmung – Information, Organisation, Management.* Wiesbaden: Gabler.

Pinsonneault, A., Barki, H., Gallupe, R.B. & Hoppen, N. (1999). Electronic brainstorming: The illusion of productivity. *Information Systems Research, 10,* 110–133.

Potter, R.E. & Balthazard, P.A. (2002). Virtual team interaction styles: assessment and effects. *International Journal of Human-Computer Studies, 56,* 1–21.

Powell, A., Piccoli, G. & Ives, B. (2004). Virtual teams: A review of current literature and directions for future research. *ACM SIGMIS Database, 35,* 6–36.

Preece, J. (2000). *Online Communities: Designing Usability, Supporting Sociability.* Chichester: Wiley.

Pruitt, D.G. & Kimmel, M.J. (1977). Twenty years of experimental gaming: critique, synthesis, and suggestions for the future. *Annual Review of Psychology, 28,* 363–392.

Raabe, B. & Schmitz, U. (2004). Personalentwicklung für virtuelle Arbeitsformen. In G. Hertel & U. Konradt (Hrsg.), *Human Resource Management im Inter- und Intranet* (S. 294–312). Göttingen: Hogrefe.

Rack, O. & Christophersen, T. (2006). Experimente. In S. Albers, D. Klapper, U. Konradt, A. Walter & J. Wolf (Hrsg.), *Methoden der empirischen Forschung* (S. 19–36). Wiesbaden: DUV.

Rack, O., Ellwart, T., Konradt, U., Hertel, G. & Martensen, I. (2006). Effects of team-based rewards in computer-mediated groups. Unpublished Data.

Raghuram, S. & Wiesenfeld, B. (2004). Work-Nonwork conflict and job stress among virtual workers. *Human Resource Management, 43,* 259–278.

Reichwald, R. & Koller, H. (1996). Integration und Dezentralisierung von Unternehmensstrukturen. In B. Lutz, M. Hartmann & H. Hirsch-Kreinsen (Hrsg.), *Produzieren im 21. Jahrhundert* (S. 225–294). Frankfurt a. M.: Campus.

Reichwald, R., Möslein, K., Sachenbacher, H. & Englberger, H. (2000). *Telekooperation, verteilte Arbeits- und Organisationsformen*. Berlin: Springer.

Reichwald, R. & Schlichter, J. (2000): Verteiltes Arbeiten – Arbeit der Zukunft. *Tagungsband der D-CSCW 2000*. Stuttgart: Teubner.

Reinig, B.A., Briggs, R.O. & Nunamaker, J.F. (1998). Flaming in the electronic classroom. *Journal of Management Information Systems, 14*, 45–59.

Rhoades, J.A. & O'Connor, K.M. (1996). Affect in computer-mediated and face-to-face work groups: the construction and testing of a general model. *Computer Supported Cooperative Work, 4*, 203–228.

Richard, E.M., Diefendoff, J.M. & Martin, J.H. (2006). Revisiting the within-person self-efficacy and performance relation. *Human Performance 19*, 67–87.

Rocco, E. (1998). Trust breaks down in electronic contexts but can be repaired by some initial face-to-face contact. *Chit Los Angelos*, 496–502.

Roe, R. A. (2002). What makes a competent psychologist? *European Psychologist, 7*, 192–203.

Rosen, B., Furst, S. & Blackburn, R. (2006). Training for virtual teams: An investigation of current practices and future needs. *Human Resource Management, 45*, 229–247.

Rosenstiel, L. v. (2001). Die Bedeutung von Arbeit. In H. Schuler (Hrsg.), *Lehrbuch der Personalpsychologie* (S. 16-42). Göttingen: Hogrefe.

Rousseau, V., Aubé, C. & Savoie, A. (2006). Teamwork behaviors: A review and an integration of frameworks. *Small Group Research, 37*, 540–570.

Sassenberg, K. (2004). Formen und Bedeutung elektronischer Kommunikation in Unternehmen. In G. Hertel & U. Konradt (Hrsg.), *Electronic Human Ressource Management – Personalarbeit unter Einsatz des Inter- und Intranet* (S. 92–109). Göttingen: Hogrefe.

Schäffer-Külz, U.G. (2004). Employer-Self-Services und Mitarbeiterportale. In G. Hertel & U. Konradt (Hrsg.), *Human Resource Management im Inter- und Intranet* (S. 253–273). Göttingen: Hogrefe.

Schaper, N. & Konradt, U. (2004). Personalentwicklung mit E-Learning. In G. Hertel & U. Konradt (Hrsg.), *Human Resource Management im Inter- und Intranet* (S. 274–293). Göttingen: Hogrefe.

Scherm, E. & Süss, S. (2000). Personalführung in virtuellen Unternehmen: Eine Analyse diskutierter Instrumente und Substitute der Führung. *Zeitschrift für Personalführung 14*, 79–103.

Schmidt, F.L. & Hunter, J.E. (1998). The validity and utility of selection methods inpersonnel psychology: Practical and theoretical implications of 85 years of research findings. *Psychological Bulletin, 124*, 262–274.

Schreyögg, A. (1996). *Coaching. Eine Einführung für Praxis und Ausbildung*. Frankfurt: Campus.

Schuler, H. & Höft, S. (2001). Konstruktorientierte Verfahren der Personalauswahl. In H. Schuler (Hrsg.), *Lehrbuch der Personalpsychologie* (S. 93–129). Göttingen: Hogrefe.

Schulz-Hardt, S., Frey, D., Lüthgens, C. & Moscovici, S. (2000). Biased information search in group decision making. *Journal of Personality and Social Psychology, 78*, 655–669.

Schulz-Hardt, S., Jochims, M. & Frey, D. (2002). Productive conflict in group decision making: Genuine and contrived dissent as strategies to couteract biased information seeking. *Organizational Behavior and Human Decision Processes, 88*, 563–586.

Schwabe, G., Streitz, N. & Unland, R. (2001). *CSCW-Kompendium, Lehr- und Handbuch zum computerunterstützten kooperativen Arbeiten*. Berlin: Springer.

Shamir, B. (1999). Leadership in Boundaryless Organisations: Disposable or indispensable. *European Journal of Work and Organizational Psychology, 8*, 49–71.

Shapiro, D.L., Furst, S., Spreitzer, G. & von Glinow, M.A. (2002). Transnational teams in the electronic age: are team identity and high performance at risk? *Journal of Organizational Behavior, 23*, 455–467.

Siegel, J., Dubrovsky, V., Kiesler, S. & McGuire, T.W. (1986). Group processes in computer-mediated communication. *Organizational Behavior and Human Decision Processes, 37*, 157–187.

Simons, T.L. & Peterson, R.S. (2000). Task conflict and relationship conflict in top management teams: The pivotal role of intragroup trust. *Journal of Applied Psychology, 85*, 1–10.

Sosik, J.J., Avolio, B.J. & Kahai S.S. (1998). Inspiring group creativity: Comparing annonymous and identified electronic brainstorming. *Small Group Research, 29*, 3–31.

Sparrow, P.S. & Daniels, K. (1999). Human resource management and the virtual organization: Mapping the future research issues. *Journal of Organizational Behaviour, 20*, 45–62.

Spreitzer, G.M., Kizilos, M.A. & Nason, S.W. (1997). A dimensional analysis of the relationship between psychological empowerment and effectiveness, satisfaction and strain. *Journal of Management, 23*, 679–704.

Staples, D.S., Hulland, J.S. & Higgins, C.A. (1999). A self-efficacy theory explanation for the management of remote workers in virtual organizations. *Organization Science, 10*, 758–776.

Stasser, G. & Titus, W. (1987). Effects of information load and percentage of common information on the dissemination of unshared information during group discussion. *Journal of Personality and Social Psychology, 53*, 81–93.

Stevens, M.J. & Campion, M.A. (1994). The knowledge, skill, and ability requirements for teamwork: Implications for human resource management. *Journal of Management, 20*, 503–530.

Stevens, M.J. & Campion, M.A. (1999). Staffing work teams: Development and validation of a selection test for teamwork settings. *Journal of Management, 25*, 207–229.

Stone, D., Stone-Romero, E.F. & Isenhour, L.C. (2004). In G. Hertel & U. Konradt (Hrsg.), *Human Resource Management im Inter- und Intranet* (S. 326–346). Göttigen: Hogrefe.

Sullivan, C. (2003). What's in a name? Definitions and conceptualizations of teleworking and homeworking. *New Technology, Work and Employment, 18*, 158–165.

Sussman, S. & Sproull, L. (1999). Straight talk: Delivering bad news through electronic communication. *Information Systems Research, 10*, 150–167.

Tan, B.C.Y., Wei, K.K., Huang, W.W. & Ng, G.N. (2000). A dialogue technique to enhance electronic communication in virtual teams. *IEEE Transactions of Professional Communication, 43*, 153–165.

Teichmann, K., Wolf, J. & Albers, S. (2004). Typen und Koordination virtueller Unternehmen. *Zeitschrift Führung und Organisation, 73*, 88–96.

Tesluk, P., Zaccaro, S., Marks, M. & Mathieu, J. (1997). Task and aggregation issues in the analysis and assessment of team performance. In M. Brannick & E. Salas (Eds.), *Assessment and measurement of team performance: Theory, research & applications* (pp. 197–226). Mahwah, NJ: LEA.

Tuckman, B. (1965). Developmental sequence in small groups. *Psychological Bulletin, 63*, 384–399.

Valacich, J.S., Dennis, A.R. & Nunamaker, J.F. (1992). Group size and anonymity effects on computer-mediated idea generation. *Small Group Research, 23*, 49–73.

Valacich, J.S., Dennis, A.R. & Connolly, T. (1994). Idea generation in computer-based groups: A new ending to an old story. *Organizational Behavior and Human Decision Processes, 57*, 448–467.

Valacich, J.S. & Schwenk, C. (1995). Devil's advocacy and dialectical inquiry effects on face-to-face and computer-mediated group decision making. *Organizational Behavior and Human Decision Process, 63*, 158–173.

Van Knippenberg, D., de Dreu, C.K.W. & Homan, A.C. (2004). Work group diversity and group performance: An integrative model and research agenda. *Journal of Applied Psychology, 89*, 1008–1022.

Van Ryssen, S. & Godar, S.H. (2000). Going internationalwithoutgoinginternational: multinational virtual teams. *Journal of International Management, 6*, 49–60.

Vickery, C.M., Clark, T.D. & Carlson, J.R. (1999). Virtual positions: an examination of structure and performance in ad hoc workgroups. *Information Systems Journal, 9*, 291–312.

Vroom, V.H. (1964). *Work and motivation*. New York: John Wiley.

Walther, J.B. (1996). Computer-mediated communication: Impersonal, interpersonal and hyperpersonal interaction. *Communication Research, 23*, 3–43.

Walther, J.B. (2002). Time effects in computer-mediated groups: past, present, and future. In P. Hinds & S. Kiesler (Eds.), *Distributed work* (pp. 235–258). Cambridge, MA: MIT Press.

Walther, J.B., Andersen, J.F. & Park, D.W. (1994). Interpersonal effects in computer-mediated interaction. *Communication Research, 21*, 460–487.

Ward, K., Marshall, C.R. & Novick, D.G. (1995). Applying task classification to natural meetings. *Technical Report No. CS/E 95-011*, Oregon Graduate Institute of Science & Technology, Portland.

Warkentin, M.E. & Beranek, P.M. (1999). Training to improve virtual team communication. *Information Systems Journal, 9*, 271–290.

Watson-Manheim, M.B., Chudoba, K.M. & Crowston, K. (2002). Discontinuities and continuities: a new way to understand virtual work. *Information Technology & People, 15*, 191–209.

Wegge, J., Treier, M. & Bipp, T. (2004). Leistungsmessung und Leistungsförderung in virtuellen Lern- und Arbeitsgemeinschaften. In G. Hertel & U. Konradt (Hrsg.), *Human Resource Management im Inter- und Intranet* (S. 127–147). Göttigen: Hogrefe.

Weidenmann, B., Paechter, M. & Schweizer, K. (2004). E-Learning und netzbasierte Wissenskommunikation. In R. Mangold, P. Vorderer & G. Bente (Hrsg.), *Lehrbuch der Medienpsychologie* (S. 743–768). Göttingen: Hogrefe.

Weisband, S.(2002). Maintaining awareness in distributed team collaboration: implications for leadership and performance. In P. Hinds & S. Kiesler (Eds.) *Distributed work* (S. 311–343). Cambridge, MA: MIT Press.

Weiser, E.B. (2001). The functions of Internet use and their social and psychological consequences. *Cyber Psychology & Behavior, 4*, 723–743.

Wiedenmaier, S., Herbst, D., Koch, S., Schlick, C. & Weiss, J.-P. (1999). Nutzenbewertung von Telekooperation – Eine Ex-post-Analyse des Produktentwicklungsprozesses. *IO-Management, 68*, 46–50.

Wiesenfeld, B.M., Raghuram, S. & Garud, R. (1999). Managers in a virtual context: The experience of self-treat and its effects on virtual work organizations. In C. L. Cooper & D.M. Rousseau (Eds.), *The virtual organization* (pp. 31–44). Chichester: Wiley.

Wittchen, M., Schlereth, D. & Hertel, G. (in Druck). *Indispensability effects under temporal and spatial separation: Motivation gains in a sequential task during anonymous cooperation on the Internet.* International Journal of Internet Science.

Williams, K.Y. & O'Reilly, III, C.A. (1998). Demography and diversity inorganizations: A review of 40 years of research. *Research in OrganizationalBehavior, 20*, 77–140.

Zheng, J., Veinott, E., Bos, N., Olson, J. S. & Olson, G. M. (2002). Trust without touch: jumpstarting long-distance trust with initial social activities. *CHI Letters, 4*, 141–146.

Abbildungs- und Tabellenverzeichnis

Abbildungen

Abbildung 2.1	Formen der Telearbeit	7
Abbildung 2.2	Formen virtueller Teams	10
Abbildung 2.3	Typologie virtueller Unternehmen	11
Abbildung 2.4	Ein Lebenszyklus-Modell virtueller Unternehmen	12
Abbildung 2.5	Rahmenmodell der Telekooperation	31
Abbildung 3.1	Das Task Circumplex-Modell	34
Abbildung 3.2	Vier Muster der Inderdependenz in Gruppen	38
Abbildung 3.3	Das Modell der Teamentwicklung nach Tuckmann (1965)	48
Abbildung 3.4	Kompetenzmodell des Virtual Team Competency Inventory	54
Abbildung 3.5	Entlohnungskonzepte für virtuelle Teamarbeit	59
Abbildung 4.1	Strategien der aufgabenbezogenen Führung in virtuellen Teams	69
Abbildung 4.2	Führungsfunktionen und Rollenwirksamkeit	71
Abbildung 4.3	Prozess- und Ergebnisdokumentation in virtuellen Teams	97
Abbildung 4.4	Eskalierende und hemmende Faktoren bei der Entstehung von Konflikten in virtuellen Teams	100
Abbildung 4.5	Konfliktmanagement in virtuellen Teams	102
Abbildung 5.1	Phasenmodell netzbasierter Kooperation	108

Tabellen

Tabelle 2.1	Erfolgs- und Misserfolgsfaktoren der Implementierung von Groupware	23
Tabelle 2.2	Aspekte der experimentalpsychologischen Untersuchungen	27-30
Tabelle 3.1	Aufgabenbereiche bei der Lösung eines komplexen Problems	35
Tabelle 3.2	Vor- und Nachteile einzelner Medientypen	41
Tabelle 3.3	Unterstützung zentraler Funktionen in computergestützten Arbeitsgruppen	42
Tabelle 3.4	Funktionen der Projektplanungs- und Steuerungssoftware	44
Tabelle 3.5	Telekooperative Szenarien	45
Tabelle 3.6	Klassifikation der Kommunikationsszenarien	45
Tabelle 3.7	Zentrale Aspekte zur Differenzierung unterschiedlicher Arten virtueller Teams	47
Tabelle 4.1	Inhalte die von Personalmitarbeitern als sehr wünschenswert („very valuable" und „extremely valuable") für Trainings virtueller Teamarbeit genannt werden (nach Rosen et al., 2006)	74
Tabelle 4.2	Prozesse, Risiken und Unterstützungsmöglichkeiten der Informationsverarbeitung in virtuellen Teams (nach Hertel & Scholl, 2006)	92

Kästen

Kasten I	Kurzfragebogen zur Qualität von Management by Objectives in virtuellen Teams	66
Kasten II	Vorgehen zur Entwicklung von spezifischen Regeln für ein virtuelles Team bzw. virtuelles Projekt	79
Kasten III	Grundregeln auf der Basis des Media Richness Modells für die Auswahl von Kommunikationsmedien in virtuellen Teams	81

Stichwortverzeichnis

A
Arbeitsstrukturen 14, 36, 86
Arbeitszufriedenheit 55, 60, 65, 89, 91

B
Brainstorming 93

C
Coaching 3, 70, 117
Community-Support Systeme 13
Computer Mediated Communication 6
Computer Supported Cooperative Work 6, 117

D
Dezentralisierung 1, 6, 15
Dokumentation 96

E
Effektivität 2, 21–22, 26, 28, 39, 80, 84, 91
E-Lancer 8
Electronic Performance Monitoring 64, 118
Emotionen 86, 99, 101
Entlohnung 57, 68
Extranet 13

F
face-to-face 8, 21–22, 24, 26, 34–35, 49–50, 60, 67, 70, 75, 80, 90, 94, 99, 105
Feedback 66, 77, 82, 86–87, 96–97
Feedbacksystem 67, 89, 98, 103, 119
Flaming 83, 98
Flexibilisierung 1–2, 6, 14, 17
Führung 3, 20, 27, 32, 63, 69, 71, 86
Führungskräfte 19, 66, 70, 85, 115

G
Globalisierung 1
Groupware 6, 23, 42, 46, 56, 67, 75, 88, 98
Gruppenforschung 2, 6, 60
Gruppenidentität 3
Gruppenstruktur 3, 24, 26, 31, 46, 49

I
Implementierung 3, 23–25, 97
Informatik 6
Informationssysteme 12
Informationsverarbeitung 3, 92
Informelle Kommunikation 77–78, 82, 84, 88, 91
Interaktivität 45
Intranet 13, 43–44, 78, 85, 91, 94, 98

K
Kick-off Veranstaltung 50, 84, 109, 119
Kommunikation 3, 5, 11–12, 16, 19, 22–24, 29–30, 33, 35, 40–43, 45–46, 50, 57, 60, 63–64, 75–76, 80, 83, 88, 90, 98, 101, 103, 118
Konfliktmanagement 29, 50, 57, 60, 91, 98, 102–103, 113
Konfliktmoderation 101
Konfliktprävention 3, 103
Kooperation 1, 5, 12, 16, 33, 40, 45, 86, 92
Kooperative Arbeit 119

M
Management 3, 8, 44, 65, 91, 119
Management by Objectives 64–65, 91
Medien 1–3, 8, 18, 30, 35, 40–41, 45–46, 59, 64, 71, 75–76, 80–81, 84
Mitarbeiter 9, 14–15, 18, 20, 24, 36, 40, 51–52, 56, 104

Mitbestimmung 13
Modularisierung 2
Motivation 3, 16, 18–19, 32, 39, 55, 67, 84, 86, 90, 96, 104

N

Netzwerk 10, 120
Netzwerkbildung 2, 13

O

Online Meetings 104

P

Personalentwicklung 3, 63, 71, 103, 112, 115

R

Rationalisierung 6
Regeln 3, 19, 76, 78–79, 88, 109
Ressourcen 3, 10, 13, 15–18, 31–32, 56, 82, 97, 100, 107

S

Selbststeuerung 67
Self-Service-Systeme 103, 118
Strategien 1–2, 55, 96, 102
Synchronität 41, 46–47

T

Teamentwicklung 104
Teamidentifikation 60, 67, 77, 84, 87, 90
Teamprozesse 17, 47, 67, 99
Teamtraining 59
Telearbeit 2, 5–8, 15, 18, 117, 119–120
Telekommunikation 2, 5, 15, 36, 40, 42
Transaktives Gedächtnis 95

V

Vernetzung 1, 10, 14
Vertrauen 3, 13, 60, 75, 77, 83–84, 86, 101, 105
Virtualisierung 2, 51
Virtuelle Gemeinschaften 13, 120
Virtuelle Teams 6, 9, 51, 64, 120
Virtuelle Unternehmen 10, 12, 120

W

Wiki 104, 120
Wirtschaftlichkeit 14, 25–26
Wissensmanagement 12, 15, 92, 94–95, 113

Z

Zusammenarbeit 2–3, 5–6, 8–11, 13, 16–17, 30, 35, 40, 45–49, 56, 59, 120

Bisher in dieser Reihe erschienen:

Tom Gross, Michael Koch
Computer-Supported Cooperative Work
2007, 216 Seiten, ISBN 978-3-486-58000-6

Michael Herczeg
Einführung in die Medieninformatik
2007, 292 Seiten, ISBN 978-3-486-58103-4

Michael Herczeg
Interaktionsdesign
Gestaltung interaktiver und multimedialer Systeme
2006, 246 Seiten, ISBN 978-3-486-27565-0

Michael Herczeg
Software-Ergonomie
Grundlagen der Mensch-Computer-Kommunikation
2., vollständig überarbeitete Auflage 2004, 203 Seiten
ISBN 978-3-486-25052-7

Huberta Kritzenberger
Multimediale und interaktive Lernräume
2004, 215 Seiten, ISBN 978-3-486-27402-8

Andreas Schelske
Soziologie vernetzter Medien
Grundlagen computervermittelter Vergesellschaftung
2007, 241 Seiten, ISBN 978-3-486-27396-0